从资本经济到知识经济

——现代计算机的知识革命

何立民 著

北京航空航天大学出版社

内 容 简 介

本书以现代计算机知识革命、产业革命、生活方式革命的视角,从理论上论述了人类如何从资本经济时代走上知识经济时代。全书共分三篇,即"知识学基础"、"知识经济探索"和"社会问题思考"。

"知识学基础"讲述了知识的基本概念,人类智力的知识行为本质,第三种知识形态,人类知识发展史,知识的分离性、集成性、非线性发展规律。

"知识经济探索"讲述了现代计算机产业革命、知识经济的产业分工与扇形产业结构、知识平台的全球化经济、虚实交互的现代市场经济、现代市场经济理性批判。

"社会问题思考"讲述了人类三次浪潮的巨大变革、巨大变革与现代市场经济引发的社会问题、不断强化的人工生态环境、人工生态环境中人类的另类进化、人类智力替代的边缘化进程、霍金教授世纪难题的试解。

图书在版编目(CIP)数据

从资本经济到知识经济:现代计算机的知识革命 / 何
立民著. --北京:北京航空航天大学出版社,2010.8
ISBN 978-7-81124-474-8

Ⅰ. 从… Ⅱ. 何… Ⅲ. 知识经济-研究 Ⅳ. F062.3

中国版本图书馆 CIP 数据核字(2009)第 189137 号

从资本经济到知识经济——现代计算机的知识革命

何立民 著

责任编辑 一 莳

*

北京航空航天大学出版社出版发行

北京市海淀区学院路 37 号(邮编 100191) http://www.buaapress.com.cn
发行部电话:(010)82317024 传真:(010)82328026
读者信箱:bhpress@263.net 邮购电话:(010)82316936
涿州市新华印刷有限公司印装 各地书店经销

*

开本:700×960 1/16 印张:19 字数:383 千字
2010 年 8 月第 1 版 2010 年 8 月第 1 次印刷 印数:3000 册
ISBN 978-7-81124-474-8 定价:49.00 元

前　　言

▶ 一个眼花缭乱的时代

知识经济时代,是一个令人眼花缭乱的时代,它犹如一架喷气式飞机拉着人类社会的大篷车在崎岖的山路上狂奔。窗外的诱人景色一闪而过,人们来不及思考,也不知会奔向何方。

人生百年看世界,几万年原始时代的社会变化似乎完全被冻结了;在几千年的封建时代,人类看不到时光流逝;在几百年的资本经济时代,马克思看到了原始资本主义的罪恶,列宁看到了走上垄断、扩张的资本帝国,我们这一代却见证了一个辉煌的现代资本主义正在走上知识经济时代;今天,人们也许再花费几十年时间,就能看到一个知识经济时代的全过程。

30年前的1980年,阿尔文·托夫勒推出了《第三次浪潮》[1]一书,给人们心灵以极大震撼。在该书中,阿尔文·托夫勒将人类历史划分为三个浪潮阶段:"到目前为止,人类经历了两次重大的变化浪潮,每一次都抹杀了早期的文化和文明,以前人不能想象的生活方式取而代之。第一次浪潮——农业革命——经历了几千年才结束。第二次浪潮——工业文明的崛起——只有300年的寿命。今天的历史速度更快,很可能第三次浪潮将会横扫历史,在几十年内结束。生存在这个爆炸性时刻的我们会感受到第三次浪潮对这个时代的全面影响。"遗憾的是,托夫勒在点明了农业革命的第一次浪潮、工业革命的第二次浪潮后,并没有讲清第三次浪潮的知识革命,没有进一步描述第三次浪潮对这个时代的全面影响。

▶ 感性学家看世界

按照人类社会的非线性变迁,资本经济时代有几百年历史,而留给知识经济时代却不到百年时间。在不到百年的时间里,无论是经济学家,还是社会学家,都被眼前的事物惊呆了,在纷乱的世界中茫然、无所适从。经济学家往往陷于传统经济学观念中不能自拔,对许多重大经济现象都贴上"新经济"、"后资本经济"、"网络经济"、"信息时代"等标签;未来学家阿尔文·托夫勒在《第三次浪潮》一书中,把当今时代看成是:"很可能在几十年结束,将会横扫人类历史的第三次浪潮。"资深的《纽约时报》记者托马斯·弗里德曼,则在他的《世界是平的》[2]名著中,以"被碾平了的世界"这样的浪漫词藻,感性地描述了我们这样一个时代。

将观察当代人类社会生活中的所有感性学者,大致可分为三类,即热眼看世界者、冷眼看世界者与冷静看世界者。托马斯·弗里德曼是热眼看世界者,斯蒂芬·霍金教授是冷眼看世界者,而阿尔文·托夫勒则是冷静看世界者。

热眼看世界的托马斯·弗里德曼,在其2005年出版的《世界是平的》一书中,对我们的时代充满了激情的描述,将它看做是充满机遇的全球化新时代。书中列举了碾平世界的10大动力,并对这10大动力给普通百姓生活、第三世界经济带来的巨大变化,充满溢美之情。

与热眼看世界的托马斯·弗里德曼形成强烈反差的,是冷眼看世界的宇宙学家斯蒂芬·霍金教授。2006年,斯蒂芬·霍金教授,在网上向世人提出了一个令人震撼的世纪难题:"在一个政治、社会、环境动荡的世界里,人类如何才能继续生存100年?"

能冷静观察我们这个时代的学者,当属未来学家阿尔文·托夫勒。他用了20多年时间,专注于人类当代社会的巨变。30年前,他在《第三次浪潮》一书中,将我们的时代称为人类历史上的第三次浪潮,并天才般地预言:"第三次浪潮将会横扫历史,在几十年内结束。"书中描述了大量的经济现象与社会现象。26年以后,阿尔文·托夫勒对当今社会有了更清醒的认识。他在2006年出版的《财富的革命》[3]一书中,开始将"知识"作为一个时代的核心问题进行了重点论述。请看阿尔文·托夫勒在书中关于"知识"与"知识经济"的一些表述:

"自从'知识经济'开始半个世纪以来,关于知识经济背后的'知识'我们却了解得很少,简直少得让我们感到尴尬。"

"知识已经成为我们经济和社会环境中变化最快的组成部分之一。"

"知识是无形的,试图给它下定义往往会使你进入一个迷宫,令你很难体面地从里面出来。"

"尽管对新兴的知识经济有着数千种分析和研究,但是,知识对创造财富的影响却一直被低估了,而且现在仍然在被低估。"

"知识长期以来一直被他们(经济学家)所压制。现在仍然是,甚至比以往更厉害。因此,为了了解明天经济的核心,对于知识所受到的这种不公待遇我们需要给予补偿。"

"所有的这些答案都支持了我们的观点,即在知识的深层原理中正在发生革命性的变化,这些变化之剧烈就连'革命'这个词也略显苍白。"

"事实上,我们所生活的时代是自我们物种开始思考以来变动最大的世界知识体系。除非我们真正消化了这点,否则我们为未来所做的最好计划也会失灵。"

阿尔文·托夫勒是一个伟大的学者,它用20多年的时间,终于喊出了知识、知识经济,并且充满了对知识的崇敬之情。然而遗憾的是,他没有给我们一个明确的答案,从字里行间可以看到他的迷茫与无奈。

▶ 时代呼唤理性学者

托夫勒关于三个浪潮的观念,无疑是对人类社会发展史最经典的高度概括。几千年的农耕经济、几百年的资本经济与不到百年的知识经济,概括出人类现代文明的非线性发展历程。农耕经济、资本经济与知识经济又概括出社会生产力发展的三个阶段——劳动生产力、资本生产力、知识生产力。无疑,托夫勒是知识经济时代最伟大的学者。托夫勒的伟大之处还在于他对知识经济孜孜不倦的求解态度。26年后,托夫勒在《财富的革命》一书中,明确地提出了"知识经济"概念,而且指出必须从知识的深层原理上来阐明知识经济,为知识经济研究指明了方向。托夫勒已经迈出了理性研究的关键一步。

人类对知识的认识经历了一个漫长的历史时期。奴隶社会后期知识阶层诞生后,人类对知识的认识一直处于认识论、知识论、实践论的哲学领域。这是因为,此前的社会发展变革中,"知识"一直处于社会生产力的后台,经济学家、社会学家习惯用"社会生产力"来阐述一切社会现象。知识经济诞生后,社会生产力由资本生产力变革到知识生产力,知识也从社会生产的后台走上前台。然而,经济学家无法突破传统的生产力观念,引起了托夫勒对传统经济学家的愤怒。

从知识起源阶段、原始知识阶段、原理知识阶段、知识分化阶段,直到知识经济时代的商品知识阶段,人类知识经历了一个完整的历史发展过程。站在知识发展的颠峰上,人们有可能从知识发展史中总结出人类的知识发展规律、知识形态的发展变异、工具中的知识集成、人类智力的知识行为本质,以及智能化工具中的知识行为集成等概念。所有这些与知识相关的概念都与人类知识发展在知识经济时代的变异有关,而产生这些变异的本质原因,是半导体集成电路的数字时空量子化技术革命。

半导体集成电路受到科技界的广泛关注,并获得了两项诺贝尔物理学奖。人们注意到它的科学神奇、产业威力、生活魅力,却没能深入探求人类工具如何从泛性知识集成,变革到半导体集成电路、半导体微处理器的知识行为集成;半导体微处理器又如何以通用计算机与嵌入式系统的现代计算机手段,开始人类社会的知识革命、智力革命、信息革命与数字化革命。

时代呼唤理性学者,经济学家必须抛弃传统的生产力观念、原始的知识观念,在人类工具知识与知识行为的演化进程中,了解人类知识发展规律,深入理解半导体集成电路,从知识的深层原理上来诠释知识经济。

▶ "知识学基础"讲述了什么?

"知识学基础",是解析知识经济时代各种经济现象、社会生活现象的基础。

对知识的最深刻理解,是"知"与"识"的二元化概念。这种二元化概念是知识发展规律的最本质"基因"。

在"知识学基础"中,不可避免地要涉及知识的起源。在知识起源的深层研究中,必然会深陷"人"、"知识"、"工具"起源的"鸡"与"蛋"的悖论之中,它表明"人"、"知识"、"工具"的同源性。

传统观念中,人类只有两种形态的知识,即大脑中的知识和各种介质中存储的知识。然而,人们忽略了最重要的第三种知识,即工具中的知识。与前两种知识相比,工具中集成的是人类的知识成果,具有鲜明的确定性、可靠性特点。如果不了解人类第三种知识的形态,就不可能解析知识经济时代的各种经济现象和社会生活现象。托夫勒在《财富的革命》一书中,把时间、空间和知识作为财富革命的三个深层原理,却深陷知识的泥塘之中。根本原因是其囿于两种知识形态的传统观念中不能自拔。本书第一篇"知识学基础"的第七章,解析了托夫勒的困惑。

人类知识经历了四个发展阶段,即原始知识阶段、原理知识阶段、基础/技术知识阶段和商品知识阶段。当今,人类社会正处于知识发展的最高阶段,即知识平台的商品知识阶段。

人类知识发展中有三个重要规律,即知识的分离性发展规律、集成性发展规律和非线性发展规律。

知识的分离性发展规律,是指知识原理与知识应用在时间和空间上的不断分离。即在空间上,从事知识创新与从事创新知识应用在人群分工上相分离;在时间上,从事知识创新的人不从事后续的创新知识应用,从事创新知识应用的人并不需要了解创新知识原理。

知识的集成性发展规律,是指随着知识的发展,人类的知识、知识行为会不断地集成到工具中,从而形成人类的第三种知识形态。从人、知识、工具的同源性角度出发,大脑中的知识与工具中的知识伴随着人类的起源、发展与演化。

知识的非线性发展规律,是指随着知识的发展,人类知识总量呈现非线性的指数发展态势。知识的非线性发展,必然导致一切与知识相关的事物都呈现非线性发展规律。摩尔定律是对知识非线性发展的最好佐证。摩尔定律可以推广到与知识相关的一切领域。

▶ "知识经济探索"讲述了什么？

在研究知识经济现象时,必须要了解知识经济时代的三个背景因素,即出现了现代计算机产业革命,市场经济进入极致化发展,人类知识非线性发展进入疯狂时代。

近代史上人类有两次伟大的产业革命:第一次的18世纪产业革命,催生了资本经济;第二次的20世纪现代计算机产业革命,催生了知识经济。

许多经济学家、社会学家和政治家对18世纪产业革命趋之若鹜,而对计算机产业革命却视而不见。这是因为18世纪产业革命是一个巨大、跃变的显性变革,而计算机产业革命却是一个渐进、弥散的隐性变革,以至于许多人把现代计算机产业革命现象看成是后资本经济现象,并用传统资本经济观点来解释当今复杂的经济现象和社会现象。

两次产业革命有极大的相似性与可比性:

(1)都有归一化的内核:第一次产业革命的归一化内核是"动力机械",第二次产业革命的归一化内核是"知识平台"。

归一化内核都有两种表现方式:第一次产业革命为动力机械的"动力平台"与"动力嵌入",第二次产业革命为知识平台的"智力平台"与"智力嵌入"。

(2)都产生了巨大的社会变革:第一次产业革命诞生了"资本经济",第二次产业革命诞生了"知识经济"。

(3)都产生了巨大的社会效应:第一次产业革命以动力机械代替了人类的"体力劳动",第二次产业革命以知识平台代替了人类的"脑力劳动"。

(4)都产生了明显的全球化效应:第一次产业革命导致"贸易全球化",第二次产业革命导致"经济全球化"。

(5)都带来了巨大的产业变革:第一次产业革命形成了全行业分布式的一体化"封闭型企业";第二次产业革命则以全行业"扇形产业"结构的链式生态体系,取代了全行业分布式的一体化封闭型企业。

现代计算机产业革命、极致化的市场经济、人类知识的疯狂发展,极大地改变了人类社会的各个方面:

(1)现代计算机产业革命的归一化知识平台内核,形成了知识产业与制造产业的两大产业分工体系,并由此形成了全球化的扇形产业生态体系。

(2)智力平台与智力嵌入,形成了巨大的虚拟经济平台,使知识经济时代的市场经济呈现虚实交互的二元化特点。

(3)在知识经济时代,市场经济的非均衡性与两极化的极致化发展,必然导致富人经济的非理性发展。因此,批判市场经济是知识经济时代的一项重要任务。

（4）中国大陆社会主义市场经济探索，是知识经济时代人类的一项伟大事业。

▶ "社会问题思考"讲述了什么？

现代计算机产业革命、极致化的市场经济、人类知识的疯狂发展，造成了最广泛的社会问题。在知识经济时代，人类从改造世界到改造自己的急剧变化进程中，预见到第四次产业革命浪潮即将到来。

知识经济时代是人类社会发展的顶峰时代，是人类知识按分离性、集成性、非线性规律发展到极致的时代。知、用分离的极致化发展，开始了人类的"傻瓜化"进程；智能化工具普遍用来代替人类的脑力劳动，开始了人类的"边缘化"时代；知识非线性的极致化发展，使全球性社会生产力的发展进入消耗多个地球资源的时代，从而引发了全球化的政治、社会和环境的全面动荡。

随着人类知识的极致化发展，现代市场经济也进入极致化发展时代。现代市场经济正从微利时代向暴利时代发展，从原有单纯的商品领域向外围不断拓展，原有的两极分化不断扩大。上层建筑为两极分化的市场经济服务，使全球性剩余生产力用于构建富人经济社会，以满足富人集团的欲望消费与疯狂消费。人类创造了空前的物质文明，但离先哲们大同世界的理想却越来越远。

人类诞生后，在认识世界、改造世界的奋斗中，不断构建一个人工生态环境。在这个人工生态环境中，人类开始了另类进化，除了大脑的进化外，其作为生物体的其他各种性状似乎都在退化。在人工生态环境的精心呵护下，人类的免疫系统功能普遍退化，现代化疾病丛生。借助工具的力量显示人类无所不能的同时，却开始了人类对工具无限依赖的傻瓜化、边缘化时代。

人类认识世界、改造世界，是为了不断改善人类的生存、生活环境。经过两次产业革命的洗礼后，人类享受到高度的物质文明，在极端的人工环境精心呵护下随心所欲。人们崇尚物质生活，崇尚现代科技，崇尚创新消费，崇尚个性自由。极端的物质文明并没有给人类带来极端的幸福感。人类有足够的理由思考，现代化生活方式会将人类引向何方？怎样才能在物质世界中构建人类的幸福社会？

▶ 与三位学者的对话

在2006年6月本书初稿完成后，笔者先后看到托马斯·弗雷德曼的《世界是平的》，以及阿尔文·托夫勒的《第三次浪潮》和《财富的革命》三本书的中文译本；同时，还看到斯蒂芬·霍金教授在网上求解的世纪难题，便产生与三位学者"对话"的冲动。

从某种意义上说，本书是一本充满说教、枯燥乏味的书。笔者不愿意，也无精力收集过多的佐证资料。三本书的出现顿时赶走了笔者的孤独感，出现了与三位学者的"对话"渴求。

托夫勒的第三次浪潮与弗雷德曼的全球化3.0版本向人类提出了一个当代社会变革时代的新问题,这是知识经济时代的严肃问题。

托夫勒在《财富的革命》一书中的第五部分,将"知识"作为强大推动力因素进行了描述。在描述的同时,充满了对知识的迷茫与无奈。这充分说明,开展"知识学"的研究有多么重要。

弗雷德曼在《世界是平的》一书中,以大量栩栩如生的翔实资料,向我们描述了一个全方位的全球化世界,在这个被10大动力碾平了的全球化世界里,人们充满了机遇。但弗雷德曼没有进一步阐明为什么世界是平的? 世界是怎样变平的? 世界变平的规律是什么? 这正是"知识经济学"必须回答的问题。本书第二篇"知识经济探索"的第十章,试图解读托马斯·弗里德曼《世界是平的》中的观念。

在知识经济时代,知识按三大规律极致化发展导致的异化,使人类进入一个结构性动荡时代。英国《卫报》2006年8月3日的报道中,介绍了斯蒂芬·霍金教授在网上提出的一个世纪求解难题:"在一个政治、社会、环境动荡的世界里,人类如何才能继续生存100年?"这是一个知识经济时代的社会学问题。本书第三篇"社会问题思考"的最后一章,力图解答霍金教授的世纪难题。

▶ 10余年的成书过程

50多年来,在一平方公里的高等学校校园中,笔者从一个大学生、青年教师,成长为授人以渔的教育工作者,以职业的敏感性,目睹了半导体集成电路、微处理器、通用计算机、单片机、嵌入式系统对人类知识发展的巨大冲击,有幸亲历了现代计算机知识革命的全过程;又以职业的思考习惯,力图厘清其中的奥妙,才有了10余年的成书过程。

笔者用以下浓缩的语言,来描述50多年来亲身经历的巨大变革:20世纪50年代、60年代是知识力量时代,70年代是专家智慧时代,80年代是器件解决时代,90年代是半导体厂家的主宰时代,20世纪末则是知识平台的普遍生存时代。

"知识就是力量"是20世纪50年代、60年代流行的口号,高等院校师生身体力行地在知识的海洋中遨游,相信有多少"知识",便有多少"力量";在70年代,专家、教授成为知识力量的代表;在80年代,由TP-801引发的单板机应用热潮,以及随后持续的单片机应用热潮,给高等理工科院校的教学、科研带来巨大冲击。半导体集成电路的神奇力量直接挑战知识的力量与专家的智慧。年青教师借助集成电路与单片机,可以轻易地构建出许多智能化电子系统,超越了原先必须由电路专家领军完成的传统电路系统,出现从专家智慧力量到器件力量的转变。有感于半导体集成电路的知识力量,1993 年,笔者在《MCS-51 单片机应用系统设计》[4]一书"再版的话"中,大胆地提出了电子技术应用中"器件解决"的观念。

半导体集成电路器件的这些神奇性,使半导体厂家成为 20 世纪 90 年代以来,社会生产力、科技、产业发展的主宰力量。其后,在电子技术相关领域,人们不再依靠专家,而是直接跟随集成电路的步伐走。

进入 21 世纪,在半导体集成电路、微处理器基础上的通用计算机与嵌入式计算机系统,构建出形形色色的软、硬件知识平台,形成了现代计算机的知识革命高潮。其中最令人震撼的,是在深蓝计算机上构建的"国际象棋大师"。这样一个运行在通用计算机上的软件,居然具有顶级国际象棋大师的知识与知识行为(智力)能力。由此,我们完全可以创造出类似的科技"专家"、"学者"知识平台来为普通百姓服务。

在观察了这些现象后,笔者逐渐形成了一些新的知识观念,如,人类智力的知识行为本质,知识的分离性、集成性、非线性发展规律,人类的第三种知识形态,工具中的知识集成现象,半导体集成电路的归一化知识集成与知识行为集成,以及微处理器基础上的知识平台观念。

所有这些与知识相关的概念,都有利于解释知识经济时代的诸多经济现象与社会现象。笔者在 1993 年提出"器件解决"观念后,开始了对人类知识发展的另类思考;到 2000 年,逐渐形成"知识平台"的观念,并用知识平台来诠释知识经济的一些基本现象,并于 2004 年完成《知识经济基础》初稿。其后,笔者深感知识经济时代,人类社会的变化远远超出经济领域,现代计算机革命本质上是知识的革命,从根本上变革了人类社会的生活方式。故从 2006 年笔者便开始本书三个篇章的撰写,书名也变更为《从资本经济到知识经济》,副标题则点明了"现代计算机的知识革命"。

尽管经过 10 余年的努力,笔者已整理出一些系统的观念,但由于篇幅限制,引用实例不多,读者或许仍会感觉枯燥乏味。笔者会在三个篇章的基础上继续思考。

何立民
2008 年 5 月

目　　录

第一篇　知识学基础

第三篇　社会问题思考

第一篇　知识学基础

在人类发展的历史长河中，没有任何事物具有"知识"那样的普遍性，并且与人类始终相伴。正因为如此，人们常常会对其视而不见，但又常常提及它。在知识的基础上，人们不断从事自然科学、社会科学、哲学等各种专题的研究，唯独没有人开创对知识本身发展规律的"知识学"研究。

在从资本经济到知识经济的伟大变革中，现代计算机产业革命所呈现的巨大知识变革给人类以震撼，以知识为基础的知识革命、信息革命、数字化革命，以及虚拟世界、数字化世界，影响到人类社会生活的方方面面。然而，由于对知识的无知，导致我们不能深刻地认识与理解人类社会的各种复杂现象，从而处于茫然境地。

为了研究知识经济时代的各种经济现象、社会现象，必须建立知识学的一些基本概念，探寻人类知识起源，总结人类知识发展史，寻找人类知识发展基本规律，并在此基础上创建人类知识学。

本篇是与知识学相关的基础内容。核心内容包括：人类、知识、工具同源，人类智力的知识行为本质，人类知识的三种形态，四个阶段的人类知识发展史，知识的分离性、集成性、非线性发展规律，人类工具从知识集成到知识行为集成等。这些基础概念是诠释知识经济、了解知识经济时代各种社会现象的有力武器。

第一章　人类的知识"怪兽"
——知识的基本概念

　　本书开篇伊始,把人类知识比做"怪兽",这是因为知识充斥在人们周围,却又看不见、摸不着;人人议论知识,却无法阐明其来龙去脉;知识影响着人类生活的方方面面,却又说不清、道不明。

　　作为"知识学基础"的第一章,我们从了解知识的二元化特征,人类知识的起源,人、知识、工具的同源性出发,提出人类知识发展待解的奥秘,为后面的章节做好铺垫。

1.1 二元化的知识"怪兽"

认识论视角的"知"与"识"
实践论视角的"知"与"行"
"知识"、"知行"的矛盾与统一

现代人类对知识的了解大体始于"读书识字"。从读书识字中了解古代文人对知识的深刻描述。其中最为精彩的是对知识的二元化论述,即认识论上的"知"与"识"、实践论上的"知"与"行",以及反映人类与大自然关系的"认识世界与改造世界"。

▶ 认识论视角的"知"与"识"

通常,人们认为知识是人类对客观世界规律性的认识。汉字中,将"知"与"识"组合在一起来描述知识,表达了知识在认识论上的二元化本质,即对知识的"知"与"识"、"知道"与"了解"、"感觉"与"理解"、"知其然"与"知其所以然"、"感性认识"与"理性认识"等的诠释。可以看出,"知识"虽然是一个完整的概念,但是它始终带有两个对立与统一的内核,即"知"与"识"。

例如:

电灯的知识:灯泡接入电路中会发亮,这是"知";灯泡发亮是因为其含有钨丝,通以电流会发热,达到炽热时会发光,且钨丝在真空环境下不会因炽热而烧毁,这是"识"。

烧开水的知识:把盛有水的水壶放在火焰上,水便会升温,到达一定温度后便会沸腾,这是"知";火焰加温能加速水分子运动,到达一定温度后,产生的汽化效应便是沸腾,纯水在一个标准大气压下的汽化温度为100℃,这是"识"。

还可以举出许多例子,说明人类知识中的二元化内核关系。对知识"知其然"后,便可以使用这些知识为人类服务。例如,用水来煮食物;把灯泡接入电路中,用开关控制其打开或关闭。然而,当你对这些事物的理解到达"知其所以然"的地步时,会更聪明地使用这些知识。例如,在高原地区,气压低,汽化温度低,可以用高压锅提高其内部压力,使水沸腾点的温度升高;使用白炽灯时,频繁地开、关虽然可以节电,但骤冷、骤热会使灯泡寿命降低。

人们在认识客观世界时,处处可以遇到知与识所表现的独立性。例如,人们认识客观新事物时,总是感性认识在先,理性认识在后,或者停留在感性认识阶段。在社会人群中,只有一部分人从事将感性认识上升到理性认识的知识研究上,大多数人则停留在对知识的感性认识上。在现实生活中,大多数情况下只需要知其然,并不需要对知识刨根问底,究其所以然。

可以看出,知识在认识论上的二元化,是知识分离性发展的基因。

除了独立性外,知与识形成了知识的完整内核,是知识的统一性表现。一个完整的知识必须包含"知其然"与"知其所以然"两部分,而且理性认识必须有丰富的感性认识基础。

▶ 实践论视角的"知"与"行"

在谈到"智力"、"聪明"这些概念时,不少人会联想到许多高等动物的智力行为与聪明可爱。唯独论及"知识"时,没有任何人会与动物挂钩,可见知识是人类所独有的东西。

知识为人类专有是因为人类要挑战大自然。出于挑战大自然的需要,人类要认识客观世界,继而改造客观世界。在改造客观世界的行动中,人们从实践论的角度总结了知与行的二元化特征。与认识论角度的知与识相似,实践论的知与行也具有独立性与统一性特征。

知与行的统一性表现在人类认识世界与改造世界的伟大目标之中。人类改造客观世界,必须要认识客观世界,即行成于知,知行合一。

知与行的独立性表现为知识研究与知识应用的分离倾向。在人类早期,知与行统一在原始人群的日常行为之中;后来出现了知识研究与知识应用的社会分工,一部分知识阶层从事知识研究,大部分人则从事知识应用;到了知识经济时代,出现了知识创新与创新知识应用的彻底分离。

▶ "知识"、"知行"的矛盾与统一

无论是知识的诞生,还是知识的发展演化,都离不开人类认识世界与改造世界的总体目标。知与识、知与行的矛盾,统一在人类认识世界与改造世界的总体目标之中。在研究认识论与实践论的重大课题时,都要从人类认识世界与改造世界的总体目标出发。

知识是人类认识世界的成果,是改造世界的基础。人类知识上的任何缺陷,都会导致其改造世界的失误与遗憾。

知与识的两个相对独立的内核,使知识应用趋于简化,人们不必了解知识的深层原理,就能实现知识的应用。例如,原始人使用石刀、石斧和骨针,只要知道楔形物容易切割食物、重物容易敲碎兽骨、针状物容易刺透兽皮,就可以用这些知识制造石刀、

石斧和骨针,而并不需要了解尖劈省力的知识原理、物体的质量与惯性原理。

在知识发展中,知、识的分离除了上述正面效应外,也蕴涵一些危险因素,因为人类在探索知识原理时,会出现认识的片面性甚至错误,用这些片面性或错误的认识指导应用便会出现失误。例如,人们可以利用技术手段将沼泽地变成农田,但大面积改造农田会造成对生态环境的破坏。人们知道植树可以绿化荒山,但若不了解森林自然生态体系与植物部落生存环境的相关性,用单一树种大面积造林,就会导致森林发育的负面效应。

知识的二元化以及二元化的发展趋势,会对人类社会发展产生重大影响。后面的章节将从知识发展规律的角度来阐明其影响。

1.2 探寻人类知识的起源

> 高智商的智力起点
> 恶劣的生存环境
> 从感觉到思考的变异

既然知识为人类所独有,必然会涉及"人类知识起源"这样一个命题。在探讨人类知识起源时,往往会陷入一个"鸡与蛋"的悖论之中,以至于无法弄清究竟是人创造了知识,还是知识创造了人。本节只讨论知识的起源,并把知识的起源归结为高智商的智力起点、恶劣的生存环境,以及从感觉到思考的变异。

▶ 高智商的智力起点

所有讨论人类起源的学者,都不约而同地把人类的诞生定位在高等动物的起点。陆生说认为,人类从类人猿进化而来;水生说认为,人类来自海洋鲸类动物。这些动物的共同特点,就是具有高智商。

动物的进化除了肢体的环境适应性进化外,其对外界的感觉和反应能力也不断增强,这就是智力的增长。当智力增长到高级阶段后,就有可能产生异化而出现知识的萌芽。

▶ 恶劣的生存环境

在动物进化过程中,所有高等动物都处于同一起跑线上。但是,每个高等动物都有特定的生存环境,每个生物物种的发展、变异都与其生存环境密切相关。生物物种的生存环境越恶劣,其发展、变异就越加明显。在恶劣的生存环境下,通过优胜劣汰,物种产生明显的进化,真所谓"生于忧患、死于安乐"。

所有的人类学家在探讨人类起源时,都会谈及人类起源时所面临的恶劣生存环境,包括走出森林、从海洋爬上陆地等假说中,环境的变迁对人类带来的巨大考验。在这样恶劣的环境中,有可能产生感觉基础上的思考。

因此,无论是人类的诞生,还是知识的起源,都是在极端恶劣的生存条件下形成的。

▶ 从感觉到思考的变异

在众多的类人猿中,生存环境极端恶劣的一群类人猿不断与自然环境抗争,积累了众多的外部感觉。随着外部感觉积累的量变,一部分类人猿会产生"思考"的变异,在感觉基础上的思考变异便形成始祖猿的"知识"萌芽。图1.1表示了人类知识的起源过程。

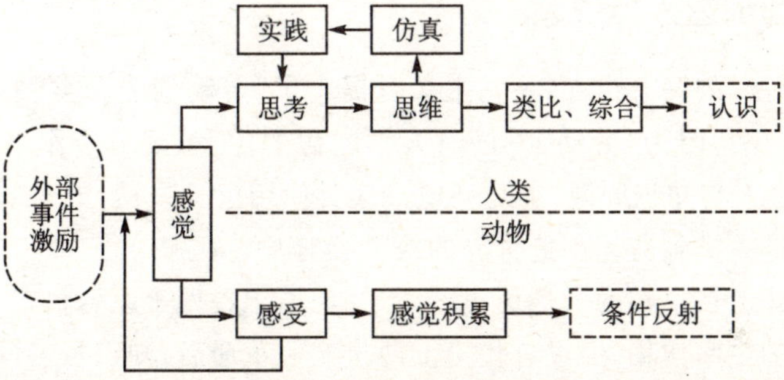

图1.1　人类知识的起源过程

所有动物对于外部环境刺激都会产生感觉,随着感觉的不断积累(量变)就会产生变异(质变)。变异的分水岭是"思考"与"条件反射"。人类诞生之前的动物形态称为"始祖猿"。处于极端恶劣生存环境中的一部分始祖猿积累的感觉最多;出于求生的迫切要求,这部分始祖猿出现了思考的萌芽,不再停留在感觉的积累上,而进入一个思维、仿真、实践、再思考的循环之中;最后通过类比、综合,产生了对事物内在规律的"认识",这就是人类的知识起源。

另一部分处于优越生存环境的始祖猿,受外部环境刺激的多样性较少,刺激的强度较低。舒适的外部环境使它们停留在感受、感觉的积累阶段,不断形成各种类型的条件反射。人们称赞一些高等动物具有模仿人类行为的能力,例如,狗会数数,海豚能听从人类指挥进行表演,海獭会用石头敲开贝壳等,所有这些都是没有脱离感觉积累基础上的条件反射。

1.3 人、知识、工具同源

从劳动创造人类说起
三位一体的社会动力
没有无知识的工具

无论从何种角度来探讨人类的起源,都会出现"使用工具"这样的词语。同时,不可避免地会涉及"工具"、"使用工具"、"打造工具",以及使用工具、打造工具时的原始知识,从而形成人、知识、工具的同源性问题。

▶ 从劳动创造人类说起

从"劳工神圣"的观念出发,马列主义者提出了"劳动创造人类"的口号。至今这一口号仍无人反驳,因为"劳动"一词对人类起源的主、客观环境作出了最完整的概括:主观环境是人与知识同源,客观环境是人类使用工具。

从劳动创造人类到劳动创造世界的改天换地中,人、知识、工具劳动体系中的相互关系不断变化。在早期的人类历史阶段,知识与工具处于原始状态,突出了劳动者在劳动体系中的主宰作用;经过近代史上两次产业革命后,知识与工具产生了革命性变化,人类在人、知识、工具的劳动体系中退居次要地位。劳动者对工具的无限依赖,导致人类开始被边缘化的历史进程。

▶ 三位一体的社会动力

马列主义者提出"劳动创造人类"口号的初衷,并不是为了研究人类的起源,而是强调"劳动"对人类社会进步的重大意义,本质上是一个研究人类诞生后社会进化的动力问题。因为劳动是人类独有的知识行为,是在人、工具、知识三位一体基础上改造客观世界的力量。

在第一篇"知识学基础"中,谈及人类的知识起源、知识行为、知识发展史、知识发展三大规律;在第二篇"知识经济概论"中,谈及劳动生产力、资本生产力、知识生产力;在第三篇"社会问题思考"中,谈及人工生态环境、边缘化进程、现代化生活方式等。这些都要涉及人类社会中,人、知识、工具体系的动态发展演化进程。

▶ **没有无知识的工具**

在原始社会,人类使用工具进行劳动,知识存在于劳动者与工具之中。但人们往往对工具中的"知识"视而不见,只看到人类使用工具的知识行为,例如,原始人用石刀清理兽皮、切割食物,用石簇打猎等。

有些人认为,某些高智商的动物也会使用工具,这是一种错误观念。将某些动物使用的"工具"与原始人使用的工具相对比,便可看出其本质上的差异是工具中的知识集成。猩猩使用石块砸开坚果,这决不是在思考基础上的特意选择。它在选择石块时既无知识指导,所选择的石块也不具有特殊的砍、砸功能。原始人则是在知识指导下选择石块,例如,刮兽皮时选择片状石块,猎取野兽时选择尖状石块。在找不到这种形状的天然石块时,原始人会对原始石块进行改造,形成原始人使用的石刀、石斧和石簇。显而易见,石刀、石斧和石簇中集成了原始人的原始知识:刮兽皮用的石刀须有锋利的边缘;砍砸用的石斧除了锋利的边缘外,还要有手柄,要具有一定的重量;石簇必须是尖尖的,可以刺进兽皮。

工具中集成的知识与人类头脑中的知识不同,工具中集成的知识是人类的知识成果,是相对固定的专门知识。"相对固定"是指工具会在新的知识成果下改进;"专门知识"是指每一个工具仅仅集成与工具功能相关的那些知识成果。

1.4　人类对知识的困惑

> 原始的知识学
>
> 托夫勒的无奈
>
> 走出知识的混沌

知识与人类同源,知识无处不在。如今,知识已从后台转入前台。然而,人们对知识的理解仍留在"知识就是力量"、"知识改变命运"、"知识就是财富"、"知识的革命"、"知识经济"等粗浅认识上,对知识的深层原理知之甚少,使人类在现代经济和社会生活中处于茫然与无奈的境地。

▶ **原始的知识学**

经历了18世纪的产业革命与20世纪的现代计算机产业革命后,人类的知识总量以及战天斗地、改造客观世界的能力达到空前的境地。然而,人们对知识本身的认识似乎仍停留在古代典籍中的认识水平。古代人创造了"知识"的汉字词语,进而阐述了"知其然"与"知其所以然","知之为知之,不知为不知,是知也"、"知行合一","知难行易"与"知易行难"等,这些都奠定了原始的知识学基础。

可以说,人类社会最巨大又最普遍的变化,是与知识相关的变化,如科技、文化、教育、经济和政治等。人类在知识发展的基础上,创建了哲学、自然科学和社会科学的众多学科,但没有创建出"知识学"。人类对知识的了解几乎冻结在千年前的认识水平上。

▶ 托夫勒的无奈

当人类进入现代社会后,知识的独特地位得以突显。从"劳动创造世界"到"知识就是力量"、"知识改变命运",从劳动生产力、资本生产力到知识生产力,从农耕经济时代、资本经济时代到知识经济时代,知识终于从后台转入前台;然而,人们对知识的深层原理几乎一无所知。也许是知识的巨大弥散性与普遍性,使得人类无法跳出知识的海洋来观察知识,眼前总是一片混沌。

在知识的海洋中,感叹人类对知识无知的第一人,当属阿尔文·托夫勒。托夫勒无疑是所有未来学者中的真正智者。1980年他在《第三次浪潮》一书中,明确地将农业革命的农耕时代比做人类社会的第一次浪潮;将18世纪产业革命开创的工业时代比做人类社会的第二次浪潮;将20世纪中叶开始的巨大变革界定为人类社会的第三次浪潮。

26年后的2006年,托夫勒在《财富的革命》一书中,明确地提出了第三次浪潮的知识经济概念,并指出知识是知识经济的巨大推动力。然而,托夫勒对知识的认识便止于此,全书透露出作者对知识的无奈与困惑。请看其在《财富的革命》一书中对知识的相关论述:

"自从'知识经济'开始半个世纪以来,关于知识经济背后的'知识'我们了解得很少,简直少得让我们感到尴尬。"

"知识已经成为我们经济和社会环境中变化最快的组成部分之一。"

"知识是无形的,试图给它下定义往往会使你进入一个迷宫,令你很难体面地从里面出来。"

"我们只需要一个实际可行的定义,以帮助揭示我们全球知识基础正在以什么方式被改变着,以及今天的变化将如何影响未来的财富。"

托夫勒是一个伟大的智者,虽然未能解开知识经济的奥秘,却无情地指出了人类必须揭示知识的深层原理,走出知识的混沌。

▶ **走出知识的混沌**

托夫勒的无奈与忠告是有道理的,这是因为知识无所不在,知识到处弥散,以及知识本身特有的发展规律形成了知识的变幻莫测。但是,在知识高度发展的知识经济时代,人类在知识及知识发展上积累的丰富感性知识,有助于开展对知识本身的规律性研究。

笔者对托夫勒的境遇充分理解。本书的初稿是《知识经济基础》,其中论述了现代计算机产业革命、知识平台的形成、知识平台基础上的扇形产业结构与全球化经济等。当深入到知识经济任何一个领域时,无不涉及对知识的本质、形态、特性以及知识发展规律的理解。人们认识到,在知识经济时代,要解读任何经济现象,都必须对知识有深层、本质的了解。人类必须走出知识的混沌,创建"知识学"刻不容缓,势在必行。

1.5 打开知识学的大门

知识的定义

知识的基本特性

知识的源动力作用

在了解知识的深层原理、创建"知识学"时,不妨先在人类对知识的感性认识基础上对知识进行归纳,了解知识的定义、基本特性,以及知识的社会源动力作用,以打开人类知识学的大门。

▶ **知识的定义**

什么是知识? 在厘清知识、研究知识的深层原理之前,必须给知识以定义。然而,由于知识的抽象性、复杂性,知识的无所不在性与形态的多样性,很难给知识以确切的定义。迄今为止,许多对知识的研究仍停留在认识论、知识论、实践论的哲学角度,很少有人从经济学、社会学角度来寻找"知识"的武器。马列主义"劳动创造世界"的人生观与辩证唯物主义的认识论,有可能揭示知识的真谛。

人们常常从认识论角度出发,给知识以定义。在《中国大百科全书·教育》中,对"知识"是这样表述的:"所谓知识,就它反映的内容而言,是客观事物的属性与联系的反映,是客观世界在人脑中的主观映像。就它的反映活动形式而言,有时表现为主体对事物的感性知觉或表象认识,属于感性知识,有时表现为关于事物的概念或规律,属于理性知识。"这里虽然没有直接给出知识的定义,倒是抓住了知识的本质性特征,即人类主体对客观世界的认识。它包含主体对客观事物的感性认识与理性认识。

为此,我们可以用最简单的语言来表达知识的定义,即,知识是人类对客观世界规律的了解与认识。从这一定义出发,知识包含两个层次的含义,即对事物的感性认识和对事物内在规律的本质认识。前者为感性知识,后者为理性知识。

▶ 知识的基本特性

如果停留在知识的定义层面,不对知识进行深层的分析,就会如托夫勒所忠告:"会使你进入一个迷宫,令你很难体面地从里面出来。"因此,必须对知识进行深入分析。除了知识的定义,首当其冲的是分析知识的基本特性,即知识的独立性、依附性、社会性、平台性,以及知识的自举效应。只有了解了知识的基本特性,才有可能进入知识学领域的大门,揭示知识学的奥秘,从知识的迷宫中体面地走出来。

（1）知识的独立性

知识的抽象与虚无缥缈,使人们很难想象它的独立特性。但是,从知识的起源、知识在劳动者头脑中、工具集成中的变迁,到在现代社会中知识呈现的力量效应、知识的财富革命等,都表现出一个独立的知识"幽灵"在游荡。

知识的独立性表现为知识有自己独立的发展规律,即知识发展的分离性规律、集成性规律与非线性规律,以及知识发展一往无前的顽强精神。

（2）知识的依附性

知识的依附性是对知识独立性的补充,表明在知识的不同发展阶段,在不同的知识相关领域中,知识都会依附于特定的对象,呈现不同的状态。

在知识发展早期,知识寄存在人类的头脑里,集成在工具中,劳动者使用工具,形成了以劳动者为主体的劳动生产力。最典型的劳动生产力是以农业、手工业为主的社会生产力。有关的农耕知识完全依附在农民的头脑里与农耕工具(犁、锄和锹等)中。

18世纪动力机械的产业革命,将手工工具推进到机械工具,大批机械工具形成了资本经济的社会化大生产。动力机械的产业革命实现了知识在工具中的高度综合集成。例如,一台车床是在金属学、冶金学、机械学、机构学和力学等知识成果基础上实现的生产工具。劳动者被机械工具所束缚,必须具有操作机器的知识;与此同时,出现了专门为资本经济企业服务的"工程师"群体。社会商品生产的知识依附在工人、工程师和生产设备中,形成了资本生产力的特征,即在资本整合(购置厂房、设备,雇佣工人、工程师)下的资本生产力。

随着知识的发展，知识在工人、工程师和生产设备中的依附状态不断变化。总体趋势是：知识在生产设备中不断增长，工人操作设备所需的知识不断减少。例如制鞋业，在手工作坊时代，制鞋工匠只依靠简单的工具（针、线、锥、锤和楦），工具中只有简单的知识集成，制鞋的知识主要存在于制鞋工匠的头脑中；出现制鞋机械之后，工人操作制鞋机械来制鞋，制鞋工人的制鞋知识（技能）减少，制鞋机械中制鞋知识的集成度提高；出现自动化制鞋生产线以后，由于自动化制鞋生产线集成了完整的制鞋知识，导致制鞋工人被边缘化，成为制鞋生产线的辅助工人。

从手工作坊方式，到机械化方式，再到自动生产线方式，可以看出知识依附性的总体变化状况，这是一种普遍的知识发展趋势。例如，在数值计算领域，早期人们用纸和笔进行四则运算，四则运算的知识主要存在于人们的头脑中；出现手摇计算器与算盘后，人们头脑中的四则运算原理知识简化为手摇计算器或算盘的操作规则，手摇计算器或算盘工具中则集成了数值计算的原理知识；电子计算器出现后，有关数值计算的原理知识、运算技能都集成到电子计算器（工具）中，计算者被边缘化成计算要求的输入者，以至于没有任何计算知识的人都能完成数值计算任务。

（3）知识的社会性

知识的社会性突出表现为知识发展的群体性特征。在研究知识起源的环境因素时，强调"思考"的萌芽源于恶劣的生存环境。当始祖猿出现思考的萌芽后，决定这种思考能否进一步升华的因素，则是其群居环境。在丰富感觉的基础上，不止一个始祖猿出现了思考的萌芽。在相依为命的群居环境中，还出现了思考萌芽基础上的交流与研讨。这种交流、研讨促进了思考的升级，出现了群众性的思维、仿真、再实践、再思考的螺旋式上升；即使没有进入思考境地的始祖猿，也能迅速而直接地提升到知识发展的新高度。

在现代社会中，没有人会对知识的社会性进行质疑，因为知识是改造世界必须集合的社会力量。社会的进步，技术的发展、研讨、传播和传承，都是在社会大环境下实现的。

我们还可以从"知识孤岛"、"知识行为停滞"、"狼孩"等反面效应，来证实知识的社会性。

"知识孤岛"，是指在现代文明社会中，在世界范围内仍然有知识发展处于原始状态的部落。"知识孤岛"的现象表明，地区间溶入全球性社会环境的差异，会导致知识发展程度的巨大差异。

"知识行为"是知识基础上的能力表现。"知识行为停滞"，是指人类的知识、技能如果没有群众性的交流、切磋、碰撞，就会出现停滞状况。例如，为了提高"下象棋"的知识行为，必须与棋友交流、切磋、比赛。没有社会化的大环境，就会出现知识行为停滞现象,况且棋谱的出现也是社会化的成果。

"狼孩"现象充分说明,一个婴儿,一旦脱离人类群居的社会生活,便会失去与知识有关的一切行为与能力,迅速地退化为"野兽",造成不可逆转的知识障碍。

(4) 知识的平台性

知识的平台性,是指知识的"物化倾向"与物化后的"扇出效应",这是知识发展的一个十分重要的特征。

当始祖猿发现片状石头容易剥离兽皮时,除了有目的地寻找有斜刃的石头外,还会将天然石块打造成带斜刃的石块,即石刀。这就是最初原始知识的"物化倾向"。原始人打造石刀时,每把石刀形态可能不完全相同,但都会有一个斜刃。石刀中的斜刃体现了原始人关于"斜刃可以方便地剥离兽皮"的知识。可以认为,石刀是原始知识的物化(即知识的工具集成)结果。

知识物化成工具后,就具有扇出效应。所谓工具的"扇出效应",是指任何一个工具都能无障碍地被无数人使用。

一个知识成果被他人使用的方式可以有两种,一种是传授方式,另一种是平台方式。例如,对于一个四则运算原理的知识成果,传授方式是由数学老师讲解四则运算原理、方法,人们懂得了四则运算的原理、方法,就能进行四则运算;平台方式是把四则运算原理的知识成果物化成计算器(工具),任何人购买计算器之后,都能进行四则运算。

(5) 知识的自举效应

知识的自举效应是指知识本身的滚雪球效应。知识起源于思考,知识的发展呈现思考、思维、仿真、实践,再思考、再思维、再仿真、再实践这一螺旋式上升的滚雪球效应。许多伟大的科学家在谈到自己取得的知识成果时,都会提到自己是站在巨人的肩膀上起步的。

知识的自举效应除了得益于知识的传承、传播外,还得益于知识成果的平台化。人类的任何一个知识成果都可以为社会所共享,这也是知识成果的价值所在,使人们可以从巨人的肩膀上起步。知识的自举效应使人类知识呈现爆炸式增长;知识成果的平台化,可以大力简化或省却对大量知识原理的了解,使后人得以幸免知识爆炸的噩梦。

▶ 知识的源动力作用

经济学家、社会学家在研究人类社会的发展进程以及分析社会现象时,都把社会生产力放在第一位,将社会生产力作为人类社会发展的基本推动力。根据社会生产力的水平,将人类社会发展进程划定为原始社会、奴隶社会、封建社会和资本主义社会。但是在深入研究社会生产力时,便会显现知识的源头性。

知识不仅是社会生产力的源头,也是人类脱离动物界的唯一基础。当人类无法用传统的经济学理论、生产力观念,来解释现代社会复杂的经济现象、产业现象、社会现象和人文现象时,可以从研究知识的基本特征、基本规律中得到解答。因此,知识是人类社会发展最基本的动力,是一切非自然现象的唯一源头。

(1)人类诞生的源头

在前面探索人类起源时,提到的"最初一击"是感觉基础上的"思考"变异。思考变异的直接结果是知识的萌芽,从此人类脱离动物界,并且诞生了工具,迅速开始了人类的历史进程。此后,考古学家、历史学家和社会学家,都以旧石器时代、新石器时代、青铜时代、铁器时代、机械化时代、电气化时代、自动化时代等具有鲜明知识个性的工具发展阶段,来表征人类的历史;同时,也有学者以知识的社会文化特征来描述各个地区人类社会的发展进程,例如中国的仰韶文化、半坡文化和红山文化等,这都说明从人类起源到社会发展进化中知识的巨大源头作用。

(2)社会生产力的源头

按照传统的经济学原理,社会生产力的基本结构是"人＋工具",即劳动者使用工具形成改造客观世界的物质力量。然而,人＋工具基本结构的基础是知识,工具中有人类的知识成果;人类使用工具从事生产劳动依赖的是知识。这样便形成社会生产力的知识源头。

由于知识是社会生产力的源头,知识的发展变异必然导致社会生产力的变异,即从劳动生产力、资本生产力到知识生产力的变异。

(3)改造客观世界的源头

人类从恶劣的生存环境中脱颖而出后,便将改造客观世界当做第一需要。改造客观世界必须从认识客观世界入手。人们总是把"认识世界与改造世界"看成是一个完整的概念:即改造世界必须认识世界,认识世界是为了改造世界,使知识成为改造客观世界的源头。

改造客观世界的源头性,无疑地给知识增添了无比沉重的社会责任,对客观事物认识的任何缺陷、片面和错误,都会给人类社会的发展带来消极影响,甚至灾难。农业、畜牧业的发展,人类对土地资源的空前利用,以及生态学知识发展的滞后,导致土地过度利用而出现荒漠化;其后,人们采用人工林的办法绿化荒漠,又出现水资源的障碍;最终人们不得不退出荒漠,按照大自然的生态规律来解决荒漠化问题。最近,有科学家通过调研论证了家用空气清新机对人体的危害,大量的臭氧环境会导致过敏性疾病出现。又如,人类对基因干预、转基因食品、干细胞治疗、纳米技术等,在尚未充分认识的基础上，就迫不及待地将其实用化；一旦认识上出现错误，就会造成极大的损害。

（4）知识改变命运

与所有动物的生存方式不同，人类依靠知识而生存、发展。人类个体从诞生之初，就开始认识外部世界的知识教育，从婴儿认识人工饲养环境，到牙牙学语，无不是一个知识成长的过程。如果婴儿出生后被狼叼去，与人工世界的知识教育相隔绝而成为狼孩，就很难完全回归人类社会。

我们听说过许多"知识决定命运、知识改变命运"的故事。在不同的知识环境中成长，不同知识水平的人会有不同的命运。

1.6 待解的知识学奥秘

人类知识的发展史

人类知识的发展规律

第三种知识形态

人类的智力特征

知识的传承与积累

人类要走出知识的混沌，在传统知识观念的基础上创建知识学，除了了解知识的定义，深入分析知识的基本特性外，还必须全面揭示知识的奥秘，如人类知识的发展史、知识的发展规律、知识的形态、人类的智力特征、知识的传承与积累等重大问题。

▶ 人类知识的发展史

人、知识、工具同源，并成为社会生产力的基本结构。经济学家、人类学家、社会学家从社会生产力发展的角度，演绎了原始社会、奴隶社会、封建社会、资本经济社会、知识经济社会的人类社会发展史。知识是社会生产力的源动力，与人类同源，有其自身独立的发展规律。人们应该总结出人类的知识发展史，并从知识发展史中探寻它对人类社会的影响。

人类知识发展经历了四个阶段，即原始知识阶段、原理知识阶段、基础/技术知识阶段与平台知识阶段。

▶ **人类知识的发展规律**

传统的经济学家、人类学家、社会学家，都从生产力角度来阐明诸多的社会现象，并崇尚经济的社会基础地位，建立了经济基础与上层建筑、生产力与生产关系学说；用经济基础与上层建筑的矛盾演化，有效地阐明了以生产力为基础的社会发展史。然而，到了知识经济时代，人类知识发展的变异使传统经济学陷入困境。人类必须从源头上寻求答案，这个源头就是人类知识的发展规律。了解了人类知识的发展规律，知识经济时代的一切疑难杂症都能迎刃而解。

人类知识发展的三个规律是：分离性规律、集成性规律和非线性规律。

▶ **第三种知识形态**

传统的知识观念认为，知识只为人类所专有，是存放在人类头脑中的东西。人们也承认知识能以书刊、典籍方式存储与传承。这是已知的两种知识形态。人类头脑中的知识与人类个体的认识水平相关；书刊、典籍中的知识具有时代特征、真伪特征。因此，很难用这两种不确定的知识形态来科学、准确地阐明社会问题、经济问题。从托夫勒在《财富的革命》中对知识的热切期望又无所适从中，可清楚地看到这样的无奈与困惑。在《财富的革命》第十九章中，托夫勒写道：

"知识或许是财富革命的深层原理之一，但是……知识中到底有多少是纯粹的谬论呢？或者是纯粹的虚构呢？我们被告知的东西我们能够相信多少？我们又怎样来决定？"

"明天经济的特性在很大程度上将取决于我们使用哪种真理标准来证明知识的有效性。"

处于这种状态的托夫勒是无法走出知识困境的，也注定他无法对知识经济进行深层的解剖。

我们必须抛弃传统的两种知识形态的观念，郑重地指出工具中集成的第三种知识形态。这是一种唯一真实、确定并能传承人类知识成果的知识形态。

▶ **人类的智力特征**

谈及"智力"时，常常会出现一些误解，即将某些高等动物的智力（如，大猩猩用树枝钩出洞中的昆虫，海獭用石块敲开扇贝，马戏团的小狗会数数等），与人类的智力混同起来。必须指出，人类的智力与人们谈及的这些动物的智力，有着本质的不同。这在于，人类的智力是基于知识基础上的智力，具有丰富的知识内涵；而动物的所谓"智力"与知识无关，无任何知识内涵，只是基于感觉刺激基础上的条件反射行为。

人类诞生的一个重要标志，是其头脑中知识的形成，并由此产生知识基础上的外部行为，即"知识行为"。知识行为是人类区别任何其他动物的智力表现。最能说明这一智力本质特征的，是人类使用工具的知识内涵，即原始人是在知识基础上寻找石块，打造工具。原始人有目的地寻找带有斜刃的石块，或将普通石块打造成带有斜刃的石器，就是知识指导下的行为。

可以看出，人类智力具体表现为"知识行为"，它体现了人、知识、工具的基本结构特征。

▶ 知识的传承与积累

在人们的传统观念中，人类创造知识，知识为人类所专有。与此同时，人们不得不承认这样几个事实：人类头脑中的知识不能遗传，新生婴儿没有任何知识；新生婴儿在人类生存环境中能迅速获取知识，而任何其他高智商的动物却不能；在人类知识总量猛增的情况下，人类并没有感受到知识爆炸的威胁。人们不禁要问：在人类社会漫长的历史进程中，人类创造的巨大知识成果是如何传承与积累的？显然，不能依靠人类自身的遗传与口头的传承，必须有一个"知识环境"来解决人类知识发展中知识存储、传承与积累的问题。

人类与人类社会是在不断构筑的知识环境中发展、演化的。有了知识环境，不靠人类遗传，新生儿就能迅速获取知识；头脑中的知识会随着生命的终结而消失，人类知识总量却呈现飞速增长的态势；与人类知识总量相比，人类个体头脑中的知识十分有限，却不影响人类知识爆炸式的增长。

人类社会迅速发展的神奇知识环境，是人＋工具性状的知识环境。人类创造知识，把知识成果集成到工具中，并依靠工具来传承与积累人类的知识。

迄今为止，人们对于人＋工具的人类知识环境的认识，局限于大脑中存储的知识，以及以文字形式记载在甲骨、竹简、羊皮、纸张等各种介质上的知识。对于充斥人们周围世界形形色色工具中的知识，却视而不见。人类创造了数值计算的知识成果，可以用文字、纸张方式记录这些知识成果，却不能改变数值计算对人的依赖。当人类在数值计算成果的基础上创造出珠算方法，制造出算盘工具，将部分知识成果集成到算盘中后，便形成人＋工具方式的数值计算知识行为。当人类制造出电子计算器之后，数值计算的知识行为从对人的依赖变成对工具的依赖，人们不再依赖数值计算知识，就能产生数值计算的知识行为能力。

工具中普遍的知识和知识行为集成，是知识学中一个极其重要的概念。

1.7 本章小结

人类知识起源于感觉基础上的思考变异,工具伴随着人类起源。人们必须从人、知识、工具同源论的角度,来探寻人类的进化史与发展史。

"认识世界、改造世界"构成人类的知识发展环境。知与识、知与行的二元化特征,是人类知识的本质特征。知识的二元化特征,会导致人类认识世界与了解世界的分离,知识创新与创新知识应用的分离。

隐含在工具中的成果知识,是人类的第三种知识形态。大脑的寄存知识、文字的记述知识、工具的集成知识,形成人类知识的三种形态。第三种知识形态是知识学基础中的重要观念。在人类知识发展中,人类个体不断地将认识世界的知识成果集成到工具中,依靠工具来积累与传承人类的知识。

第二章　人类的智力行为

——知识行为本质

　　"知识行为"是知识基础上的外在表现,是人类独有的智力表现方式,与动物的"智力"有本质差别。人类的智力结构是人、知识、工具,动物的智力结构是自身的大脑、肢体与感觉器官,两者具有本质的差异。人们可以在知识基础上建立"激励"、"处理"和"响应"的知识行为模型;通过对知识行为模型的深入分析,总结出知识行为的基本要素与基本过程,从而为实现计算机的知识行为仿真奠定基础。

2.1 智力的知识行为本质

在谈及"智力"、"工具"时，有些人提出"某些高等动物也能使用工具"，并由此来证明它们也具有某些人类的智力，从而混淆了人与动物智力的本质差异。

人与动物智力的本质差异在于人有知识，动物没有知识。人类智力与知识的相关性，导致人类的所有智力都表现为与知识相关的行为。因此，我们可以将人类智力定义为"知识行为"。

人类智力与知识的相关性，表现在人类智力都是知识基础上的思考，或知识基础上的行为。知识基础上的思考，表明人们头脑中的一切思维活动，都是围绕知识进行的；知识基础上的行为，表明人类个体之间的交往是以知识为中心的交往。例如，人类认识外部的感性知识、对外部感性知识的思考、思考完毕的对策、各种形式的外部表达，以及各种社会性交往，都是围绕知识进行的。与工具相关的行为是人类重要的智力行为，也充满知识的内涵，例如，人类在知识基础上创造工具，在知识指导下使用工具。知识行为最完整地表达了人类智力的本质特征，并且点明了人与动物智力的本质差异。

动物的智力是条件反射行为，人类的智力是知识行为。人类个体的动物学特征，也会产生一些条件反射的下意识行为，但转瞬而来的仍然是知识行为。例如，对于瞬间飞来的石头，人类有天然的躲避行为，但随之而来的是观察石头的来源，判断自己的危险程度，并决定应对办法。

人类智力的知识行为本质，形成人类个体智力发展的知识决定论。即婴儿出生后的智力开发，青少年的知识学习、社会实践，以及保持智力的终生学习，都显示出智力的知识环境与知识内涵。

人类智力的知识基础以及对工具的依赖性，决定了人类诞生后，随着知识、工具的飞速发展，便进入智力发展的高速公路时代。与人类智力高速度进化相比，动物的智力进化似乎都被冻结了。

2.2 人类的智力起源

智力发展的三岔路口
智力发展的高速公路

在感觉基础上的"思考"，是人类诞生的最初一击，是知识的起源，也是人类的智力起源。

▶ 智力发展的三岔路口

所有动物都有感觉器官,都能感知外部世界,并出现"感觉";在感觉基础上会形成"认知",从而产生应对的外部表现。例如,森林失火时,所有高等动物都会惊慌失措,四处奔逃。这是由于它们对火焰多次感觉后,产生生命受到威胁的认知,形成恐惧的情感因素,驱动逃命的外部行为。

与所有动物相同,在森林失火时,始祖猿也会感受到生命的威胁而四处奔逃。然而,一部分始祖猿被恶劣的生存环境所逼迫,又回到被火灾烧毁的森林中,从烧焦的动物尸体中寻找可食的部分。如此循环往复,当感觉积累到一定程度,始祖猿便产生"火灾并不可怕"的思考,进而形成对火的理性认识,并利用火来烧烤兽肉。从此,人类便出现区别于所有其他高等动物所特有的智力特征:感觉基础上的"思考",思考基础上的"知识",知识指导下的"外部行为"。

与始祖猿不同的是,在森林火灾中得以逃生的其他高等动物,在新的森林环境里重复着原来的生活,没有感觉的丰富积累,激发不出"思考"的火花,以至于千百万年以来,它们永远停留在感觉积累基础上的"认知",这些认知的积累便是"条件反射"行为。因此,动物的智力表现形式是"条件反射"。

▶ 智力发展的高速公路

与人类的智力发展相比,似乎所有其他高等动物的智力发展都被"冻结"了。某些动物所呈现的"智力",也常常带有人类的"人工"印记。狗具有与特殊嗅觉相关的智力行为,具有与人亲近和感情交流的智力。但是,宠物狗的许多表演行为出自于狗主人的训练,而且都是反复强化的条件反射。可以看出,动物的智力发展被"冻结"的原因是只有感觉,没有思考;因此,动物的智力水平只能停留在生理基础上的条件反射阶段。

当人类出现"思考"的萌芽后,必然进入思考、思维、仿真、实践,再思考、再思维、再仿真、再实践的循环往复之中,形成螺旋式的上升。在综合、类比的逻辑思维中形成定式的"知识",并在知识指导下出现"工具"化智力行为(制造工具与使用工具)。例如,始祖猿从石块可以敲开坚果的现象中,发现某些形状的石块还可以用来剥开兽皮,并通过不断思考、思维、仿真、实践,得出"带有斜刃的石块有利于切割兽皮"的结论,这就是"知识"。然后,始祖猿会专门寻找带有斜刃的天然石块,进而将天然石块通过人工打造成石刀。这样一来,人类借助于知识和工具,进入人类智力发展的高速公路。从旧石器时代、新石器时代、青铜时代、铁器时代,直到机械化、电气化、自动化的现代化文明时代,人类的智力都离不开知识和工具。

2.3 智力的知识决定因素

狼孩与狼谁更聪明?

"五七干校"的故事

两条路上跑的车

提出"人与动物谁更聪明?"这样的傻瓜问题,只是要强调人类的智力并不是出于人类本能的生理因素,而是人类知识、工具的共同遗产。当剥夺了人类与知识相关的一切因素后,便会出现"人与动物谁更聪明?"的思考。

▶ 狼孩与狼谁更聪明?

婴儿出生后被狼叼去,生活在狼群中,便失去人类社会知识、工具的依托,只有大脑与肢体的人类遗传学特征。因此,用狼孩与狼来比较谁更聪明,可能接近于讨论人与动物谁更聪明的命题。

至今,人们并不十分清楚狼孩在狼群中的地位与作用,只知道狼孩是在母狼哺育下得以生存,并学会狼群的生活方式。当狼孩被带回人类社会后,会继续呈现狼的生活习性。这一现象说明,当人与动物出生后,若都处于动物的生存环境中,则人不会比动物更聪明。狼孩在狼群的眼中只不过是"异物"而已,必须依靠狼群的呵护,无法成为狼群的主宰。

人类在长期的进化过程中,只有与知识相关的发展与进化(最明显的标志是大脑的进化);相比之下,其他方面都退化了,特别是人类感觉器官的退化最为明显。这就导致狼孩在视觉、听觉和嗅觉能力上的先天不足,狼孩基于感觉器官上的智力(聪明)无法与狼相比。

与狼孩形成明显反差的,是深入狼群中的动物学家。某些动物学家在深入了解狼群习性的基础上,溶于狼群生活中,不仅成为狼群的朋友,还能在一定程度上指挥狼群,因为动物学家不是狼孩,而是具有知识能力的人类。

有一点必须强调的是,狼孩虽然丧失了人类的知识与工具,还保留人类大脑的遗传因素。在返回人类社会后,在人类知识与工具的帮助下,狼孩能在一定程度上恢复人类的智力。

▶ "五七干校"的故事

中国大陆在文化大革命中最荒谬的行为,莫过于对知识的否定。大批知识分子不能从事原有岗位的科技工作,到干校劳动改造,从事许多从来不曾做过的工作,例如做饭、烧窑、制砖、种水稻、种蔬菜瓜果、杀猪和宰羊等。人们认为这些四体不勤、五谷不分的知识分子会陷入窘境;然而,当许多人准备看这些知识分子的洋相时,他们却发挥出巨大的知识力量,在很短时间里就变成农活专家。笔者在"五七干校"中就亲历了杀猪、做饭两件大事:从来没有杀猪经历的知识分子没有请村里屠夫的帮助,利用力学原理与解剖学知识,顺利完成杀猪任务;从来没为上百人做过饭的知识分子,将老炊事员几十年的做饭经验规范化、标准化,使上百人的大锅饭从未出现差错。有个著名的女物理学家曾在干校负责敲钟,她敲的钟声成为干校及附近村庄对时的"北京标准时间"。

▶ 两条路上跑的车

从上述问题中我们可以得出这样的结论:人类的智力基础是知识,人类的智力结构是大脑、知识、工具,动物的智力结构则是自身的大脑、肢体、感觉系统。这充分体现了人与动物两个完全不同的智力发展道路。

人类及人类社会的进步完全体现在大脑、知识、工具的发展与进化上。人类作为生物个体,最重要的进化特征是其大脑容量的飞速增长。

由于人类智力结构与动物智力结构的本质差异,人类在许多感觉系统(视觉、嗅觉、听觉等)基础上的"智力"不及动物;但人类依靠知识的力量、工具的帮助,力图主宰世界万物。例如,人类视觉不及鹰眼,但可以借助望远镜观看远处的事物,通过显微镜观看微小的物体。

人类诞生后,在知识的帮助下,开始智力发展的飞跃,即人类知识行为发展的飞跃。

2.4　什么是人类的知识行为?

人类知识行为的定义

人类智力结构的分析

人类知识行为的特点

知识的诞生,标志着始祖猿最终进化成始祖人类。人与动物的根本区别在于人

有知识。当人类具有知识时,其外在表现便是知识行为。知识代表人的"认识水平",知识行为则表现出人的知识能力,即"智力水平"。

▶ 人类知识行为的定义

知识行为可以简单地定义为:知识基础上的外部行为表现。例如,原始人结绳记事、唱歌、跳舞、绘画,以及寻找尖劈状石块;现代人驾车、下棋、舞蹈和表演等,都是知识行为。

知识行为是人类最广泛、最普通的行为。人从出生之日起,就开始接受知识教育;此后,其一切行为都会带有知识色彩。完全失去知识行为的人被形象地称为"植物人";中风病人就失去了大部分与肢体有关的知识行为能力;聋哑人则丧失了与语言相关的知识行为能力。

由于知识行为是知识基础上的外部行为,因此,一般说来,知识水平较高的人,其知识行为能力也较强。但这并不具有完全的一致性,即同等知识水平的人,其知识行为能力并不完全相同。人们常用聪慧、敏捷、对答如流、处事冷静、遇事不慌、条理清晰等词汇,来赞扬知识行为能力较强的人;而用木讷、痴呆、愚笨等,来形容知识行为能力低下的人。

▶ 人类智力结构的分析

知识行为是人类独有的智力表现,人类的智力是在知识基础上的外部行为能力。人类知识行为有明显的个体特征,以及对工具的依赖性。

（1）知识行为的知识基础

知识是知识行为的基础。在人类社会生活中,几乎所有的活动都是知识基础上的行为。例如,人们写字、绘画、下棋、跳舞、游泳、开车、聊天、打电话、串门和买东西等,都要有相关的知识。一般而言,知识水平较高的人,其知识行为能力也较强。例如下棋,掌握棋谱和棋艺知识越多的人,其棋艺越高,取胜机会越大,大伙会承认此人下棋的智力水平较高;到商店买衣服,对衣料、色彩、服饰、着装搭配、商家心理充分了解的人,会显现出买衣服行为的"聪明"。

知识基础的基本特征,使得任何一个最简单的行为都会带有知识的印记。例如,军人的站势、坐姿,舞蹈家的走路姿态,外交家的语言风格,京剧演员的眼神与表情等,都与他们从事的职业要求与训练相关。刚出生的婴儿没有知识行为能力,是因为其没有知识;植物人没有知识行为能力,是因为其失去了行为能力;精神病人的知识行为能力错乱,是因为其头脑中的知识与外部表现失去相关性。中风病人丧失了部分肢体相关的知识行为能力;聋哑人丧失了与语言相关的知识行为能力。

（2）知识行为的个体差异

知识行为的个体差异，是指知识行为具有鲜明的个体特征。例如，朋友之间聊天时，有人机敏、反应快、侃侃而谈，有人木讷、内向；有人条理性强，有人词不达意。朋友之间下棋时，有人沉稳，有人急躁；有人大度，有人斤斤计较。即便是个人独立的知识行为也有差异，例如写作，时间上，有人喜欢深夜，有人喜欢清晨；写作时，有人喜欢喝咖啡，有人以茶为伴；写作方式上，有人习惯用电脑写作，有人喜欢在稿纸上行云流水。

知识行为的个体差异与人类个体的心理、心态，甚至遗传性状有关，体现出性格特征，具有一定的顽固性，以至于可以在人群中通过走路的肢体特征辨认出老朋友。老同学聚会，多年不见，初次见面谈得最多的是："你还是那么侃侃而谈"、"那么不拘小节"、"那么玩世不恭"、"那么吐沫四溅"……

知识行为的个体差异还与人类的生理状态（如年龄、性别、健康状况）有关。例如，同样的"唱歌"知识行为，有童声、男女声差异；人们接听电话时，会察觉对方感冒了；老年人写字时，手会有抖动现象。

（3）知识行为的工具依赖

"劳动创造人类"表达了人、知识、工具的同源性。所谓"人类劳动"，是指人类在知识基础上，使用工具从事"改天换地"的事业，并在改造客观世界中不断改变人类自己。人类的知识行为离不开工具，木匠的聪明才智离不开斧、锯、刨子和墨线盒等；账房先生的算账能力离不开算盘；现代人的记忆能力几乎无法离开电脑、手机等智能化工具。

▶ 人类知识行为的特点

人类的知识行为具有四个特点，即专有性、目的性、普遍性、复杂性。

（1）知识行为的专有性

知识行为为人类所专有，并且是人类与其他高等动物的差异标志。被许多人描述的某些高智商动物所特有的"智力行为"，都没有知识基础，大多是某种意识下的行为，或经过训练的条件反射行为。

"专有性"的另外一个含义，是所有人的知识行为都专属于自己，无法转移给他人；同样一种知识行为发生在不同人的身上会千差万别。例如，与人打招呼，不同的人会有不同的语调、姿态、情感和肢体动作；不同的人下棋，会有不同的能力、习惯和行为方式。无法将这种知识行为转移给他人，即便是模仿，也不尽相同。

（2）知识行为的目的性

知识行为具有明显的目的性，常常是为了某种需要而出现，并且能为他人所感受。无目的的知识行为被认为是下意识行为，或精神疾病的表现。

知识行为是一种主观意识指导下的行为。在知识行为的目的中，常常表现出个人意识特征，即知识行为目的中的坚持性、可介入性、灵活性等个性化特点。

在知识行为的目的中，坚持性能有效地抵御外部的干扰；可介入性是指在知识行为的进程中，可以将其中断而插入其他知识行为；灵活性是指在知识行为的进程中，能根据实际情况不断修正初始设定的知识行为目标。

（3）知识行为的普遍性

人们在日常生活与社会交往中，几乎所有的外部行为都表现为知识行为，都是在知识支配下的外部行为。因此，常常可以根据某人的日常行为来判断此人的知识素养。人类也会有无知识的行为表现，这种表现常带有明显的动物性条件反射。例如，下意识地躲避飞来的石头，车祸瞬间发出尖叫。如果面对飞来的石头，能迅速判断投石人的意图，并做出原谅或追逐的行为，这便是知识行为。

（4）知识行为的复杂性

随着知识总量的不断增加，人类的知识行为不断复杂化。同样是"充饥"行为，当人类尚未脱离动物界时，其充饥行为与所有动物完全相同。当人类具有知识时，其充饥行为便上升为知识行为。原始人充饥的知识行为表现为，使用石器猎杀、肢解动物用火烤制等；在封建时代，在人类充饥的知识行为中出现烹饪概念、饮食文化、餐饮工具；现代人则将充饥行为附加了更多的知识内容，如营养配餐、美味大餐、减肥套餐、自助餐等，使充饥的知识行为复杂到几乎无以复加的境地。

知识行为的复杂性还与其普遍性有关，人们日常生活与社会交往的普遍性，决定了知识行为的复杂性。大型的知识行为有绘画、写作、表演等。小型的知识行为有洗漱、化装、游泳、滑冰等。而大型的知识行为又由许许多多的知识行为片段组成。复杂的知识行为构成人类丰富多彩的社会生活，七情六欲、嬉笑怒骂都会表现出相应的知识内涵。

2.5 人类知识行为分析

知识行为的基本要素
知识行为的基本模型
知识行为的智力表现

我们可以从上述知识行为描述中，总结出知识行为的四个基本要素，并且建立人类知识行为的基本模型,以便有朝一日可以利用工具实现人类知识行为的仿真。

▶ 知识行为的基本要素

通过对诸多知识行为过程进行分析得出,实现人类知识行为必须有四个基本要素:知识存储、事件激励、信息处理、结果输出。

"知识存储"是知识行为的基础。要实现知识行为,在大脑中必须存储与知识行为相关的知识。例如,要判断来人的体貌,必须有空间尺度、人体生理等基本知识;要与他人下象棋,必须有象棋的相关知识。

"事件激励"是知识行为激励与原始信息的输入过程,它导致知识行为的发生。例如,通常逛街时,我们一般不会注意往来行人的体貌特征,只是当其有特殊表征(特高、特胖、特美、行为怪异等)进入我们眼帘时,才会激发起观察、判断对方的知识行为;或者当听到人群中有人喊"抓坏蛋!"的激励时,我们才会迅速启动"判断坏人"的知识行为,同时迅速采集周围人群的行为状态信息,以判断谁是坏人。"下棋"知识行为中的事件激励,是对方的"落子"事件与"落子状态"的视觉信息输入。

"信息处理"是知识行为中的"智能"基础,它将事件激励中的原始信息经过分析、处理,得出合理的结果,体现了人类知识行为中的智能本质。在外部事件激励过程中,往往只有原始感觉(外部的视觉、听觉、触觉,或内部的精神冲动)的输入,这些原始感觉包含众多的原始信息。要获得正确的结论,就必须对这些原始信息进行分析处理。例如,作为"抓小偷"的旁观者,在外部事件激励后,对于逃跑的嫌疑人只留下模糊的原始感觉;当民警询问时,我们会对这些原始感觉中的原始信息进行处理,得出如"此人1米7左右,20多岁,较胖,穿蓝色上衣、黑裤子等"的判断。

信息处理的水平取决于知识的深度与广度。例如,当我们头脑中有公制长度计量知识时,能得出"1米7左右"的结论;而当在某些环境下,要求以英制长度表达时,必须有英制长度计量的知识。

"结果输出"是知识行为的最终表现。它将经过处理、分析后得出的结果输送到外部,或暂时寄存到大脑中。例如,抓小偷时,我们要把嫌疑人的体貌特征通告民警;在象棋对弈中,把对盘面分析、局势应对得出的决策,转变为"落子"的控制输出;而面对"好酷的男人",外向者会将判断结果用语言惊呼,内向者则将其存储在自己的脑海中。

▶ 知识行为的基本模型

在上述四个知识行为要素中,知识存储是知识行为的基础要素,事件激励、信息处理、结果输出是知识行为的三个基本过程。根据知识行为的三个基本过程,可以建立知识行为的基本模型。

（1）知识行为的三个基本过程

我们仔细分析"判断对面来人"这样的知识行为过程，可以看出，首先是由于某个因素（如来人的特型、漂亮或行为怪异）而产生激励（也就是通常所说的起因）；然后在大脑中进行快速分析、判断，最后作出必要的反应（惊呼、告诉朋友、报警）。同样，对于"下棋"一类的知识行为过程，也有类似的激励（对方走完一步）、分析决策（想出对策）、反应（落子）等过程。因此，知识行为是由三个基本过程，即事件激励、信息处理、结果输出所组成，简称为"激励"、"处理"、"响应"三个基本过程。任何一个知识行为都应该有这样三个基本过程，这是知识行为的完整性要求。

我们可以将知识行为的激励、处理、响应三个过程，表示成如图2.1所示的模型。

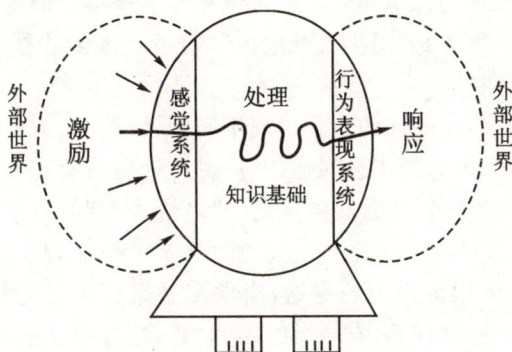

图2.1　人类知识行为模型

激励、处理、响应构成一个完整的知识行为过程。激励、响应是知识行为的外部世界交互行为；处理是知识行为的自交互进程。

◇ 激励

"激励"是产生知识行为的必要条件，没有激励，就不会有知识行为。一般情况下会有许多外部激励源，人们会有选择地接受外部世界的某些激励，而屏蔽其他一些激励。例如，下棋时不理会观众的议论（激励屏蔽），而选择"对方落子"或"老婆喊吃饭"等外部激励（激励选择）。

与激励相伴随的是知识行为要求。知识行为要求包含目的要求与实时性要求两个方面。例如，"老婆喊吃饭"的激励是要求回家吃饭；下棋时，"对方落子"的激励是要求自己出招应对。在这些激励中还包含对知识行为的实时性要求。例如，对于"老婆喊吃饭"可以借故推迟，当对方悔棋时必须立即抓住，这些就是激励中包含的实时性要求。

◇ 处理

知识行为的"处理"过程主要表现为大脑的两种思维过程,即应对与思考。应对表现知识行为的敏捷性,思考则表现知识行为的深思熟虑。

"应对"的处理过程常常表现为头脑中的知识查询,即将长期生活实践中积累的应对处理知识存储在头脑中,形成知识库。当出现相同的激励与激励要求时,不再重新处理,只要查询头脑中的知识库即可。基于应对的知识行为处理,反映知识行为的敏捷性。这种敏捷性的基础是日常生活中的知识积累。例如,对于"老婆喊吃饭"的激励已习以为常,根本不用深思熟虑,怕老婆的会立即应对,大男子主义者会装成未听见。

"思考"的处理过程则表现为深思熟虑,通常表现为对一个新的激励因素进行的思索与分析,因为头脑里的知识库中没有可供参考的样本。例如,对于"老婆喊吃饭"的激励为应对性处理;如果是"陌生人喊吃饭",则必须认真思考:是不是叫我?是谁叫我?为什么他来叫我?

同样的外部激励,对于不同的人会出现不同的处理方法。例如,"路遇小偷"的激励,对于警察而言,会表现为把小偷抓住的"应对性处理";对于一般百姓而言,会表现为要不要介入、介入后可能产生什么危险的"思考性处理"。

◇ 响应

"响应"过程是一个知识行为的终结,通常都是通过人类的行为表现系统(如肢体、语言、表情)输出到外部世界,它与激励中的"要求"有明显的对应关系。没有对应关系的"指东说西",是非正常的知识行为,除非是在某些特定场合的有意识行为。正常情况下,有什么样的激励要求,就应该有什么样的响应过程,否则会被认为是痴呆或精神病患者。

响应的实时性与激励要求有关,通常有实时响应与非实时响应。例如,家人叮嘱"天冷了,穿上毛衣"时,可以先将此激励记录在案,从容应对,并在适当时候响应,这为"非实时响应"。而对"厨房冒烟"的激励,必须迅速判断,及时处理,这为"实时响应"。

在知识行为模型中,激励、处理和响应的复杂表现,构成人类丰富多彩的知识行为。正常的知识行为表现为:外部激励的合理选择、处理过程的正常思维、响应输出的合理表达。

(2) 激励中的选择输入

处于客观环境中的个体,会感受到多种多样的外部事件激励。例如,行走于闹市中的民警,要在五光十色、热闹非凡的人群中,盯上形迹可疑分子,则须在众多外部感官激励中,选择最合理的目标(疑似小偷)激励;然后进入思维处理过程;最后决定是放弃、跟踪还是抓捕。

在激励的选择输入中,常常表现为对一些激励屏蔽,对另一些激励敏感。例如,抓小偷的民警对商场的叫卖声无动于衷;而对人群中的动作行为却特别敏感;小偷对商场的物品无动于衷;而对人们的手包十分敏感。所有人都会对意外的事件激励(如"失火了"、"有炸弹"、"楼顶坍塌"等)有特殊的敏感性,并作为重要的非屏蔽激励输入。

(3)处理中的思维过程

相对于一闪而过的事件激励,处理过程的时间较长,常常占据知识行为过程的大部分时间。

处理是在知识基础上的思维过程,知识的深度与广度在很大程度上决定了知识行为的智力水平。例如,抓小偷的民警中有反扒高手;面对"失火了"的叫声,有人能迅速判断真伪,并正确判断火势与火灾方位,做出合理的逃跑决策,而有人则惊慌失措。

在知识行为激励中,会隐含对处理的时间限定要求,即实时性要求。民警的思维时间过长,小偷就会跑掉;在大火中反应迟钝,则有可能失去生存机会。

(4)响应中的合理表达

在知识行为激励中,除了隐含对知识行为的时间限定外,还隐含对知识行为响应的合理表达要求。例如,小偷行窃时要"抓";失火时要"求生"。

响应的表达能力除了取决于处理过程中的决策水平外,还与表达响应的物质条件有关。例如,应对失火的激励时,心脏病人、残疾人的响应能力与健康人存在巨大的差异。

▶ 知识行为的智力表现

当人们观察某个人的知识行为时,常常会有不同的综合评价:"正确无误"与"错误百出"、"敏捷"与"迟钝"、"随机应变"与"木讷"、"聪明"与"缺心眼"等。它们反映了知识行为中智力的正确性、实时性、应急性和多维性。

(1)知识行为的正确性

知识行为的正确性反映了知识行为是正确无误,还是错误百出。

正确性是知识行为的基本要求,是知识行为成败的基础。要保证知识行为正确,必须保证过程的正确,并设置正确性校验环节。

在保证过程正确性时,要筛选出准确无误的外部激励,保证处理中思维过程正确,保证响应输出不受外界干扰。其中任何一个环节出错,都会导致知识行为错误。

例如,在下棋的"对弈"知识行为中,在对方"落子"的激励下,不要出现错误观察;在思考应对棋招时,不要出现错误判断;落子时,不要落错地方。

通常的知识行为都是一个复杂的内外部过程,有许多内外部环节,每个环节出错都会导致知识行为错误,故有"错误百出"之说。为了防止环节出错导致知识行为失败,常常在重要的环节上设置校验环节。例如,下棋时仔细斟酌,落子前仔细察看棋盘;考试时写完答案后再核对一遍;听到呼喊失火时要仔细确认等。

（2）知识行为的实时性

知识行为的实时性反映了知识行为是迟钝还是敏捷。

知识行为的实时性,体现为激励对响应的时间要求。例如,正规象棋比赛中,每次落子都要在规定时间内完成;抓小偷时,一定要在其作案时当场擒获。如果能在规定的时间内完成响应要求,便是合格的知识行为,满足激励的实时性要求。在满足实时性要求的基础上,还可从时间的耗费上来判定知识行为的优劣。例如,高明的棋手能在很短时间内应招,而水平低的棋手会犹豫不定。

（3）知识行为的应急性

知识行为的应急性表现为应对突发事件的能力,即随机应变能力,体现了知识行为的中断与中断嵌套能力。

在一个知识行为的进程中会出现许多突发事件。例如,与友人下棋时,会出现"失火了"、"老婆喊开饭"或"有人支招"等突发事件。

应对突发事件的能力,反映在对突发事件的响应选择、抗干扰能力、决策能力、回复能力上。

"响应选择"的智力水平,反映在对突发事件轻、重、缓、急的选择上。例如,对"老婆喊吃饭"可不予理睬;对"失火了"必须立即响应;对"有人支招",应先观察一下,不必急于反应。

"抗干扰能力"表现为对原有知识行为的专注性,一心一意干好一件事,对周围的一切激励则视而不见,听而不闻。

"决策能力"是指对突发事件的处理能力。在整个知识行为的进程中,要决定是否中断原来的知识行为,产生新的知识行为;在中断原来的知识行为时,要决定是否冻结原来的知识行为;在新的知识行为结束后,要决定是否回复到原来的知识行为。例如,下棋过程中,若有人喊失火,要立即判断是否为恶作剧;当判断是真失火时,立即中断下棋行为,转去救火。如果下棋过程中老婆喊吃饭,可告诉棋友,保留棋盘状态,吃完饭后继续下棋。

"回复能力"表现在进入知识行为嵌套前的中断处理,以及知识行为嵌套结束后的返回能力上。老婆喊吃饭后,告诉棋友是饭后继续下棋还是重新下棋,若要继续下棋则应保留好棋盘状态，否则无法继续。

（4）知识行为的多维性

多维性是知识行为的智力核心，表现为聪明、点子多。

知识行为的多维性是指在整个知识行为的过程中，都可能接受内外部的多个激励，而产生新的知识行为嵌套。例如，下棋时，除了专注于对方落子的激励外，还可以接受"老婆喊吃饭"、"失火了"等外部激励，中断下棋转而进入"回家吃饭"、"救火"等知识行为；在接受"老婆喊吃饭"激励后的处理中，还可以有"回家吃饭"、"不予理睬"、"饭后再下"等多种应对决策；在响应中，可以有"急急忙忙"、"慢慢吞吞"、"无可奈何"等多种表现。

2.6　人类知识行为仿真

人类发展的理想之路
知识行为仿真的基本规则
计算机的知识行为仿真

从原始工具、手工工具、机械化工具、自动化工具，到智能化工具，人类一直追求最大限度地利用工具来实现人类的知识行为。从手工计算、算盘、手摇计算机、计算尺，到电子计算器的发展，便是一个典型事例。

要实现知识行为的仿真，就必须将人类知识行为模型、知识行为基本要素，转化为知识行为仿真的基本规则。在集成电路与现代计算机的基础上，依据这些基本规则来实现知识行为的工具仿真，即实现工具的智能化变革。

▶ 人类发展的理想之路

人类发展的理想之路，就是不断增加工具在智力结构中的比重，将知识转移到工具中，用工具来代替人类知识行为中的体力劳动与脑力劳动。以"驾驶汽车"的知识行为为例，在汽车时代的早期，驾驶员除了要具备丰富的汽车驾驶知识、维修知识外，还要有充沛的体力与娴熟的技术。如今，各种现代动力系统、助力系统、电气系统、电子系统、仪表系统的出现，大大降低了对驾驶员的知识要求；各种助力系统减轻了驾驶员的体力劳动，汽车几乎成为人人都可以驾驭的工具。未来，智能化汽车出现后，不仅会免除驾驶员的体力劳动，还会免除驾驶员的脑力劳动。

18 世纪以动力机械为基础的产业革命,使人类进入文明时代,其基本特征是,以动力机械替代人、知识、工具智力结构中的人类体力劳动。从 20 世纪中期开始的现代计算机产业革命,是以人类知识行为仿真为基本特点的智力革命,其结果是以智能化工具替代人类的脑力劳动。

基于微处理器及大规模集成电路基础上的现代计算机,具有数字归一化的时空量子化技术基础与事件中断的应变能力,可以实现人类知识行为的工具集成,最终实现人类智力行为的工具替代。

▶ 知识行为仿真的基本规则

按照知识行为的四个基本要素(知识存储、外部事件激励、信息处理、结果输出),以及知识行为工具仿真后的人机交互要求,可以将人类知识行仿真的基本规则归纳为:一个基础、二个要求、三个进程。"一个基础"是知识的存储,因为知识是知识行为的基础,有多少知识就有多大的智力舞台;"二个要求"是实时性要求和应对性要求,这是实现知识行为工具仿真的智能化基础;"三个过程"是行为事件激励、信息处理、结果输出,它表达了知识行为的一般化过程。

▶ 计算机的知识行为仿真

现代计算机完全具备了实现人类知识行为的能力。那么,计算机怎样来实现人类的知识行为呢?又怎样体现知识行为的智力本质呢?下面以典型的计算机"象棋大师"为例来详细说明。

要实现计算机下棋的知识行为,必须在计算机的存储空间(存储器)上,存储足够数量的棋谱及下棋规则。存储的棋谱越多,计算机的棋艺就越高。计算机通过输入通道接口,不断监视对方的下棋行为,捕捉对方是否完成落子的信息;采集到对方落子的行为事件激励后,立即对对方落子的棋势状态信息进行处理与分析,寻求应对的落子方案;然后通过输出通道接口,以图形显示或以机械臂运动的方式完成落子的行为结果输出。这样就实现了计算机下棋的知识行为。

计算机智能化的重要表现还在于其随机应对能力。这种随机应对能力的基础是,对事件激励的快速选择,信息处理、行为结果输出的多样性。仍以计算机下棋的知识行为为例,在监视对方下棋行为时,计算机能对外界的激励事件(各种外界的干扰激励)快速分析,排除无关、错误的激励事件,只接收对方的落子信息,并在对方落子后以最快的速度捕捉棋势状态的原始信息。信息处理、行为结果输出的多样性则表现为,能从对方棋势状态的原始信息中,迅速挑选出关键信息,并与内部存储的海量棋谱知识进行对比,寻找出相应的应对棋招。

计算机时空量子化水平的不断提高,使计算机的知识存储能力不断加大,指令运行速度不断加快。计算机所表现出的对行为事件激励的快速选择,以及信息处理、行为结果输出多样性的增加,使其实现人类知识行为的智能化水平不断提高。

人类的智能水平还表现在对无关事件激励的应对上(如对外人支招、家人打扰等的应对),这是人类知识行为的最高智能表现。目前,计算机所具有的事件激励应对能力,是由程序人员预先设定的相关事件的有限应对。例如,便携式计算机能实时检测电池电源供电状况,电源不足时能立即输出信号,并在相关控制机构的帮助下对电池进行充电。如果把计算机嵌入到机器人中,做成围棋机器人,其智能水平除了直接表现在与下棋相关的棋势应对上外,还表现在与下棋过程无关的外部激励应对上。例如,能给自己充电;当对方出现违规行为时,能表现出愤怒;能接受教练的指挥等。

人们通常认为,对于无关事件激励,人类具有无限的应对能力;而实际上人类的应对能力是有限的。人类感觉系统的有限感知能力,会对外部无限激励事件产生有限的激励输入;人类大脑中的有限知识含量会成为信息处理的瓶颈。

随着现代计算机时空量子化水平的不断提高、知识存储能力的超常发展、外围设备交互能力的增强,以及对外部世界感知能力的不断提高,现代计算机一定能成为替代人类知识行为的优异智力内核。

与人类的个体化智力特征相比,现代计算机显示出人类群体的智力特征。即现代计算机中存储的知识是专家群体的知识,其信息处理是在专业化知识成果基础上实现的,其外部设备中设置的感知系统可以感知更多的外部激励。因此,从某种意义上讲,一个具体的计算机应用系统,在其专门的应用领域中,会具有远远高出一般人类个体的智力水平。深蓝计算机的"国际象棋大师"就是一例。

2.7　本章小结

知识行为是人类独有的智力表现形式,是知识基础上的行为表现。人类所有的个体行为或社会行为,都表现为知识行为。

人类之所以呈现特有的、与所有动物不同的智力行为,是因为人类具有独特的人、知识、工具智力结构;而动物的智力结构则完全是自身的大脑、肢体与感觉系统。人、知识、工具的智力结构,决定了人类智力发展的客观依赖性。

在人类的智力结构中,"人"、"知识"、"工具"都是独立的组分。知识是基础因素,知识在人的头脑中生成,在人＋工具的环境中成长。人类不断将知识成果集成到工具之中,导致工具中的知识不断增长。当工具具有知识行为能力时,这样的工具便是智能化工具。

当智能化工具诞生后,人与工具就都具有知识行为能力。工具中知识行为能力的不断增长,会导致人类在社会生产力中被边缘化。

对知识行为进行深入分析后,可以构建出人类的知识行为模型;并在知识行为模型的基础上,总结出知识行为的四个基本要素、三个基本过程,以及知识行为中的智力表现。这样一来,就可以实现人类对知识行为的归一化仿真。

第三章　人类知识发展的四个阶段
——人类的知识发展史

　　人类知识经历了四个发展阶段,即原始知识阶段、原理知识阶段、基础/技术知识阶段和平台知识阶段。这四个发展阶段是按照知识发展从量变到质变的发展规律来划分的,每个阶段都有其各自的特点与发展规律。

3.1 人类知识发展的史观

唯生产力论的社会史观
从知识源头看社会发展史
人类社会的知识发展阶段

从传统的生产力观点出发,将人类社会按生产力的发展进程划分成,原始社会、奴隶社会、封建社会、资本主义社会。然而,人们发现,生产力的学术观点并不能解释清楚人类社会发展的各种经济、文化、教育、社会生活等现象。于是,人们转而寻找社会生产力的源头,希望从源头上寻找答案。这个源头就是"知识"。知识是人类社会的源动力,必须从知识源头上了解人类社会的发展史。

▶ 唯生产力论的社会史观

人类诞生后,唯一的任务便是"认识世界与改造世界"。对改变生存环境的渴望,导致人类对社会生产力的崇拜。因此,无论是经济学家、社会学家、人类学家,还是国家领导人,都十分关注社会生产力,并以此为出发点来阐述社会现象、经济现象。

如果把"社会生产力"与"知识"看做是人类改造世界的前、后台关系,那么人类进入现代资本经济时代后,知识便开始从后台转向前台,其标志是专利知识的诞生。知识成果专利化、知识产权保护,以及独立的知识产权公司的诞生,都说明知识的独立生产力效应。为此,我们必须跳出唯生产力论的社会史观,建立知识的社会发展史。在知识经济时代,当知识从后台走上前台,成为独立的社会生产力时,对知识发展史研究的缺失,会导致人们观察经济现象、社会现象的无知与迷茫。

▶ 从知识源头看社会发展史

知识发展的独立性、源头性,以及知识与人、工具的同源,使得知识成为解读人类社会一切现象的最后源头。与知识有关的上层结构会不断变化,而知识的发展历程以及知识特有的发展现象不会改变。

从知识源头上看社会发展历史,除了要了解不同社会发展阶段中的知识发展特点外,还要找出知识发展的客观规律,这样才能从根本上解读当今的一切经济、社会、人文现象。

▶ **人类社会的知识发展阶段**

按照人类社会知识发展变化的阶段性特点,人类知识发展经历了四个阶段,即原始知识阶段、原理知识阶段、基础/技术知识阶段、平台知识阶段。

由于知识是社会生产力的源头,知识发展的四个阶段与以生产力划分的社会形态具有一致性。原始社会对应于原始知识阶段;奴隶社会和封建社会的知识发展没有本质差异,对应的是原理知识阶段;资本经济社会突出了基础知识与技术知识的发展分工,以及分工后的迅猛发展,对应于基础/技术知识阶段;资本经济社会后期出现了知识的商品化行为,开始走上从知识包到知识平台的商品化道路,在此基础上诞生了一个新的经济形态,即知识经济,对应于平台知识阶段。

3.2　原始知识阶段

人类的知识起源

人＋工具的知识结构

原始知识阶段的基本特点

原始知识阶段是从知识起源到知识蒙昧阶段,相对应的是人类的原始社会阶段。低下的社会生产力使得人人都要为生存而奋斗,无暇顾及知识的深化发展。这一阶段成为原始社会人类知识发展的蒙昧时期。

原始知识阶段的知识起源,奠定了人＋工具的人类知识架构。原始知识阶段极度低下的社会生产力,导致知识发展具有明显的实用主义特点。

▶ **人类的知识起源**

在第一章,笔者用图 1.1 展示了人类知识起源于"思考"的最初一击。由于人、知识、工具的同源性,很难单独讨论人类的知识起源。

（1）人、知识、工具同源

在探讨人类起源时,无论从哪个视角、哪个学科领域,都会涉及"工具"、"知识"等因素。如果进而研究工具和知识的起源,便会陷入一个"鸡与蛋"的悖论之中。马克思主义社会学家、人类学家用"劳动创造人类"来论述人类的起源,虽然带来一些"劳工神圣"的意识形态色彩,却佐证了人、知识、工具的同源性,确认了人、知识、工具不可分割的起始状态;或者说,判断人类是否从动物界脱颖而出的标准是,看其是否会使用工具,所使用的工具中是否含有人类的原始知识,其行为是否具有知识含量。

（2）劳动创造说的外部条件

从量变到质变的哲学观念出发,首先要寻找到生物进化到人类这一质变的外部量变条件。这些外部条件是高智力动物、恶劣生存环境、群居生存方式。

动物进化的一个重要环节是智力（大脑）的进化,人类只能在高智力动物群体中产生;恶劣的生存环境会加速动物对外部世界"感觉"的积累;群居的生存方式能形成感觉共享,会诱发感觉基础上的"思考"。可以说,感觉基础上的思考是人、知识、工具起源的最初一击,思考创造了人、知识和工具,也为劳动创造人类找到了源头。

（3）知识的发现与发明

根据原始知识的发展源头,原始知识可分为直接知识与衍生知识。

"直接知识"是人类在与自然作斗争中直接产生的认识。例如,原始人使用石器时,形成"尖劈"的知识;使用钻木取火时,形成"摩擦生热"的概念;使用棍棒运送猎物时,掌握了一些"杠杆"原理等。直接知识是客观规律的"发现"。

"衍生知识"不是直接与自然界作斗争形成的知识,它不直接反映客观规律,带有明显的人为印记。例如,人类在狩猎时统计猎物数量的结绳计数,围猎时的语言交流,表达原始情感的音乐、绘画等,都是衍生知识。衍生知识是在知识基础上的再创造。例如,人类在猎物数量、昼夜循环交替等知识的基础上,建立了"数"的抽象概念,出现了"记数"方法,以及基于"累计"、"分配"基础上的数值计算等。衍生知识是在直接知识基础上的"发明"。

▶ 人＋工具的知识结构

从人类诞生之日起,知识就担负着改造客观世界的任务,人类从认识世界中获得感性知识,通过交流、传承、研究使知识得以升华;人类不断将知识成果转化成工具,形成改造世界的物质力量;借助于工具的力量,人类得以探索新的知识领域。由此可以看出,无论是知识的起源、知识的发展,还是形成改造世界的知识力量,都将人与工具紧紧地捆绑在一起,从而形成人＋工具的经典知识架构。了解人＋工具经典知识架构的重要意义在于:人类工具的任何突破性发展都会导致知识发展的飞跃,人类任何知识创新成果都必须形成工具后,才能成为改造社会的巨大力量。例如,人类较早就提出了基因理论,但是,只有当基因测序设备、探针、基因分析软件诞生后,基因工程应用才能形成排山倒海之势;中国古代的纸张、火药、印刷术、指南针四大发明所具备的工具属性,对人类文明做出了重大贡献,这就是最好的例证。

▶ **原始知识阶段的基本特点**

许多学者在总结早期人类发展历史时,都是以原始知识进化特征来描述的,如"旧石器"时代、"新石器"时代、"有巢氏"时代、"燧人氏"时代、"神农氏"时代。它们正确地反映了原始时代知识对人类社会发展、进化的直接影响。

由原始知识的形成、发展来看,原始知识直接起源于原始人与自然界的生存斗争。每个原始人都直接参与知识发现与知识应用。因此,原始知识的特点,就是它的实践性、统一性、实用性与原始性。

"实践性":表明原始知识直接来源于现实的生存斗争实践。原始知识的内容与原始人的生产、生活密切相关。

"统一性":表明知识发现与知识应用的一体化,以及知识发现与知识应用在人类个体上的同一性。即原始社会中,为了解决恶劣环境中的生存问题,人人都参与知识的发现,并且迅速而直接地实现知识的应用。

"实用性":表明原始知识有极强的实用目的。不会出现,也没有条件出现脱离当时生产力发展需要,脱离改善生存环境需要的知识原理研究。因此,原始知识阶段以直接的知识发现为主。

"原始性":在原始知识阶段,社会生产力低下,人人都要劳动才能保障基本的生存条件。无论是人类个体,还是社会群体,为了当时的生存斗争,没有条件深入探求知识的基本原理。在该阶段,知识的探索主要停留在对自然规律外在性现象的观察上,以"知其然"为主。

在生产力低下的环境中,原始知识的形成与发展具有鲜明的目的性,即改造客观世界。原始知识的每一个发现,都迅速而直接地反映在改造客观世界的力量上。

3.3　原理知识阶段

原理知识阶段的诞生条件
原理知识阶段的知识阶层
原理知识阶段的基本特点

原理知识阶段诞生于原始社会末期。这一时期的多余社会生产力已能供养一部分人,让他们脱离生产劳动,专门从事知识研究,从而形成专门从事知识研究的知识阶层,并开始了知识的原理性、哲理性研究。宽松的客观环境造就了一批时代精英。

原理知识阶段的最重要特征,是专业知识大军的形成。

▶ 原理知识阶段的诞生条件

原理知识是脱离了个别认识的一般性认识,是从众多个体知识中归纳、分析、总结出的本质规律性的认识。例如,原始人从众多石器的砍、刺、剁、砸、锄等现象中,总结出尖劈的省力原理和斜面的力学现象。这就是基于原始知识之上的原理知识。

在原始知识阶段,低下的原始生产力无法让原始人有时间来琢磨一些知识的"道理"。只有摆脱了为生存而挣扎的困境后,人类才有可能琢磨知识的"道理"。因此,多余的社会生产力、知识价值的社会认可,是原理知识阶段诞生的条件。

(1)剩余生产力的社会基础

原理知识是原始知识发展到一定阶段后才出现的。原始知识促进了原始社会生产力的发展。弓箭的诞生使人类能猎取更多野兽;畜牧、耕种的出现,保障了人类有较稳定的食物供给。人类开始有了多余的生活资料,可以使一部分人脱离生产劳动,专门从事知识的再创造,从而诞生了社会知识阶层。因此,原理知识阶段诞生的基本条件,是原始社会后期社会剩余生产力的出现。

(2)社会知识阶层的形成

知识阶层是指可以脱离现实生产劳动、专门从事知识研究的社会人群。他们专心致志地从事知识研究,使感性知识不断升华;没有为现实生产力转化服务的巨大压力,得以深入探求客观事物的本质规律。社会知识阶层的出现是人类知识发展史上的重大事件,人类终于有了知识发展的专业大军,形成了知识发展的社会化分工。

(3)知识价值的社会承认

在原始知识阶段,知识发展紧紧围绕着改变生存环境、改善社会生活条件,人人都见证了知识的生产力效益。因此,一旦有余钱剩米,就会供养一部分人,让他们脱离生产劳动,从事专门的知识研究。一部分先富裕起来的奴隶主也积极从事知识的原理性研究,把知识研究看成高人一等,"劳心者治人,劳力者治于人。"

▶ 原理知识阶段的知识阶层

在原理知识阶段,首先进入知识阶层的人大多是上层人士,加上社会对知识贡献的认可,出现了一个十分宽松的社会环境。这是一个知识阶层享有充分学术自由的时期,出现了知识发展的飞跃。在这一阶段,没有任何上层建筑的干扰,没有任何传统思想的束缚。古代许多大思想家、大哲学家,如中国的孔子、老子、墨子、孟子、庄子,古希腊的苏格拉底、柏拉图、亚里士多德,都诞生在这一时代。原理知识阶段称得上是人类知识发展史上的先哲时代。

现代人都把哲学看成是自然科学与社会科学之上的方法学、思维科学。很难想象在自然科学与社会科学尚未形成时，便有古代哲学家群体。这是因为，古代人类生产力低下，渺小人类与大自然形成巨大的反差，导致人类对自然的神秘感，使知识阶层率先进入对未知世界的认识论、方法论研究领域。与此同时，社会对知识的认可促进了实践知识的升华，也开始了生产领域中实用科技的繁荣时代。

▶ 原理知识阶段的基本特点

在原理知识阶段，社会知识阶层的出现、自由的发展空间，使知识发展进入繁荣时期。一部分人将大量源于生产斗争中的实践知识升华，总结出本质规律，并迅速开辟了许多未知的知识领域。例如，从原始石器应用总结出尖劈原理，导致矛、箭的发明；从用火过程中观察到物体热胀冷缩的一般规律，用来开山取石。同时，有些人也会探索一些与生产劳动不直接相关，但与人类生活密切相关的天文、地理、气象、星象、水文等知识原理。

在原理知识阶段，知识发展的特点是它的分工性、分离性与社会性。

"分工性"：是指知识发展的社会化分工，一部分人从事知识探索，另一部分人从事生产劳动。在原理知识阶段，出现了专门从事原理知识研究的人群，他们不从事第一线的生产劳动。这是因为社会生产力已发展到能供养一批脱离生产劳动的人群，同时，社会也承认脑力劳动对社会的贡献。

"分离性"：是指知识探索与知识应用的分离。一方面，社会化分工产生的分离，导致一部分人以从事知识探索为主，另一部分人以从事生产劳动为主；另一方面，知识探索者不断远离生产实践，将精力集中于探索知识的奥妙，无暇顾及知识的应用，不直接将知识用于解决实际应用问题。

"社会性"：是指原理知识是在一定的社会条件下形成与发展的，诞生于社会的剩余生产力时代。社会承认从事知识发展活动对社会进步的贡献；同时，原始知识发展与应用的全过程，要在一个大的社会环境下进行，从而出现知识探索与知识应用的社会分工，以及知识的社会化传播与传承等。

从这一时期发展的原理知识中可明显地看出这些特点，如起源于石器时代的原始力学；农耕时代产生的气候学、天象学、日历；由结绳记事发展起来的数学；尼罗河流域泛滥后，为满足土地丈量而形成的几何学等。

原理知识阶段是人类进化史上的辉煌时期。如果说，原始知识的发展解决了人类生存之忧，奠定了人类在生物界的主宰地位；那么，原理知识阶段则表示人类进入了知识社会时代。它的标志是人类从保障生存时代进入优化生活时代。

原理知识阶段知识发展的分离性,一方面导致人类知识的飞速发展,另一方面也加剧了原理知识与实践应用的脱离。尽管这一阶段人类在哲学、天象学、天文学、气候学、数学等方面取得了重要进展,但现实的社会生产力依然落后。这是原理知识阶段后期产生的新矛盾。这一矛盾的解决有利于将原理知识阶段推向技术/基础知识阶段,有利于知识发展的新飞跃。

3.4 基础/技术知识阶段

技术/基础知识阶段的诞生条件

技术科学孕育出产业革命

技术/基础知识阶段的基本特点

知识阶层大量出现,原理知识不断远离生产实践、远离现实生产力的转化,形成了原理知识阶段后期尖锐的社会矛盾。将原理知识分化成以知识探索为目的的"基础知识",以及以服务于社会生产力的"技术知识",解决了这一矛盾,人类社会便进入基础/技术知识阶段。

▶ 技术/基础知识阶段的诞生条件

在原理知识阶段,知识探索与知识应用的分离,突出了知识发展与生产力转化的矛盾。随着原理知识的发展,这一矛盾愈加尖锐。生产力低下的社会环境,迫切要求原理知识迅速转化为现实生产力。而从事原理知识探索的人们,面临大量需要探索的知识原理,无暇顾及现实生产力的转化。知识探索与知识应用的分离,既制约了知识的发展,也影响了社会生产力的发展。

在原理知识阶段的早期,知识研究都源于人类的劳动实践,其成果大多反映在与生产劳动相关的领域。随着社会生产力的发展,专门从事知识研究的队伍不断扩大,开始出现脱离现实生产力发展需要的知识研究,例如,人类起源、宇宙形成、物质结构等。这标志着人类知识发展进入对客观世界本质规律性的理论知识研究阶段;与此同时,现实生产力的发展,迫切要求知识阶层解决实际应用中的众多技术难题,着力于发展技术应用学科。这样一来,在知识研究领域中,"技术科学"知识与"基础科学"知识的发展开始分道扬镳。

实际上,在生产力低下的原理知识阶段,出于改造客观世界的迫切需求,原理知识发展明显地倾斜于技术科学,例如造船、水利、机械等,使技术科学得到飞速发展。

中国的四大发明——造纸术、印刷术、火药、指南针，都是这一历史时期技术科学的重大成果。

▶ 技术科学孕育出产业革命

技术科学与基础科学的分工，体现了知识阶层的专业化分工，是人类知识发展的巨大进步。技术科学以研究人类社会现实需要为目的，以现实社会生产力转化为目标；基础科学则以知识探索为目的，不考虑现实社会生产力发展的需要。技术科学与基础科学的社会化分工，以最佳方式解决了原理知识发展阶段，知识发展与现实生产力转化的尖锐矛盾。有了基础科学，技术科学的发展不必顾及新知识领域探索的压力；有了技术科学，基础科学就没有了社会现实需求转化的后顾之忧，可集中精力探索大自然的奥秘。这样一来，社会的发展大大加速，人类知识进入一个新的飞速发展时代。技术科学的重大进展，直接催生了人类历史上的第一次产业革命。

▶ 技术／基础知识阶段的基本特点

技术／基础知识阶段的基本特点是：知识研究的专业化分工与知识学科的相互渗透。

知识研究的专业化分工，表现为基础科学与技术科学研究的社会化分工，在基础科学与技术科学中迅速形成许多专业化学科，如基础科学中的天文学、物理学、化学、数学等，技术科学中的水利工程学、造船工程学、机械工程学、热力工程学、建筑工程学等。无论是基础科学与技术科学研究的社会化分工，还是基础科学与技术科学内部专业学科的形成，都体现了知识发展的高度专业化分工。这种专业化分工导致知识发展的空前飞跃。

知识学科的相互渗透，表现为技术学科与基础科学的相互依赖、相互转化，以及跨学科领域的发展。技术科学研究会推动现实生产力的发展，而基础科学的成果与技术科学相互渗透，会形成产业革命效果。例如，人类在相当长的时间里，创造了无数灵巧的机器，推动了机械工程科学的发展。但是，只有在蒸汽机出现后，才开始人类社会的第一次产业革命；随后，内燃机、电动机的出现，展现了产业革命巨大的生产力推动作用，显示了数学、力学、热力学、电学等基础科学发展的巨大推动作用。物质结构的研究导致核技术、超导技术的发展；生命科学的研究导致基因工程的诞生。无论是核技术、超导技术，还是基因工程，都体现了知识发展的专业化分工与相互渗透的特点。基础科学实现知识创新，然后在技术科学的支持下，实现社会生产力的飞跃。

3.5 平台知识阶段

什么是知识平台?
工具的知识行为集成
平台知识阶段的基本特点
平台知识应用的巨大变革

平台知识阶段是人类工具从知识集成向知识行为集成的变异时代。

前面谈到,人类的工具不断集成人类的知识成果,从原始人的旧石器开始,到当今充斥人们周围的人造物体,世界上没有无知识的工具。在人类相当长的历史进程中,工具中虽集成了人类知识成果,但没有集成知识行为,知识行为只为人类所专有,使得人类在人十工具的架构中处于主宰地位。当工具中集成了人类的知识行为后,人类工具便异化成智能化工具。

智能化工具的诞生,使工具与人进入平等的时代。工具中集成的人类知识成果、知识行为,往往超出人类个体在工具相关领域的智力水平,使人类进入人十工具架构中的边缘化时代。

智能化工具从知识集成到知识行为集成的变异,智能化工具的广泛渗透与它的多种形态(硬件、软件),使其早已超越一般工具的概念。这些智能化工具具有知识发展的平台效应。

人类知识行为在工具中的集成,始于现代计算机的产业革命。因此,平台知识阶段起于 20 世纪中期。

▶ 什么是知识平台?

知识平台是集成有人类知识行为的广义工具。

长期以来,工具中只能实现人类知识成果的集成,无法实现知识行为的集成。例如,人类的数值计算工具,从最原始的结绳计数开始,经历了漫长的发展时期。算盘的出现显示了数值计算工具的巨大发展;近代西方的手摇计算机、对数计算尺,反映了计算工具中知识成果的不断发展。但是,这些数值计算工具都没有独立的数值计算知识行为能力,所有数值计算的知识行为都依赖于人类。从算盘到电子计算器,则实现了知识行为集成的飞跃。电子计算器具有独立的知识行为能力,只要向其输入计算要求，它就能独立地完成数值计算的全过程。"傻瓜化应用"与"专家级能力"是这种变革的最好证明。使用算盘、手摇计算机、对数计算尺进行数值计算，要依靠通晓数值计算原理、工具操作原理的专家；而在电子计算器基础上，任何一个"傻瓜"都能进行复杂的数值计算。

工具中计算机的普遍介入，形成了特殊的软、硬件综合体系。这种体系与纯硬件工具具有本质的差异，称之为"知识平台"。

知识平台是一个广义的概念，所有具有知识行为能力的工具、设备、系统、计算机软件，都统称之为"知识平台"。例如，在深蓝计算机上运行的"国际象棋大师"软件，可以与国际象棋大师对弈，这样的软件系统就是一个专门用于下棋的知识平台；用于高级轿车维修的故障诊断系统，可以替代原有的维修人员检查汽车的故障，也是一个智能仪器形态的知识平台。

知识平台有物化形态和使用价值，具有商品属性，因而，知识平台又称为"知识平台商品"，或简称为"知识商品"。

▶ 工具的知识行为集成

工具的知识行为集成，是工具知识集成发展到高级阶段的异化，是工具从原始工具、手工工具、机械化工具、自动化工具向智能化工具发展的飞跃。促成这一飞跃的是现代计算机产业革命。本节不妨对前面有关知识、知识行为集成做一概括性的回顾。

（1）人类的知识与知识行为

"知识"与"知识行为"是区别人与动物的根本标志。人与动物都有大脑，都有不同的智力表现，唯有人类才具有知识与知识行为。人类与动物在智力上的本质差别是，人类的智力表现为知识行为，而动物的智力局限于大脑的生理行为。尽管狼孩的大脑生理发育与人相比没有明显退化，但丧失了知识与知识行为后的狼孩很难融入人类社会。要重新开发狼孩的智力，只有从知识与知识行为教育入手。

（2）没有无知识的工具

工具与人、知识同源，知识隐含在工具与人的头脑中。动物使用的是石块，原始人使用的是石器。石块与石器的本质差异就是知识集成。石块中没有知识成果，而石刀中集成有"尖劈"的知识成果。

一部人类知识的发展史，就是人类工具知识集成的发展史。从原始社会的旧石器、新石器，到封建社会的手工工具、农耕工具，以及风力、水力机具，再到资本经济时代的动力机具、机械化工具、自动化工具等，都顽强地展现了人类工具中的知识成果。一代代的知识精英故去了，但人类创造的工具永存，并且实现了知识成果的传承与积累。

（3）工具的知识行为集成

长期以来，人们都顽固地认为，知识与知识行为是人类所独有的，以维护人类作为万物之灵的尊严。但是，面对人类"愈来愈傻"、愈来愈离不开工具的残酷现实，人们不得不承认工具中的知识（成果）集成与知识行为集成。战争中，士兵缴械投降就失去战斗力；如今的白领，只要没收其计算机与手机就会明显地降低工作能力。

在原始知识、原理知识、基础/技术知识阶段，无论工具发展得如何先进和完备，它都是知识成果的集成。只有在 20 世纪中期现代计算机出现后，在集成电路、微处理器的时空量子化、多维分支进程与中断技术的基础上，才开始人类知识行为的工具集成，即人类工具的普遍智能化。工具的普遍智能化不仅给工具赋予人类的智力（知识行为），也使工具的形态千变万化，出现许多软件形态的智能化工具。我们可以把现代计算机产业革命后形形色色的智能化工具、器具、设备、系统、软件，统称为"知识平台"。人类从此开始了一个知识发展的新阶段，即平台知识阶段。

▶ 平台知识阶段的基本特点

平台知识阶段是人类知识发展的最高阶段。它将知识与知识行为从人类头脑和行为中解放出来，形成一种物化状态（知识平台）的商品。这种知识商品可以脱离知识拥有者个人，代替人类的脑力劳动，从而使社会生产中的劳动者边缘化。人类直接依靠知识商品来推动社会生产力的发展，使知识从社会生产力的后台转向前台。可以看出，平台知识阶段的基本特点是工具智能化、人类边缘化与生活手指化。

（1）工具智能化

现代计算机的知识行为仿真能力，导致人类工具的普遍智能化，首先是传统电子系统领域的智能化改造，将带有计算机内核的嵌入式系统嵌入家用电器、机电设备、车、船、自动生产线中，实现了原先必须由人来监测、管理与控制的知识行为能力。

除了传统意义上的工具、机具、设备、系统外，现代计算机的独立形态与知识行为能力，开辟了许多新型的与计算机紧耦合的智能化工具（如手机、PDA、VCD/DVD、MP3、MP4 等通信、多媒体领域产品），以及在通用计算机平台上实现人类知识行为的各种应用软件（如科学计算软件、工程设计软件、财务软件、文字处理软件、办公自动化软件，以及各种专家系统、咨询服务系统、监测管理系统等）。

（2）人类边缘化

在漫长的生命演化过程中，物种进化十分缓慢。在自然演化中，所有生命体的进化都是物种自身的竞争演化，唯有人类依靠知识、工具得以高速进化。正因为如此，人类成为唯一的对工具无限依赖的物种。人类对工具的依赖以及工具的无限进步，使人类不断被边缘化。例如，计算器出现后，人类在数值计算领域被边缘化；高级傻瓜相机出现后，专业摄影师被边缘化；家庭服务机器人完善后，家政服务人员也将被边缘化。

（3）生活手指化

在平台知识阶段，人类被边缘化后进入"手指化"生活方式时代。从人类诞生到手指化生活方式阶段，人类经历了两次重大的边缘化进程，第一次是18世纪的产业革命，以动力机械代替了人类的体力劳动，使人类从繁重的体力劳动中解放出来，开始了肢体能力的边缘化，进入四体不勤、四肢退化、肥胖困扰、现代疾病丛生的时代，人类开始求助于健身产业；第二次重大的边缘化进程是计算机的产业革命，以智能化工具广泛地代替了人类的脑力劳动。经历两次产业革命后，人类社会生活中的许多体力劳动、脑力劳动被边缘化成手指劳动，形成了广泛的手指化生活方式。人们通过敲击键盘来实现通信、对话、网上购物、工程设计、计算、查询、写作等。甚至未来人类驾驶智能化汽车时，只要用手指输入目的地，然后启动、停车就行；有了智能化手段，过去需要熟练驾驶技术的停车入库也会终结为按键操作。

▶ 平台知识应用的巨大变革

知识平台实现了知识创新与创新知识应用的彻底分离；知识平台的无限扇出，形成了知识经济时代先进的扇形产业结构；知识平台的傻瓜化应用与知识产权的自我保护，使得制造业可以在全球范围内无障碍地扩展。

（1）知识创新与创新知识应用彻底分离

人们将认识世界、改造世界的总体目标，具体化为"知识创新"与"创新知识应用"两大任务。在知识平台出现以前的原理知识阶段、基础／技术知识阶段，开始出现知识创新与创新知识应用的分工。这是一种分工不分家的专业化分工状态。创新知识应用要求知识创新者的参与和帮助，即要求知识阶层对知识成果进行知识传授，要求工程师为知识成果实现现实生产力转化服务。

知识平台出现后，将知识创新与创新知识应用分化成两个独立的领域。知识创新者将知识创新成果转化为知识平台，创新知识应用者在知识平台基础上实现创新知识应用，知识创新与创新知识应用出现了彻底的分离。

以VCD/DVD产业为例，半导体厂家将VCD/DVD的创新知识转化成相应的软、硬件套件；VCD/DVD整机生产厂家购买这种软、硬件套件后，在半导体厂家的售后服务下，完成VCD/DVD机的产品化设计与生产。半导体厂家决不会制造VCD/DVD机，VCD/DVD整机生产厂家也不会介入VCD/DVD的知识创新，以及软、硬件套件的设计与生产。VCD/DVD的软、硬件套件就是VCD/DVD领域中一个典型的知识平台。

（2）知识平台的无限扇出

知识平台的生产资料商品属性,使其具有无限的扇出能力,即一个知识平台可以为无限多的厂家使用,一个科技知识成果可以转化为无限多个厂家的最终社会生产力。例如,在极少数半导体厂家（理论上一家即可）推出 VCD/DVD 软、硬件套件的知识平台基础上,由众多的厂家生产出几乎可以满足全球消费市场所需的 VCD/DVD 机。而此前传统的手工业经济、资本经济的一体化产业中,科技成果都封闭在一个个手工作坊、生产厂家中,极大地浪费了社会科技财富。

（3）知识平台的傻瓜化应用

知识平台是实现知识成果集成与知识行为能力的生产工具,它将知识成果的核心知识与应用知识分离。知识平台提供了一个傻瓜化的应用界面,大大降低了其应用的知识门槛。在没有 VCD/DVD 技术工程师的情况下,中国大陆乡镇企业能迅速生产大批量的 VCD/DVD 产品就是明证。大量与摄影技术有关的知识和知识行为（如对焦,选择光圈、快门等）被集成在数码相机中,数码相机的使用者不再需要掌握这些复杂的摄影技术与知识行为能力。

（4）知识产权的自我保护

知识平台诞生之前,知识成果依靠知识产权法律来保护。知识平台诞生之后,知识平台实现了知识原理（核心技术知识）与应用知识的分离,用户购买知识平台商品后,无法了解平台中的核心知识,只能了解它的使用方法,形成了知识平台中知识成果的自我保护能力。仍以 VCD/DVD 产业为例,VCD/DVD 机的生产厂家购买半导体厂家的 VCD/DVD 软、硬件套件后,不可能了解其核心技术,只是在半导体厂家的帮助下完成 VCD/DVD 机的设计与生产,不可能出现技术转移。由于知识平台的智能特性,其产权保护还会进一步发展到主动保护。例如,当平台的软、硬件系统受到外部恶意侵害（探测技术机密）时,它会主动失效。

3.6　知识在生产力中的演化

劳动生产力

资本生产力

知识生产力

知识在社会生产力中的演化,经历了劳动生产力、资本生产力和知识生产力三个

阶段。知识要素在生产力中的演化与变迁，显示了知识在社会生产力中的核心作用。知识在生产力中的演变主要是：知识不断在生产工具中集成；知识与知识行为不断从劳动者向生产工具中转移。这种演变形成了社会生产力从劳动生产力、资本生产力到知识生产力的发展历程。

▶ 劳动生产力

在原始社会和封建社会，人类工具落后，社会生产力的主导力量是劳动者，呈现以劳动者为主体的劳动生产力。农民耕作、泥瓦匠造房、木匠打造家具、铁匠打造犁锄等，使用的都是手工工具，社会生产力的主体是农民、泥瓦匠、木匠、铁匠等手工业者。

▶ 资本生产力

18世纪的动力机械产业革命之后，手工工具迅速变革为机械化生产工具，商品生产转变为社会化的大工业生产方式。机械化设备的高知识含量，使社会生产力的主导力量从以劳动者为主变成以机械化设备为主。劳动者无力购买大型机械设备，沦为机械设备的奴隶。社会化大企业的生产方式必须依靠资本的整合作用，依靠资本的力量修建厂房、购买设备、雇佣工人和工程师。大量知识从劳动者向机械设备的转移，动摇了生产力中劳动者的主体地位，社会生产力转变为资本生产力。

▶ 知识生产力

资本经济后期，出现了独立的"专利知识"产业。有些专利知识是企业研发部门除满足本企业需要外，向市场出售的部分。也有独立科研部门为满足市场需求，将研究成果进一步实用化，直接推向市场。

从专利知识、产权知识，到高级阶段异化后的知识平台，出现了独立知识产权产业，表明知识逐渐从后台转向前台。在劳动生产力时代，知识主要隐含在劳动者的头脑中；在资本生产力时代，知识主要隐含在机械设备之中。当专利知识、产权知识形成单独的产业时，人们看到了独立的"知识力量"与"价值"；特别是当机械化设备向自动化、智能化设备变异，劳动者在社会生产力中被边缘化之后，工具中的知识在社会生产力中的主导地位突显，从而将资本生产力推向知识生产力。进入金融资本时代后，人们看到了知识在资金增殖中的巨大作用。例如，风险资金对知识成果的追逐（投资），大企业对新兴高科技企业的兼并，资金在知识平台产业的投机增殖等，使传统产业的财富增殖速度"望洋兴叹"。当人们认识到知识就是财富时，社会生产力便体现出知识生产力的特征。

社会生产力从劳动生产力到资本生产力、知识生产力的变革,表明知识不仅是社会生产力的源动力,而且还不断从后台走向前台。

3.7　本章小结

人类知识发展经历了四个大的阶段,即原始知识阶段、原理知识阶段、基础/技术知识阶段与平台知识阶段。原始知识阶段的混沌、原理知识阶段知识阶层的诞生、基础/技术知识阶段知识研究领域的专业化分工、平台知识阶段知识创新与创新知识应用的彻底分离,成为各个阶段知识发展的重要特征。

人类知识发展推动了社会生产力的发展。人类社会经历了劳动生产力、资本生产力、知识生产力三个发展阶段。这三个阶段对应于人类社会的三次浪潮,即劳动生产力的农业革命浪潮、资本生产力的工业文明浪潮,以及知识生产力的知识经济浪潮。

人类知识发展的总趋势,是知识不断从后台走上前台。在劳动生产力、资本生产力阶段,知识处于为社会生产力服务的后台。在知识生产力阶段,知识平台具有与人类相同的知识与知识行为能力,形成人类社会的独立生产力因素,使知识走上前台。知识平台的知识革命,使人类迅速进入知识经济时代。

第四章　人类知识的分离性发展规律
——人类的边缘化进程

　　分离性规律、集成性规律与非线性规律,是人类知识发展的三大规律。其中,分离性规律是知识最基本的发展规律。分离性规律源于知识二元化的分离性基因。由于知识的分离性,人类躲过了知识爆炸的灾难。知识的分离性发展是指认识上的知、识分离,以及知识创新、创新知识应用上的知、用分离。

　　人类历史上有三次重大的知识分离事件。分离性发展是人类社会的巨大进步。分离性的极致化发展使工具应用傻瓜化。在工具傻瓜化应用的浪潮中,人类会变得越来越"傻"。

4.1 知识的分离性发展基因

寻找知识的分离性发展基因
人类躲过知识爆炸的威胁
知识总量的人机共同体

二元化结构,是人类知识发展的时、空分离性基因。知与识的两个层面,是知识发展在时间进程上的分离性基因;知与行是人类在"认识世界、改造世界"目标中的两大任务,它形成知识发展在空间分布上的分离性基因。在人机共同体中,人类知识遵循分离性的发展规律。由于知识的分离性发展,人类躲过了知识爆炸的威胁。

▶ 寻找知识的分离性发展基因

知与识的两个层面,是"知其然"与"知其所以然",它们是认识客观世界的两个独立时间进程;知与行是"认识世界"与"改造世界",它们是人类改造客观世界的两个独立的事物。两个独立的时间进程与两个独立的事物,形成人类知识分离性发展的时间性与空间性基因。

(1)知与识的时间性分离基因

中国古代创造了汉字"知识"一词,明确地表示了知识发展的两个独立进程,并以"知其然"与"知其所以然"来表达知识两个独立的内涵。

"知其然"与"知其所以然",既是人类认识客观世界的两个层次,也是人类认识客观世界的两个时间进程。前者是感性知识,后者是理性知识。人类个体对客观世界的了解从感性认识开始,然后上升到理性认识。感性认识是对客观事物的表象性认识,理性认识是对客观事物的本质性理解。从感性认识上升到理性认识,是人类知识的完整性要求。

知与识的时间性分离基因,会导致人类个体在知识水平上的巨大差异,一些人停留在感性认识阶段,一些人会上升到理性认识阶段。这种知识水平的差异性,会导致人类个体在改造客观世界能力上的巨大差异。然而,人类个体改造客观世界依靠的是人+工具的人机共同体,人类个体可依靠工具的知识力量来弥补其知识水平的不足。

(2)知与行的空间性分离基因

知与行是两个独立的事物,统一在人类"认识世界、改造世界"的伟大目标之中。

"知"是认识世界中的知识创新，"行"是创新知识在改造世界中的应用。知与行的独立特性，成为人类知识分离性发展的空间性分离基因。认识世界可以更好地改造世界，但并不是人类个体改造客观世界的必要条件。

知识阶层的出现、社会生产力中的知识分工，都验证了人类知识的分离性发展倾向。知识分离性发展的物质基础是工具。借助工具的媒介作用，从事认识世界的人们，将认识世界的知识成果转化为工具；从事改造世界的人们，可以在不了解工具中知识成果的基础上，利用工具来改造客观世界。最明显的事例是，知识经济时代在知识平台的媒介下，实现了知识创新与创新知识应用的彻底分离。

▶ 人类躲过知识爆炸的威胁

随着人类社会的发展，人类社会的知识总量不断增长，人类个体则面对一个巨大的知识海洋。20 世纪中叶，有人提出人类将面临"知识爆炸"的威胁。然而，半个世纪过去了，知识爆炸论已销声匿迹，人们在知识的海洋中空前地游刃有余，也不再去思考知识爆炸论的谬误。

知识爆炸论的谬误在于不了解知识的分离性发展规律。知、识分离性基因表明，人类个体可以停留在感性知识发展阶段，不必深究知识的本质性规律；人类利用工具来改造世界，在改造世界中，人类个体并不需要了解工具中的知识原理。

早先，人们进行数值计算，必须掌握四则运算、开平方、开立方和函数计算的原理；如今，有了电子计算器，没有数值计算知识的人，也能进行复杂的数值计算。20 世纪 60 年代，人们要想驾驶汽车，必须先学习汽车的构造原理以及维修知识；如今，普通的开车人已不再需要掌握这些知识。过去，若想摄影，必须了解什么是光圈、快门和聚焦，了解光学成像的原理，学会怎样保证最恰当的曝光，获取最清晰的图像；而如今，这些知识与知识行为能力已被傻瓜相机所替代。

在科技领域，大量的科技工作者不再需要了解先前的知识内容，依靠工具的帮助，可以在新的知识领域游刃有余。例如，大规模集成电路出现后，电子工程师在设计产品时，不再考虑微观电路中的电路原理、电路的静动态特性，只要了解集成电路的外部特性与应用原理即可。在 20 世纪 60 年代，16 位模/数转换还是国家级科研项目，如今 16 位模/数转换器已成为集成电路器件，电子工程师使用这样的器件时，不必再了解其中的知识原理与专利技术。

▶ 知识总量的人机共同体

人、知识、工具同源。人类个体大脑中有知识，工具中也有集成知识，人＋工具形成人类知识总量的人机共同体。

在人机共同体中,人类个体承担知识创新任务,并将创新知识转移到工具中;工具则承担人类知识的积累与传承任务。由于知识具有分离性发展特性,人类个体以人＋工具的方式来认识世界与改造世界时,不会受到人类知识日益增长的拖累。人类个体在任何知识发展阶段,都会丢弃一些"过期"的知识,让有限的大脑存储当前最有用的知识。人类个体丢弃的"过期"知识成果被转移到工具中。人类个体在使用这些工具时,不再需要了解工具中的这些知识。例如,许多人在称量物体时,不知道杆秤中的杠杆原理或弹簧秤中的虎克定律。

智能化工具中不仅集成了人类知识,还集成了人类知识行为能力,人＋工具不仅是人类知识总量的人机共同体,也是人类知识行为能力总量的人机共同体。数码相机、电子计算器便是极致化发展的人类知识、知识行为工具。数码相机中,集成了绝大部分与摄影相关的知识、知识行为能力,如光学成像、光电转换、感光、对焦、快门选择、图像采集、数字存储等;电子计算器中,则集成了数值计算知识与数值计算的知识行为能力。

数码相机、电子计算器等工具极致化发展的含义,是指在工具中集成了绝大部分与工具相关的人类知识与知识行为能力。傻瓜化地使用这些工具,导致人类个体在人机共同体中被边缘化。

4.2　知识的分离性发展内涵

知识发展中的知、识分离
知识发展中的知、用分离
工具中的知识分离

从源头上寻找到知识分离性发展的基因之后,可以发现,无论人类知识如何发展,知识形态如何变化,都会遵循知、识分离和知、用分离的发展总趋势。这就是人类知识的分离性发展规律。

分离性发展规律是人类知识发展最基本的规律,在分析知识分离性发展规律时,要紧紧抓住"知、识分离"、"知、用分离"、"人机共同体"这三个核心。知、识分离和知、用分离表明知识发展的总趋势,人＋工具的人机共同体表明知识的分离性发展结构。

▶ 知识发展中的知、识分离

知、识分离是知识分离性发展的本质性因素。知识起源于感觉基础上的思考,人类的所有感觉都是在个别事件的基础上出现的,从众多类似事件的感觉中提取相同的特征,形成感性认识,这就是"知"。

在分析人类起源时,我们不回避始祖猿与其他高智商动物都会用石块敲击食物。然而,只有始祖猿出现了众多敲击事件基础上的思考:石块除了可用来敲击食物外,还可用来追杀和砸烂小动物;进而始祖猿发现两者在使用石块上的差异,即适当大小的石块有利于追杀小动物,有尖刃的石块有利于分割食物。在进一步处理无法食用的兽皮时,原始人发现了尖状石块与片状石块的差异:在分离兽皮时,片状石块好用;而在兽皮上戳洞时,尖状石块更好用。所有这些认识上的进步,也许花费了原始人类几十万年的时间。在这几十万年的时间里,原始人都局限于对个别事件的辨认上,分辨不出尖状石块与片状石块的本质内涵,而仅停留在感性知识阶段。

当生产力低下,人人都以生存、繁衍为第一需要时,人类不会考虑尖状石块与片状石块的本质联系。因此,在原始社会里,人类一直处于对外部世界的感性认识阶段,即"知"的阶段。

要认识客观事物的本质规律,就要在不同客观事物的表象中寻找本质相同的规律。在原始人看来,片状石块剥兽皮与尖状石块戳洞是风、马、牛不相及的事件。只有"游手好闲"的人才会进一步思考其本质联系,才有可能从表象性的"知"到达本质性的"识"。

▶ 知识发展中的知、用分离

人、知识、工具同源,知识蕴含在原始人的头脑与工具中,人类使用工具孕育了劳动创造人类的发展环境。

原始社会生产力低下,人类处于恶劣的生存环境中,知识发展要服从于认识世界、改造世界这样一个统一的目标,所有人都不能脱离生产劳动,这就形成知、用的原始统一性。

知、用分离的基础是工具。工具的诞生为认识世界、改造世界添加了人机系统的因素,使人机系统具有了认识世界、创造工具、改造世界的内涵,并导致"认识世界、创造工具"与"利用工具、改造世界"的分离。原始社会后期的知、用分离,体现在一部分人利用积累的感性知识与技术,精心打造工具而不使用工具,另一部分人利用工具来狩猎与加工食物。现代社会中的知、用分离,体现在知识创新与创新知识应用的分离。例如,半导体厂家将 VCD/DVD 的知识创新成果转化成 VCD/DVD 软、硬件套件,决不会生产 VCD/DVD 机;而 VCD/DVD 机生产厂家不会研究 VCD/DVD 的原理,也不会生产 VCD/DVD 软、硬件套件。

▶ **工具中的知识分离**

工具也会出现知识分离。工具中的知识分离表现为知识成果与应用界面的分离。这种分离的结果使人类有可能在低知识水平下实现专家级的知识行为。

人类的知识发展离不开工具,人类的知识成果不断转移到工具中,人类的知识力量体现在使用工具上。例如,使用电话可以与千里之外的亲人通话,利用计算器可以计算复杂的算式,使用自动洗衣机可以轻松地解决家务劳动等。在这些复杂的人机系统中,人类将知识成果打包,集成到工具中;将知识成果的应用方法总结成一些应用规则、协议与规范,形成工具的应用界面。知识包与应用界面体现了工具中的知、用分离。例如,算盘中的数值计算知识是知识包,珠算规则是其应用界面;电子计算器的数值计算原理、计算行为是知识包,按键输入规则是其应用界面。如今人们使用工具时,极少有人会过问工具中的奥妙,"只要会用就行!管那么多干什么"。

因此,可以认为,工具中的知识分离,是知与行、知与识两个分离性基因在工具中的反映。知与识的分离,反映为工具中原理知识与应用界面的分离,原理知识是工具中知识的"知其所以然"部分,应用界面是"知其然"部分。知与行的分离,则表现为工具制造与工具使用者的社会分工,工具制造者不使用工具,工具使用者不制造工具。

4.3 知识发展的三次重大分离事件

知识阶层诞生后的知、用分离

知识发现领域中的学科分离

计算机产业革命的知识行为分离

知识的发现与知识的应用是知识发展中不可分割的两个方面,统一在人类认识世界与改造世界的伟大目标之中。人类知识发展史上出现过三次重大的分离事件,第一次是知识探索与知识应用的分离,导致知识阶层的诞生;第二次是原理知识研究领域的社会分工,导致基础知识研究与技术知识研究的分离;第三次是知识行为的分离,即知识行为从人类行为中分离出来,集成到工具中。

▶ **知识阶层诞生后的知、用分离**

人类知识发展史上第一次重大的知、用分离,是因知识阶层诞生而产生的知、用的社会分工。它出现在原始知识发展后期。原始知识的发展使原始社会生产力迅速发展,出现了社会剩余生产力,即一个劳动者所创造的财富除了满足个人消费外,还有剩余。社会剩余生产力的出现,以及对知识推动现实生产力的价值认可,诞生了一批专门从事知识研究的人群。这些人不从事生产劳动,也不直接指挥生产劳动。他们把观察事物、分析事物,以及从事物的表象中找出规律性的东西,作为自己的全部工作,这就形成社会的知识阶层。

知识阶层的出现,使人类知识发展与知识应用实现了社会化分工,一部分人专门从事知识的发现与创新,另一部分人则直接实现知识的应用。人类知识发展阶段上出现的社会化分工,大大地加速了知识的发展进程,使人类从原始知识阶段迅速跨入原理知识发展阶段;同时这种分工也加速了生产力的发展,使人类从原始社会迅速过渡到封建社会。

随着知识的发展,天文、地理、物理、人文和哲学等领域的知识阶层,逐渐远离现实生产劳动。虽然人类知识有了巨大进展,但这些知识研究远离现实生活,出现了知、用分离的新矛盾,即知、用分离后,怎样才能将创新知识快速、有效地转化为现实生产力。这一矛盾严重地阻碍了社会生产力的快速发展。

▶ 知识发现领域中的学科分离

人类知识发展史上第二次重大的知、用分离,是知识发现领域中的学科分离,即在知识发现领域中出现基础学科与技术学科的专业化分工。

随着人类知识总量的发展,知识阶层的人类个体很难同时承担知识发现、知识应用的任务。因此,在人类知识发展中又出现一次重大的社会化分工。即在知识发展内容上,分化成远离现实生产力的基础科学和直接为现实生产力服务的技术科学;在知识阶层上,则分化成基础研究与应用研究方面的专门人才。在知识发展领域出现的基础学科与技术学科的专业化分工,化解了原理知识阶段后期知识研究与知识应用的矛盾,形成了人类知识发展的又一次飞跃。技术科学的发展,直接导致人类社会的第一次产业革命,催生了资本经济。

虽然有了直接为现实生产力服务的技术科学与工程师队伍,知识应用者在使用工具时,仍然要有丰富的专业技术知识作后盾。例如,在光学、机械学、感光材料学等学科基础上,发明了照相机与摄影技术;然而,照相机使用者必须通晓照相机的原理与摄影技术。知识发展的巨大进步,以及人类使用工具的知识大幅度增长,导致人类对知识爆炸的忧虑,其根本原因是工具中没有人类的知识行为能力。例如,传统照相机没有自动聚焦、自动选择曝光参数的功能,要依靠使用者的知识行为能力来实现这些功能,这就造成人类广泛使用这类工具的瓶颈。因此,照相机只能由摄影师使用,算盘只有账房先生会用,手摇计算机只能由科技人员使用。

▶ 计算机产业革命的知识行为分离

人类知识发展史上第三次重大的知识分离,是知识行为与人类的分离,是一种知、用的彻底分离。将人类的知识行为能力集成在工具中,这样的工具便是智能化工具。智能化工具具有人类的知识行为能力,代替了人类使用传统工具的知识行为,使人类进入工具的傻瓜化使用时代。如今,人人都会使用傻瓜照相机与电子计算器。

这种知、用的彻底分离出现在资本经济时代的后期。在资本经济时代,不少与应用相关的基础研究(如微电子学、半导体物理学)取得丰硕成果,急于寻找应用点上的突破,便与应用研究相结合,力争在现实生产力转化上找到突破点。集成电路技术成果就是基础学科与应用学科相结合的产物。

诞生在集成电路基础上的现代计算机技术,将生产工具从知识化向智能化发展。将所有的知识及知识行为集成在工具中,便形成智能化工具。智能化工具的出现,实现了知、用的彻底分离。例如,早期机械化生产设备与生产线上的产业工人,要有丰富的技术知识与技能(他们被称为"技术工人"或"技师");而如今的自动化生产设备与生产线,不再要求工人具备专业理论知识与技能,甚至不再需要生产工人。

计算机知识革命诞生的智能化生产工具(知识平台),可以将人类的知识行为独立于人体之外,为知识应用者与知识彻底分离创造了条件。知识平台商品导致知识发现与知识应用的彻底分离,表现为:有了知识平台后,可以在没有知识的情况下,实现傻瓜化生产、傻瓜化生活。乡镇企业购买 VCD/DVD 软、硬套件后,可实现 VCD/DVD 机的傻瓜化生产。傻瓜照相机、电子计算器等智能化工具,导致人类生活方式的傻瓜化。

4.4　知、用分离的社会进步意义

知、用分离的巨大社会推动力

知、用分离后工具的核心地位

知、用统一论批判

知识的分离性发展规律,是人类最重要的知识发展规律,人类历史上的许多重大事件都与知识的分离性发展相关。农耕时代稳定的社会环境,出现了知识发展的人群分离,诞生了知识阶层;知识阶层研究领域基础科学与技术科学分离,导致技术科学的迅猛发展,催生了 18 世纪的产业革命;基础科学在固体物理、微电子技术领域中新兴成果,直接导致 20 世纪的现代计算机知识革命。

▶ 知、用分离的巨大社会推动力

知、用分离是人类知识发展的基本规律,不以人们的意志为转移。知、用分离表现了知识的专业化分工与人类对工具无限依赖的发展过程。知、用分离的任何进展都会引起知识发展的飞跃。在原始社会末期,出现了知识专业户,开始了知识发展与知识应用的社会分工,形成了封建社会繁荣的知识发展时代。在封建社会后期,为解决知识创新与现实生产力转化的矛盾,开始了基础科学与技术科学的专业化分工,技术科学的迅速发展形成了封建社会的时代特点。技术科学的发展推动了第一次产业革命。技术科学的发展要求提升基础研究的水平,基础研究的扩展也要求生产力的直接推动,两者的结合形成知识发展的巨大力量,导致集成电路技术的迅速诞生。在此基础上的现代计算机技术,开始了人类第二次产业革命。在第二次产业革命中,知识平台代替了人类的脑力劳动,实现了知、用的彻底分离,迎来了知识经济时代。知识平台的巨大扇出能力,极大地减少了人类在知识发展中的重复性劳动,节约了社会的智力成本。例如,理论上讲,只要有一个半导体厂家的 VCD/DVD 软、硬件套件(知识平台商品),就可以提供给 N 个 VCD/DVD 机生产企业,以满足全球的需要;Intel 公司生产的通用微处理器和微软公司推出的计算机操作系统,可以满足所有计算机 OEM 厂家与全球计算机制造商的需求。

▶ 知、用分离后工具的核心地位

导致人类知识分离性发展的基因是知识的二元性。而实现知识分离的条件是工具。人类知识发展不是专指其头脑中的知识发展,而是人机(工具)系统的知识发展。因为有了工具,才有了人类知识成果的传承与积累。人类在掌握客观事物规律的基础上制造工具,而工具使用者并不需要了解这些规律。工具制造者并不是工具使用者,这体现了认识世界与改造世界的分离。

在知识总量发展的人机系统中,人类主要从事知识创新,并将创新知识成果转移到工具中。人类利用工具(不只是头脑中的知识)来改造世界,形成人类改造世界的人机系统。人类的知识发展与知识应用始终都离不开工具。

知识首先在人类的头脑中形成,然后再深化,最终物化成工具。人类的知识成果无法遗传,但可以通过工具传承与积累,这就形成人类对工具的依赖。我们可以列出无数的事例来证明这一结论,说明工具在知识分离性发展中的重要地位。

▶ 知、用统一论批判

长期以来,无论是经济学家,还是政府官员或平民百姓,所关注的都是与社会经济发展有关的生产力因素。强调认识世界的目的在于改造世界,必然导致学以致用的知、用统一论。知、用统一论者从知识发展的实用主义立场出发,反对知识发展的时、空专业化分工,强调知识发展直接为现实生产力服务。如果说在知识发展的早期阶段,知、用统一论有其积极的因素,那么在现代知识发展空前专业化的进程上,知、用统一论是极其有害的,它无视知识创新与创新知识应用领域在内容、环境、方法上的巨大差异。随着人类知识的发展,这些差异会不断扩大,甚至形成一些难以逾越的鸿沟。要求知识创新人员实现创新知识应用或指导创新知识应用,会成为创新知识发展的障碍因素;同样,要求知识应用人员去探索新的知识领域,必然会影响知识应用的深度与广度。

"将知识创新转化为现实生产力"的口号无疑是对的,它体现了人类社会知识发展的总体目标;但是,这一口号没有展现出知识发展的分离性特点。如果考虑知识发展的分离性规律,正确的解释应该是:知识创新与现实生产力的转化需要两个专业化群体来实现,并且这两个群体在两个时间段上进行分工与合作。知识创新群体在创新知识成果的基础上,实现创新知识成果的平台化;知识应用群体则在知识平台的基础上,完成现实生产力的转化。

历史的经验值得注意。在我国现代科技前沿的探索上,曾有不少跻身于世界先进行列的成果;然而,只有少数成果在现实生产力转化中获得成功。究其原因,是囿于知、用统一论的观念与科技政策。长期的贫穷与落后导致政府的实用主义政策,要求这些科学家迅速实现最终生产力的转化。当科学家进入不熟悉的知识应用领域后,便会导致知识探索的停滞。只有那些并不急于深入到各个领域的具体应用中,而是将这些新的原理知识打包,抽出与应用有关的规则,寻求知识应用工具化、平台化的人,才能取得最终的成功。有了这些知识工具与知识平台,各行各业的科技工作者不必深入掌握这些新的知识原理,就能在自己熟悉的专业领域里,实现创新知识的现实生产力转化。在这种情况下,任何一个聪明的科技工作者,都不会舍弃知识工具、知识平台,都不会直接在创新知识基础上实现最终生产力的转化。这样一来,当初那些跻身科技探索第一梯队,又热衷于现实生产力转化的科学家们,便很快消失了。笔者曾编造过这样一个故事:在某一尖端科技领域探索中,有十个人都取得了辉煌成果,且有九个中国人、一个外国人。当九个中国人被要求迅速取得应用成果,把精力转向现实生产力的转化时,那个外国人却致力于将研究成果工具化。最后,应用领域的人们发现,依靠九个中国科学家头脑中的知识,不如购买那个外国人的工具。这样一来,那九个中国人在该领域中就都消失了。

4.5 知识的分离性发展前景

随着知识的发展,人类知识总量呈现非线性增长的态势。幸亏有了人机系统的无限承载能力,人类知识总量才得以无限发展。在人机系统中,人的知识承载能力有限,人类必须不断抛弃原有的知识,把原有知识成果集成到工具中。这样一来,工具中的知识愈来愈丰富,人类使用工具所需的知识愈来愈少,愈来愈简化,导致人类对工具的无限依赖。早期人类利用工具来改造世界;如今,连创新知识在新兴领域中的推广也要依靠工具。例如,基因工程在各个领域的爆炸式应用,主要不是依靠基因学专家,而是依靠各种基因工程设备。

知识分离性极致化发展的标志,是人类工具从知识集成走向知识行为集成,即工具的智能化。当工具进入普遍智能化时代后,人类便开始傻瓜化进程。边缘化进程的标志,是人类对工具的无限依赖、记忆能力退化和手指化的生活方式。

4.6 本章小结

分离性发展规律是人类知识发展的基本规律,与由此导出的集成性规律、非线性规律,并称为人类知识发展的三大规律。

知识的分离性发展规律是指人类在实现认识世界、改造世界中的知、识分离与知、行分离,以及工具中知识、知识行为与使用者的彻底分离。认识世界与改造世界的时空独立性,是知识分离性发展的基因。

传统观念认为:知识行为能力是人类独有的,知识行为不能与人分离。知识平台出现后打破了这一神话。电子计算器的出现,表明人类数值计算的知识行为能力可以从数学家分离到电子计算器中;深蓝"国际象棋大师"的出现,表明国际象棋大师的知识行为,可以用计算机软件工具的方式脱离国际象棋大师而客观存在。

知识分离性发展的基础是知识总量的人机系统,即人+工具的知识架构。知识发展贯穿了人类发展史,作为发展史瞬间的人类个体,不可能继承前人的知识总量,只有依靠知识成果在工具中的传承与积累,人类知识才能得以不断发展。在人类的知识海洋中,人类个体可以免受知识爆炸的威胁。

知识的分离性发展是人类社会进步的重要因素。人类历史上三次重大的知识分离形成了三次巨大的飞跃。第一次分离导致知识阶层诞生,使人类脱离原始时代;第二次分离引发人类第一次产业革命,催生了资本经济,使人类进入现代文明时代;第三次分离引发计算机产业革命,最终完成知识行为从人类到工具的分离,工具的普遍智能化,开始了人类的边缘化进程,使人类进入知识经济时代。

第五章 人类知识的集成性发展规律
——工具的神奇化进程

　　知识集成性发展规律表明,人类总是通过工具的知识集成方式来积累与传承人类个体的知识成果。人类个体没有知识遗传性状,必须将自己的创新知识转化成工具,才能将个体知识转化成人类知识。

　　知识集成性发展规律的基因是"打造工具"。工具与人类同源。打造工具是人类个体知识创新的归属,知识成果只有在工具中才能永存。

　　工具的知识集成包括知识成果与知识行为集成。在人类长期的历史发展阶段,工具的知识集成都局限于知识成果集成;只有在现代计算机的知识革命后,工具中才出现知识行为集成。

5.1 从人机系统说起

什么是人机系统？

人机系统的知识总量

人与工具的知识差异

人类的发展、进化，本质上是人＋工具的人机系统的发展、进化。作为自然人，除了大脑进化外，其他的一切器官似乎都在退化，以至于与其他动物相比，人类的自然生存能力最差。人类社会的最大进步是工具的进步，表现在工具中的知识、知识行为集成。人类只有与工具紧密耦合成人机系统，才能形成战无不胜的力量。

▶ 什么是人机系统？

劳动创造世界，原始人的劳动就是在一个人＋工具的环境中进行的，这个人与工具紧耦合的系统就是原始的人机系统。原始人在知识的基础上打造工具，使用工具，并不断改进工具。从旧石器时代、新石器时代、青铜时代、铁器时代，到农耕时代，人类都使用工具进行生产劳动。我们把社会生活中与知识发展相关的甲骨、纸张、文字、笔、墨等生活用具，看成是一些广义的工具，在社会生活中也普遍地形成人＋工具的人机系统生活方式。

在现代化社会中，人类进入一个更加复杂的人机环境中，例如，交通工具、办公用具、学习用品、家用电器，社会生产领域的各类加工机械、工具、自动生产线、机电设备，休闲娱乐健身的运动器械、游戏机、MP3、MP4、数码相机、CD机等。无论是经济领域、生活领域，还是工作领域，人们都陷入人＋工具的环境中。当人＋工具系统中的工具普遍智能化以后，人类就以人机对话方式使用这些工具。例如，在计算知识领域，原始人结绳记事；纸和笔发明后，人类借助于纸和笔进行演算；算盘发明后，人类依靠算盘来统计数据；有了电子计算器以后，人类则以键盘输入的人机对话方式进行数值计算。

人机系统是一个广义的人＋工具系统、人＋用具系统、人＋设备系统，人类永远离不开这些工具、用具和设备。

▶ 人机系统的知识总量

谈到知识时，人们首先想到的是人类头脑中的知识，很少考虑到工具中的知识。

人们承认,从结绳记事、演算、珠算,到利用计算器和计算机进行计算,人类的数值计算知识和能力有了巨大的进展。如果进一步分析"人＋计算器"的知识能力,就会发现,不是人类变聪明了,而是工具变得更加"聪明"。在没有计算器时,人们可以用纸和笔演算开平方、开立方以及复杂的乘除计算;有了计算器以后,人类在数值计算能力提高的同时,头脑中数值计算的知识却在大幅度减少。过去大学生普遍具有的开方演算能力,如今已不多见。在电子技术领域,大规模集成电路出现后,电路的静、动态分析知识被大大简化,许多这方面的相关知识已从教材中删除。于是人们不得不承认,工具也有知识,人类社会的所有知识都表现在人机系统环境中,人类社会的进步体现为人机系统的进步。从原始人的"人＋石器"、农耕时代的"人＋耕作机具"、18世纪产业革命后的"人＋动力机械",直到20世纪计算机产业革命后的"人＋计算机"、"人＋智能化工具"等人机系统,工具变得越来越"聪明"。

▶ 人与工具的知识差异

当人类将知识定义为"对客观事物规律的了解"时,必然会把知识局限于人类的头脑中。如果将知识扩展到认识世界、改造世界的行为能力上,就会出现一个人机系统的人类知识结构的概念。

在人机系统的人类知识结构中,人类能不断创造知识、发展知识,却无法遗传知识。人类的知识积累只能从前人知识成果中获取,要消耗大量的精力与时间,这就成为人类个体知识发展的瓶颈。随着新知识的大量出现,人类个体必须不断抛弃原有的知识成果。人类个体只能更新原有知识,而无法承接人类全部的知识遗产。

人机系统中的工具没有创造新知识的能力,却能忠实地继承与保存人类的知识成果。工具的不断更新,显示出其无限的知识继承与保存能力。从自然闪电、摩擦生电,到电工学、电子学、电子器件、集成电路,人类关于电的知识在不同的历史阶段会有不同的内容。在当今的数字集成电路时代,人们抛弃了数字电路中逻辑处理过程的知识。当使用高级语言编程时,人们抛弃了计算机硬件结构的知识,以及机器语言和汇编语言的知识。因此,人机系统中人类头脑中的知识是不完全的,只含有当前的知识;而工具中却积累着历史知识,如集成电路中除了电路知识外,还含有防高压击穿的静电知识、电路的静动态过程知识。计算机中集成了人类大量的历史知识,如硬件结构、机器语言、汇编语言,并在编译器的帮助下实现与人的知识对话。

可以看出,正是因为人机系统中人与工具的极佳互补,导致人类知识的迅猛发展。人类能创造知识,却不能继承知识;工具可以无限继承人类知识,却不能创造知识。人＋工具的人机系统是人类最完美的知识结构。人类离不开工具,工具依靠人类来创造,知识在工具中永存。

5.2 知识的集成性发展基因

知识起源于始祖猿在恶劣生存环境中的"思考",知识发展的任务统一在认识世界与改造世界之中。人类不是依靠自己的力量,而是依靠知识的力量,即依靠工具的知识力量来改造世界。原始人从寻找石块转向打造石块,打造工具便是知识的集成性发展基因。

人类创造工具,知识在工具中永存,人+工具具有巨大的物质力量,这是对人类知识集成性发展规律的深刻描述。

打造工具贯穿在整个人类历史的发展进程之中,在任何知识领域,知识发展的成果最终都体现在它的工具化上。人类用各种仪器设备探测微观世界,发现了分子、原子、原子核、质子、中子,进而发现了原子核裂变现象与裂变时释放的巨大能量。人类在核裂变知识的基础上,建造了原子反应堆,推动了核裂变的工程应用。人类在核聚变知识的基础上制造了氢弹,证实了核聚变能释放出巨大能源。世界各国都在加紧创建核聚变装置,期望有朝一日能彻底解决能源危机。同样,在基因工程领域,人类在经历了漫长的理论探讨后,借助于先进的机电、仪器仪表、微电子、计算机等技术,创造出基因分析与测序的仪器设备、探针、分析软件,形成了基因工程应用的爆炸式增长。

打造工具反映了人类认识世界、改造世界的工具化道路,指出了知识创新领域唯一正确的发展道路,即将知识创新落实到打造工具上。在前面介绍知识分离性发展规律时,曾提到知识创新与创新知识应用的分离,只有将知识创新成果转化成工具,才能实现知识创新与创新知识应用的彻底分离。基因测序工具出现后,原有基因理论研究领域的学者摆脱了基因工程应用的压力,可专心致志地探索新的基因知识领域;基因工程应用者借助于基因工程设备、工具,可实现各自领域的工程应用。

5.3 从知识集成到知识行为集成

知识行为的知识相关性

知识在工具中的集成

知识行为集成的飞跃

从自动化到智能化

知识的集成性发展规律显示了知识成果的工具化进程,它包括知识与知识行为的工具集成。从原始社会的石器、封建社会的手工工具,直到资本经济时代的机械化、自动化工具,都是知识的工具集成。

20世纪计算机产业革命开始的知识平台,将知识集成推进到知识行为的工具集成,使人类工具进入智能化的最高阶段。

▶ 知识行为的知识相关性

前面曾经定义过"知识"与"知识行为",把知识看成是人类对客观事物规律性的认识,把知识行为看成是知识的外部行为表现。从这一观念出发,人们总认为知识与知识行为是人类专有的东西。

知识与知识行为是人类社会赖以生存与发展的基础。狼孩由于其出生后脱离了人类知识环境,没有了人类的知识,也就不会有人类的知识行为。当狼孩返回人类社会后,其智力开发仍须从学习人类知识入手。

知识是智力的基础,知识行为是人类表现出的智力行为。一般而言,知识与知识行为能力是一致的。通常说某人思维敏捷、处事果断、判断准确,或唱歌、跳舞、绘画、下棋的水平高,都与其高水平的知识有关。

知识的内在性体现了知识在人类头脑中的积累与存储,与人类个体的生理状况有关。例如,人的大脑受损后,大脑中原有的知识会遭到破坏,或无法再接受新的知识。知识行为的外在性表示,知识行为能力与人类个体的生理状况相关。例如,瘫痪病人的知识行为能力受阻,无法绘画、唱歌、跳舞,但是其头脑中的相关知识依然存在。

▶ 知识在工具中的集成

从人机系统的知识观念来看,人类会在已有知识成果的基础上打造工具,人类在使用工具时不再需要掌握知识成果。例如,在数字逻辑电路知识成果的基础上,制造出门电路、触发器、移位寄存器等集成电路后,人们使用它们来构成计数器、译码器、串/并数据转换电路时,不再需要了解门电路、触发器、移位寄存器中的知识原理;同样,利用人体心血管系统舒张压/收缩压与水银柱的共振原理制成血压计后,人们使用血压计时,并不需要了解其构成原理。人类使用工具时的知识简化,并不意味着知识原理、知识成果的消失。如果血压计中没有水银柱与血管流舒张压/收缩压的共振,便不可能进行血压测量;若串/并数据转换电路中没有"0"、"1"在移位寄存器中的规律移位,便不会出现串/并数据转换。种种事实证明,这些知识成果已集成到工具中,成为工具中的集成知识。

▶ 知识行为集成的飞跃

一般而言,人类个体不可能表现出超越自己知识范围的知识能力,不懂摄影技术知识的人不会照相;没有数学知识的人不能进行数值计算;去一个生疏的地方不看地图几乎无法出行。如今这些不可能的知识行为,借助于现代化工具都可以实现。有了数码相机,任何人都可以拍摄出精美的图片;有了计算器,谁都可以进行复杂的数值计算;有了具有 GPS 导航功能的手机,谁都能够方便地到达目的地。人们不禁要问,这些知识行为能力出自何处? 显然出自智能化工具,因为这些工具中集成有人类的知识行为能力。

人类社会工具的发展经历了原始工具、手工工具、机械化工具、自动化工具、智能化工具阶段。智能化工具是实现了知识行为集成的工具,可用来替代人类的脑力劳动。因此,当智能化工具出现后,人类便进入一个傻瓜化时代,即傻瓜化生产、傻瓜化生活时代。

▶ 从自动化到智能化

知识行为集成后,诞生了智能化工具。因此,自动化工具与智能化工具是人类社会工具发展的分水岭。许多人不了解自动化工具与智能化工具的本质差异,常常模糊二者的界限。

工具自动化是人类不断追求的目标,三国演义中描述的自动运输机械"木牛流马",古代利用风力、水力的自动磨坊、提水灌溉机械,都是早期的自动化工具。到了资本经济时代,在材料学、机械学、机构学、力学基础上,诞生了可以自动计时、报时的钟表,随后又出现不少自动机械,如八音盒、自动表演玩具等。被誉为自动化工具的典范当属自动钢琴。在输入载有钢琴曲目的纸带后,它便能自动演奏相应的钢琴曲。然而,所有这些可以自动运行的工具,都不是智能化工具。自动化工具可以自动运行,但是无法实现人机对话。因此,能否实现人机对话是自动化工具与智能化工具的界定标准。

人机对话是指在工具使用过程中,能了解工具的进程状态,并能中途更改工具运行状态的人、机互动行为。自动钢琴启动后,便无法更改演奏曲目,也无法变更音色和中途停顿,它不会接受操作者的指挥。自动工具中只有事先预置好的一维进程,在这一维进程中不会产生与外界的随机信息交互。

智能化工具具有人的知识行为能力,表现为具有多维进程与中断响应的能力。多维进程能力是指,工具中具有多种可能的运行状态,可以按照使用者的要求,来改变其工作状态。例如,对傻瓜相机可按照操作者的要求设定各种工作模式。中断响应能力是指,在工具的工作过程中,可随意改变其原有的工作进程,插入一个新的动作要求。例如,在用闪存摄像机回放拍摄内容时,可以随时定格静止图片。智能化工具中,多维进程的任意设定、工作进程中的随机中断,都是通过人机交互来实现的。因此,智能化工具都有人机交互界面或人机交互接口。

5.4　知识行为集成的技术基础

要实现人类知识行为在工具中的集成,首先要从知识行为本质出发,找到知识行为仿真的技术与方法。

在本篇第二章人类知识行为分析中,列出了知识行为的四个基本要素(知识存储、事件激励、信息处理、结果输出)、三个基本过程(事件激励、信息处理、结果输出)和知识行为的基本模型。人们可以从这些要素、过程、模型中,归纳出知识仿真规则,利用现代计算机技术,实现知识行为仿真。

在集成电路基础上发展起来的微处理器和半导体存储器,完全具备实现四个基本要素、三个基本过程的基础与能力。半导体存储器可实现知识的海量存储;微处理器的指令系统与 CPU 运行能力可实现信息处理;微处理器的中断系统可方便地接受外部事件激励,中断或改变原有的行为进程;微处理器丰富的外围总线、接口与设备可提供行为结果的输出通道;其丰富的指令系统可以编制出任意多维的知识行为进程。

我们可以将现代计算机对人类知识行为的仿真技术,概括为归一化的时空量子化、多维事件进程和中断技术。

5.5　知识集成性发展的基本特点

整合性　单一性

永存性　无限性

知识的集成性发展规律是指人类从诞生开始,就不断将知识集成到工具之中;当现代计算机技术出现后,人类又把其知识行为集成到工具中。在人类发展的全部过程中,人和工具的知识与知识行为都在增长。因此,有必要弄清两者的本质差异,探讨工具中知识集成性发展的基本特点。

知识集成性发展的基本特点是它的整合性、单一性、永存性、无限性。因此,工具中的知识、知识行为与人的知识、知识行为具有本质的差异。

▶ 整合性

工具的知识集成突出了工具的整合特点，即当前任何一个工具都是人类以往知识成果的综合，不是工具制造者的原创。目前所有IT产业的基础是半导体集成电路。集成电路中集成了众多的微电子技术、电路技术，以及半导体材料的研究成果。被誉为现代工业之花的飞机，更是诸多知识成果的结晶，在任何新机种的设计中都有原准机作为参照。工具的整合性特点贯穿人类的整个发展史，从刀、石斧，到刀、斧、锤、刨，到车床、铣床、刨床、磨床，再到现代化的生产线，都是人类在冶金学、材料学、机械学、数学、力学、电子学等学科知识成果积累的基础上发展起来的。

由于工具中集成的是人类以往的知识成果，随着人类历史的不断发展，工具中知识集成的深度不断增加。如今，这种深度已远远超过人类个体的知识深度。例如，超大规模集成电路的系统集成芯片中，集成有计算机系统、数字电路、模拟电路等，以及可靠性设计、电磁兼容性设计、电源管理设计等知识成果，远远超出电子技术、计算机应用技术专家和工程师的知识深度与广度。

工具的知识整合性特点，使得工具在发展中很难呈现其原创性、创新性。工具的创新性更多体现在知识成果的整合方式、新工具的设计/制造平台，以及工具结构和功能的扩展上。例如，当大规模集成电路设计从基于电路图的版图设计，转化到基于标准化、规范化电路模块的整合设计时，出现了片上系统创新性的模块化电路设计方法。

▶ 单一性

工具的知识集成在知识深度上囊括了人类历史上的成果，但在知识广度上却一直沿着单一性特点发展。工具中知识集成的单一性，是指工具中知识领域与应用领域的单一性。像"国际象棋大师"这样具有高度知识、知识行为集成的工具，只能下国际象棋；计算器只能用于数值计算。从结绳记事、算盘到计算器，都是数值计算的知识内涵；从人力车、马车、蒸汽机车、内燃机车，到各种类型的汽车，都是运输机械工具的知识内涵。

与工具中知识集成的单一性相比，人类头脑中的知识与知识行为却呈现复杂、多样化的特点。工具中，单一性知识成果知识集成的深度与人类个体知识的广度，形成了极佳的互补效应。人类个体知识的广泛性有利于使用各种工具，工具中的知识深度具有改造世界的巨大物质力量。

▶ 永存性

永存性是指工具中的知识与知识行为会在工具中永远驻留。至今,人们依靠考古学,从古人遗存的物品中了解古人的文化:通过编钟、骨笛了解古人对音乐的理解,通过青铜器了解古人的工艺、材料、采矿、冶炼技术知识,通过甲骨、竹简来了解古代的文化、宗教。如今,人类进入集成电路与计算机的数字化时代,计算机与集成电路已深入人类生活的各个方面。在计算机与集成电路的基础上,人类工具的知识集成进入普遍的智能化、数字化时代。在这样的工具中,知识、知识行为实现了永不磨损的数字化驻存。例如,传统的相片虽然可以保存早已消失的图像,但会随着时光的流逝而磨损;而数码照片可以数字化文件的形态而永存,并且在转化成其他各种形态(照片、光盘、幻灯片)时,不会"磨损"。

▶ 无限性

与远古时代的工具相比,如今工具的复杂程度几乎到了无以复加的地步。以刀具为例,旧石器时代的石刀,只集成了斜面省力的力学原理;青铜时代的青铜刀具,除了斜面省力的力学原理外,还集成了青铜合金配方、合金冶炼、金属铸造、金属加工工艺等知识;现代化刀具则在金属刀具中集成了铁合金、不锈钢配方、煅造工艺、切削加工、表面处理等先进知识成果。

知识集成的无限性不仅表现在工具中知识成果的不断积累,也表现在知识成果的不断变革。从古老工具到现代化工具,任何一种工具都是在不断地集成人类最新知识成果中发展,实现人类知识成果的无限集成与不断变革。例如,在原始运输工具中,奠定了车轮、车身、驱动源的结构体系,随着运输工具的不断发展,驱动源由人力、畜力、自然动力发展到归一化的动力机械内核,车轮由木制车轮、铁制车轮发展到钢制轮毂上的橡胶轮胎,车身由木制平板、封闭箱体发展到各种金属配置的底盘与箱体。

5.6　人类对工具的永远依赖

头脑中的知识变化

人与工具谁更聪明?

离开工具人类会怎样?

人类创造了现代文明,现代文明的重要标志是人类工具的无限进化与人类对工

具的无限依赖。人类依赖工具,只有在工具的帮助下,才能显现出人类的主宰力量。在工具的不断进化中,人类逐渐开始边缘化进程。当人们预见到未来工具无限智能化的前景时,会不寒而栗,因为届时工具可以离开人,而人却离不开工具。

▶ 头脑中的知识变化

如果将现代人与其父辈、祖辈进行比较,就会发现一些有趣的事情。现代人可以充分炫耀自己无所不能,炫耀神童辈出,炫耀丰富多彩、五光十色的社会生活,炫耀丰富快捷的资讯等。如果仔细琢磨一下,所有这些能力表现中,依靠自己头脑中的东西有多少呢?比父辈、祖辈是多了还是少了?现代人打电话多了,能记住的电话号码却减少了;文字处理能力增强了,书写能力却变差了;医疗设备的能力增强了,医生的独立诊断能力却减弱了;会开车的人越来越多,懂汽车的人却越来越少……人们不得不思考这一严酷的事实。在人类经历了两次产业革命后,体力劳动被机械化工具替代,脑力劳动被智能化工具替代,导致人类体力、脑力的退化。体力退化导致普遍的肥胖及相关疾病的困扰;脑力退化的最初"症状"则是知识记忆量的大幅缩减,脑力劳动异化成"手指劳动"。

▶ 人与工具谁更聪明?

在智能化工具时代,人与工具谁更聪明?这是一个可怕的现实问题。在18世纪动力机械产业革命诞生后,人类充分感觉到自己的伟大。人类创造了机器,并利用自己的聪明才智驾驭机器,使社会生产力突飞猛进,人类知识发展到空前高度。高级工人、技师、工程师大量涌现,成为社会生产力的主力军。这一时期的所有劳动工具只能替代人的体力劳动,只有依靠人类的聪明才智才能发挥工具的作用。然而,20世纪现代计算机产业革命后,发生了本质性变化。智能化工具的出现不仅替代了人的体力劳动,还替代了人的脑力劳动。人类不再依靠头脑中的专业技术知识来驾驭工具,这使驾驭工具的知识大大简化。

这样一个剪刀差的变化,使得工具中的知识越来越多、知识行为能力越来越强,人类使用工具所需的知识与知识行为能力越来越弱。大量的智能化工具出现后,人类迅速进入一个傻瓜化时代。回忆一下我们周边事物的变化,就能清晰地展示这样一个傻瓜化进程:过去一个医生的标准工具是听诊器,医生依靠丰富的临床知识确诊病人,如今医生确诊病人要依靠庞大的生化检验设备提供的数据;20年前IT产业中开发一个嵌入式系统产品需要丰富的软、硬件设计知识,在一个简陋的环境中起步,如今由厂家提供的集成开发环境,距离产品的最终实现只有一步之遥;在我们的父辈时代,会摄影的人是凤毛麟角,如今连小孩子都能拍摄出精美的照片。

也许有人会反驳说,工具无论多么聪明都是人造的,这无疑是对的。但不要忘记这样一个事实,所有工具中只有原创部分是基于知识原理基础上的转化,其后的工具制造中,并不要求透彻地了解这一基本原理。例如,人们依照虎克定律创造出弹簧秤,尔后制造弹簧秤的人,可以不懂虎克定律,只要了解弹簧秤的结构与制作要点即可。

▶ 离开工具人类会怎样?

人、知识、工具同源,人与工具终生为伴,人离不开工具,这些已是不争的事实。

在《鲁滨逊漂流记》中,人们看到了依靠知识、工具的人类原始生存方式。该书作者没有剥夺鲁滨逊基本的生存工具与丰富的生存知识。鲁滨逊能够在荒岛上生存,并且向荒岛上唯一的土著人传授生存知识,最后鲁滨逊还依赖船只(工具)返回现代化社会。如今,再看看由网络与网络终端、计算机,以及各种办公软件、数据分析软件、管理软件、专家系统等构成的一个全新的白领阶层智能化工作环境,如果将这一工作环境中的工具撤除,这些白领阶层便会失去工作能力。

5.7　工具的集成化发展前景

工具的机械化、自动化、智能化趋势不可阻挡,工具越来越复杂,越来越依靠人类积累的知识成果。例如,智能化汽车必须在自动化汽车的基础上实现,自动化汽车必须在动力机的基础上发展。与此同时,随着工具机械化、自动化、智能化的发展,人类的傻瓜化进程也会加速。

从原始的手工工具到机械化工具、自动化工具,直到智能化工具,最终实现了人类知识行为在工具中的集成。人们似乎不愿意展望下一代人类工具的发展前景。纵观现代计算机、机器人、生物、材料、基因工程、人工智能等领域的最新成果,可以得出这样的结论:智能化工具的下一个工具形态是生命化工具,这种工具中将集成有各种生命或仿生命的内核。生命化工具的出现,意味着人类最终被彻底边缘化。

生命化工具的技术基础是各种生命或仿生命内核。目前已有多种渠道在研究它,并已取得显著的成果。

在原有的机器人领域,正在借助现代计算机的最新成果,给机器人添加人机对话的情感因素与仿生肌肤,最大化地将其仿真成人类的伴侣。如今,有些国家正在给机器人立法,给机器人以人格地位,以便使仿生机器人融入人类的社会生活。

最接近生命内核工具化集成的,当属人工智能领域的人工大脑。据《北京晚报》2007 年 6 月 21 日报道,被誉为人工大脑之父的雨果·德·加里斯教授在清华大学放言:"50 年后机器人将威胁人类。"雨果在演讲中给大家描述了一个人工智能的世界:"可能20年、30年后人工智能机器就可以和人类做朋友了,但50年后人工智能将成为人类的最大威胁。世界最终会因人工智能超过人类而爆发一场战争,这场智能战争也许会夺去数十亿人的生命。""这不是天方夜谭,一切变为现实只是时间问题,也许你的孙子一代就将经历这样的事情。"雨果说,早在2000年他就打响了人工智能战争的第一枪,他用一支玩具枪将人工智能芯片打入控制论学者凯文·沃里克博士体内。依靠这枚芯片,沃里克博士不用张嘴就能与自己的妻子进行意识交流。

许多人不能理解的是,工具是人类创造的,为什么人类最终无法控制工具? 这是因为工具中集成的是人类积累的知识成果,人类可以很方便地制造出某一知识领域中远远超出人类个体智力的工具。人们相信,研发出深蓝计算机中"国际象棋大师"软件的人并不是国际象棋大师。

按照人类知识集成性发展规律,从手工工具到机械化、自动化工具,是知识集成的飞跃;从机械化、自动化工具到智能化工具,是知识行为集成的飞跃;从智能化工具到生命化工具的飞跃,则是自然人类的终结。

5.8 本章小结

人、知识、工具同源。知识在大脑中生成的同时,人类个体会将知识成果不断地集成到工具中,这就是知识集成性发展规律。在人类知识发展的高级阶段,工具中还会出现人类知识行为集成。

人类诞生伊始,就开始工具的知识集成,形成了原始工具、手工工具、机械化工具、自动化工具的发展历程。到了现代计算机知识革命时代,工具中产生了知识行为集成的飞跃,众多的智能化工具替代了人类的脑力劳动。

知识的集成性发展特点表明,工具中的知识、知识行为能力,与人类的知识、知识行为能力存在巨大差异。随着人类知识总量的增加,知识、知识行为能力始终朝着向工具倾斜的方向发展,形成人机系统中人类边缘化发展的总趋势。

人类创造工具、使用工具,所形成的人机系统,是人类改造世界的巨大力量源泉。未来工具的能力与智慧将超出人类,是福? 是祸? 人类在尚未创造出生命化工具之前,必须做出理性决策。

第六章 人类知识的非线性发展规律
——知识的疯狂性进程

  人类知识发展的第三个规律,是知识的非线性发展规律,即人类知识总量呈指数式增长态势。对于指数式增长的感受是人们最近几十年间才有的事情,其中较著名的有阿尔文·托夫勒对三次浪潮历程的描述,有戈登·摩尔对集成电路中晶体管集成数量倍增现象的描述。

  人类有文字记载的历史有几千年,而人的生命不到百年。在奴隶社会、封建社会,人们观察历史时,似乎一切都是静止的;到了资本经济时代,人们看到了人类文明的巨大变化;如今人们看到的是年年变,月月变,天天变。这表明人类已进入一个飞速发展的疯狂时代。是福? 是祸? 人类必须认真思考。

6.1　感受知识总量的指数式增长

摩尔博士的预测
托夫勒先生的描述
看人类社会发展史
看人们周围的一切

40多年前,当摩尔博士提出"摩尔定律"时,人们不以为然。如今,当我们观察周围的世界时,发现到处都呈现人类知识总量指数式增长的现象。

▶ 摩尔博士的预测

摩尔定律源于1965年戈登·摩尔博士为庆祝 *Electronics* 杂志创刊35周年所撰写的一篇论文。在这篇论文中,他对电子技术的未来发展速度提出了自己的见解。当时集成电路的集成度只有30个晶体管,而他领导的小组已经研制出了60个晶体管的集成电路。在考虑了各种因素后,摩尔博士预测:在未来10年内,集成电路芯片上的晶体管数量将以每年倍增的速度发展。后来,Cal Tech 的 Carver Mead 教授称这一预测为"摩尔定律"。摩尔博士发现了科技领域中的一个非线性发展现象。

▶ 托夫勒先生的描述

阿尔文·托夫勒是当代著名的未来学者,他早在1970年就感受到资本主义市场经济的巨大冲击,写出了《未来的冲击》。书中分析了快速变化的未来社会,以及未来社会的短暂性、新奇性、多样性特点。在其1980年出版的《第三次浪潮》一书中,又明确地指出了人类社会非线性发展的进程。书中写道:"到目前为止,人类经历了两次重大的变化浪潮,每一次都抹杀了早期的文化和文明,以前人不能想象的生活方式取而代之。第一次浪潮——农业革命——经历了几千年才结束。第二次浪潮——工业文明的崛起——只有300年的寿命。今天的历史速度更快,很可能第三次浪潮将会横扫历史,在几十年内结束。"托夫勒明确地指出了人类发展阶段上的非线性。

▶ 看人类社会发展史

人类社会可按原始社会、奴隶社会、封建社会、资本经济社会的阶段划分。如果统计它们的时间历程会惊奇地发现：人类社会的更迭速度也呈指数式的非线性增长态势。从人类诞生至今约有几百万年的历史，在这几百万年中，从人类诞生到人类社会形成占据了绝大部分时间，随后是几万年的原始社会、奴隶社会，几千年的封建社会，几百年的资本经济社会，如今留给知识经济时代的时间预计不到百年。这与托夫勒预言的三次浪潮时间不谋而合。

▶ 看人们周围的一切

在不到百年的人生中，我们能看到什么呢？在奴隶社会、封建社会里，人们看到祖祖辈辈、世世代代都生活在一个几乎凝固的世界中，日出而作，日落而息，周而复始。在资本经济时代，人们已感受到社会的巨大变化，祖辈们生活在机械化时代，孙辈们则进入电气化时代；祖辈们乘坐的是马车，孙辈们却开上了汽车。在 20 世纪 60 年代由集成电路开启的现代计算机产业革命后，人类进入一个眼花缭乱的知识经济时代，如今的十年人生所经历的事件是父辈们一辈子都很难经历到的。父辈的照相机能用一辈子，儿子的傻瓜相机却只用十多年，而孙辈们的数码相机则是数年一换。

"代沟说"始于我们的父辈。祖辈说，从前没有代沟，都是"忠孝传家久、诗书继世长"，沿着祖辈的家训走，延续的是"书香门第、世家遗风"；父辈说与我们有代沟；如今又出现"80 后、90 后现象"，似乎成为十年一代沟。

所有这些社会现象，究其根本，都是人类知识发展的非线性。古代人只能观察到天体宇宙的运行，人类周围的社会生活似乎是静止的；资本经济时代，人类看到了改造世界的巨大力量与现代文明的巨大进步；如今人类进入一个眼花缭乱的世界，犹如一架喷气式飞机拽着一辆人类社会的大篷车，在崎岖的山路上飞奔，窗外的景象一闪而过，人们无所适从，不知道前面是万丈深渊还是康庄大道。

6.2　知识的非线性发展基因

知识发展的自举效应

知识发展的效益拉动

知识成果的工具永存

人类知识总量并不存在于人们的头脑中，而是存在于人机系统，即人＋工具的结构之中。知识有自己的独立发展规律，其非线性发展规律的基因是知识发展的自举效应、知识发展的效益拉动，以及知识成果在工具中的指数式积累。

▶ 知识发展的自举效应

知识非线性发展的自举性基因除了知识自举效应外,还必须具有知识发展的无限空间。

(1) 人类知识发展的无限空间

人类生活在一个时空无限的宇宙之中,客观世界的各种变化规律也无穷无尽,这就保证了人类知识发展的无限空间。人类从观天象,到研究天文学、宇宙学;从研究宏观物质形态,到研究微观物质结构;从研究传统力学、量子力学,到研究广义相对论,在人类任何一个新的知识探索点上,都会呈现无限广阔的知识空间。宇宙爆炸理论提出了宇宙的起源,宇宙似乎变成有限的了;然而,当人们提出宇宙大爆炸之前是什么样子时,科学家们又陷入下一轮的无穷探索之中;由于宇宙的无限性,人类对自身的了解有无穷无尽的空间。例如,当现代解剖学认为,对人体无论从宏观还是微观上都已研究充分,不会再有新的探求点时,人们又发现人体器官会具有某些奇异能力,又出现一个知识探索的巨大新兴领域。因此,人类知识的这种无限可探索性,为人类知识非线性发展提供了一个无限广阔的空间。

(2) 知识的自举式发展

依靠知识的力量来发展知识,这是人所共知的道理,它形成知识发展的自举效应。这些自举效应包括纵向自举效应和横向自举效应。

知识发展的纵向自举效应,体现了知识发展的平台性。它表示任何新知识的发现,都是在原有知识基础上进行的。知识愈多,探索新的知识领域时速度就会愈快。当人们进入某个领域,期望在这个研究领域有所突破时,首先要掌握该领域已有的知识研究成果。这样在充分共享前人的成果后,便能顺利地发现新的知识。

知识发展的平台性可以减少知识发展中大量低水平的重复性劳动。将知识平台化,可以简化原有知识内容,可以使知识阶层中的其他个体在进入本学科研究时,站在知识平台的高度上探索新的知识领域。这样一来,知识发展的纵向自举效应就可以将知识发展的"板凳模式"转变成"阶梯模式",大大地加快知识的发展速度。

知识发展的横向自举效应,反映在不同知识领域之间的渗透与交互。这种渗透与交互集中反映在哲学、方法学和交叉学科的发展上。所有知识领域,都具有许多相似的知识发展的观念、方法。不同领域的知识研究可以相互借鉴、触类旁通,可以创建新的学科。这就是知识发展的横向自举效应。

在人类知识发展的高级阶段,出现了总结和指导所有知识领域发展的一个学科——哲学。哲学是所有社会科学与自然科学的综合。这表明哲学在知识发展中的重要地位,它提供了知识发展的方法学与观念学,使知识发展有了正确的理念与方法。要想在知识发展中取得良好的成果,必须有良好的哲学基础。许多科学家在其知识研究的后期,都会以哲学的高度反思自己在知识发展中所走过的道路。

另外,知识发展的横向自举效应形成知识发展的树形结构。当人们在知识主干上发现众多的分支时,便会有众多的科学家转移到这些新兴学科领域中。当这些新兴学科取得进展时,人们又会发现一些值得探索的未知领域,在这些分支学科中又形成大量新的知识领域。这种按树形结构发散、并行的研究会形成大量的新知识,从而形成知识总量非线性发展的结构性基础。

▶ 知识发展的效益拉动

认识世界是为了改造世界,这是人类诞生伊始,知识发展的神圣目标与崇高任务。在原始知识阶段出现剩余生活资料时,首先用其养活一部分人,让他们专门从事知识研究。大量知识阶层的出现推动了知识发展的飞跃。

直接为现实生产力服务的知识阶层涌向各个新兴知识领域,在生产力发展中突显了领军作用。直接为农业、手工业、商业乃至为政权服务的冶金、造船、建筑、航海、机械等知识领域得到长足的发展。这些领域的知识阶层得到权力阶层和财富阶层的利益保护,得以从一般性的知识探索中分离出来,从而形成封建经济后期的基础学科与技术学科的两大分支。正是技术学科的迅猛发展,才导致18世纪人类社会的第一次产业革命。

在人类漫长的历史阶段中,知识阶层都是依附于权力阶层和财富阶层。即使在市场经济社会,知识阶层在相当长的历史阶段中都处于被雇佣状态,为市场经济服务,并获取报酬。直到资本经济时代,知识创新才逐渐形成独立的社会力量,摆脱了资本的雇佣,寻求创新知识成果的独立经济地位,并且获得了市场经济的认可,使知识发展进入专利时代。

专利法的诞生使知识成果成为商品,直接进入市场交易,并获得了独立的利润回报。这激励了知识阶层努力将创新知识成果商品化。在知识经济时代,出现了知识平台商品。在知识平台商品形成的扇形产业体系中,整个行业利润成为一个完整的"大蛋糕",每个企业的利润按其知识投入的比例分成,突显了知识的市场经济效益。这时,市场经济直接拉动知识发展,利润原则起着巨大的推动作用。

▶ 知识成果的工具永存

人类知识的发展总是在以往知识成果的基础上实现的,但人脑中存储的知识成果有限,而且传承十分困难。因此,人类的知识成果主要记载在书刊、典籍、软件、光盘中,或物化成设备、机具、集成电路芯片、系统等而永存,形成了指数式叠加效应。例如,一辆现代化的汽车,是人类一百多年来有关内燃机车一系列成果的结晶,有关汽车的设计图、结构原理、工艺规程、零件制造、汽车装配等,都以图纸、文献、书刊、软件等形式记载下来。正是由于这些形形色色软、硬件工具体系的无限存储能力,后人才能在其基础上开发新型汽车,不断形成相关知识发展的指数式飞跃。进入计算机产业革命时代后,工具中的知识成果更以数字化形式永存。

6.3 人类知识发展的两次大提速

两次产业革命大提速
知识发展的指数式曲线

除了自举性效应、市场经济利益驱动效应产生的知识非线性发展外,还出现了人类知识发展史上的两次大提速,即18世纪的动力机械产业革命与20世纪的现代计算机知识革命。

▶ 两次产业革命大提速

在近代社会中,人类知识的飞跃性发展集中体现在两次产业革命中,即诞生于18世纪的第一次产业革命与诞生于20世纪的第二次产业革命。

诞生于18世纪的第一次产业革命,是由蒸汽机开创的动力机械产业革命,它迎来了人类的机械化时代。动力机械的广泛使用,大大解放了人类的体力劳动,在加速社会生产力发展的同时,迎来了资本主义社会现代科技发展的繁荣时代。诞生于20世纪中期的第二次产业革命,是现代计算机的知识革命。在大规模集成电路基础上的现代计算机,以其时、空量子化手段使生产工具智能化,形成了广泛的知识平台商品。知识平台代替了人类的智力劳动,大量的智能化设备大大促进了科技创新与创新科技成果应用的飞速发展。

近代史上的两次产业革命,本质上都是知识的革命,都将人类社会经济、社会生活推上急速发展的道路。

▶ 知识发展的指数式曲线

上述各种非线性因素形成叠加后,便形成人类知识总量的指数式发展效应。

图 6.1 显示了各种非线性发展因素叠加后,知识总量的指数式发展曲线。

图中,曲线 Z 反映了自举效应产生的非线性效应。从人类诞生开始,人类的知识总量就是沿着这条曲线非线性增长的。

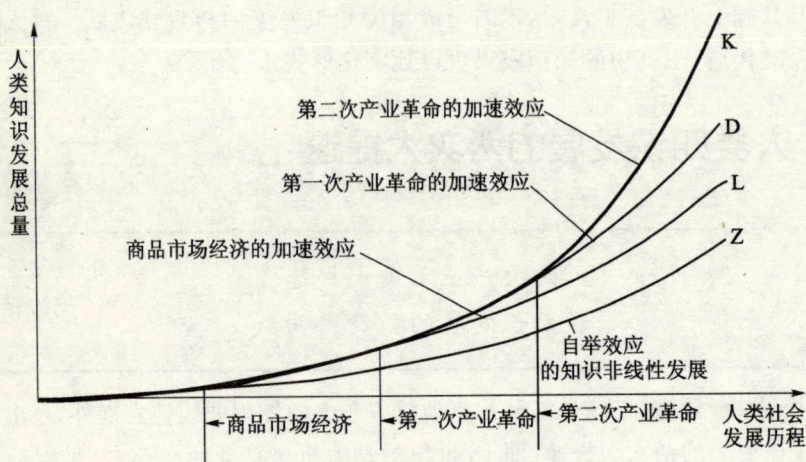

图 6.1　人类知识发展的非线性曲线

曲线 L 叠加了市场经济利润原则加速的非线性发展效应。进入商品经济时代后,知识阶层获取了商品生产、流通的利益回报,在利益的驱使下,出现了直接为现实生产力服务的技术科学。在市场经济利润原则的驱使下,知识得到了飞跃发展。

曲线 D 叠加了 18 世纪第一次产业革命的加速效应。第一次产业革命是在技术科学高度发展下出现的,是动力机械的产业革命。这一次产业革命以动力机械代替了人的体力劳动,同时推动了能源、钢铁、机械、交通、电力、石油等现代基础工业的大发展,使人类迅速进入文明时代。

曲线 K 则进一步反映了 20 世纪计算机知识革命对知识发展的加速效应。在集成电路基础上的计算机知识革命,是知识领域中的全方位革命。通用计算机的智力平台与嵌入式计算机的智力嵌入,形成了最广泛的智能化工具,以替代人类的脑力劳动,形成了人类发展史上最伟大的知识推动力量。

在人类发展初期,知识总量很少,知识的非线性发展对人类社会的影响力有限,只能形成有限的指数式增长态势。进入资本经济社会后,人们才感受到知识发展带来的巨大力量,喊出了"知识就是力量"的口号。在知识经济时代,人们突然看到了知识的直接财富作用,又惊呼"知识就是财富"。

6.4　摩尔定律说明了什么？

不要责难摩尔博士
摩尔定律的扩展与延伸
广义摩尔定律

人们在谈论现代微电子技术的非线性发展时，总是不厌其烦地以摩尔定律来佐证。摩尔定律揭示了集成电路集成度发展的指数递增规律，然而它的最大贡献在于佐证了人类知识非线性发展的普遍规律。即使其后集成电路集成度的发展速度有所减少，人们也没有责难摩尔定律，相反，还将摩尔定律不断扩展与延伸，用以预测其他领域的科技发展前景，并以此作为知识竞技场上的激励因素。

▶ 不要责难摩尔博士

1965 年，戈登·摩尔博士预测：在未来 10 年内，集成电路芯片上的晶体管数量将以每年倍增的速度发展。从 1965 年到 1975 年的 10 年间，集成电路集成度的发展完全符合摩尔博士的预测，1975 年开始低于预测速度。摩尔博士根据集成电路复杂因素的增加，将原来的倍增周期调整为 24 个月。

摩尔定律虽然只是描述集成电路技术的非线性发展规律，但它佐证了知识非线性发展的普遍规律。由于知识的综合性特点，每个具体技术都是许多具体知识在不同非线性发展阶段上的综合，每个知识不同的非线性数学模型都会影响综合技术的非线性特性。特别是不同发展阶段上新知识(不同阶段、不同知识、不同发展速率)的介入，会形成对原有知识发展倍率预测的修正。摩尔定律在发表 10 年后的修正不足为怪。

▶ 摩尔定律的扩展与延伸

摩尔定律揭示了集成电路集成度发展的非线性规律。在与集成电路相关的技术领域，我们还可以找到许多摩尔定律的影子。例如，20 世纪 80 年代末，Intel 公司发现计算机的性能每 18 个月增长 1 倍；20 世纪 90 年代初，将 i486 主频从 25 MHz 提高到 50 MHz 用了 3 年时间，而在 2002 年，Intel 公司的工程师一天就能使计算机主频提高 25 MHz；集成电路的成本也呈非线性下降趋势，在摩尔博士刚提出摩尔定律的 1965 年，集成电路中每个晶体管的成本为 5 美元；而 2002 年，5 美元的集成电路中就有 500 个晶体管。在远离摩尔定律发源地的其他知识领域,都可以发现各种知识内容的摩尔定律。例如,从知识创新到创新知识应用的周期、新产品的研发周期、家用电器的更新周期等,都可看到摩尔定律的影子。摩尔定律佐证了知识的非线性发展规律。

▶ 广义摩尔定律

对于人类知识发展的所有相关领域,在研究其发展速度时,都可看到摩尔定律的影子,这就是知识的非线性发展规律。之所以在人类知识发展漫长的历程中,人们对知识发展的非线性规律熟视无睹,是因为在低水平的知识发展阶段,人们在一个生命周期里感觉不到知识的非线性变化。只有在当代,当知识发展的倍增周期缩短到 10年以内时,人们才能感受到知识非线性发展对社会状况带来的深刻影响,开始以摩尔定律的眼光来观察一切社会事物。

6.5　知识非线性发展的福祸观

知识非线性发展的天花板

当今人类所处的时代

人类开始担心什么?

知识的非线性发展特性导致人类社会发展不断加速;然而,任何呈指数式非线性发展的事物都不可能无限加速。非线性发展的前途只有两个:一个是崩溃,另一个是在阻尼作用下逐渐趋于稳定状态。必须回答的问题是:当今人类社会处于什么时代?人类超高速发展是福兮? 祸兮? 人类怎样拯救自己?

▶ 知识非线性发展的天花板

任何呈指数式非线性发展的事物都不可能无限加速,其前途或崩溃,或受阻后趋于稳定状态。例如,太空中一颗卫星堕落地球时,在进入大气层前,已加速到极致;进入大气层后,遇空气会摩擦生热而焚毁。而太空舱安装有降落伞,进入大气层后,在空气阻力作用下会不断减速,最后安全降落地面。同样进入大气层的两个物体,会有两种不同命运。

目前,人类知识的非线性发展已到达极致状态,社会生产力的非线性发展必然会遭遇两个发展极限,即地球环境承受极限与地球环境崩溃极限。

地球环境承受极限,是指人类对地球环境的破坏超出其可自然恢复的界限。人类可以超越这个极限,但付出的代价是社会生产力的内耗,即必须将一部分社会生产力用来修补人类对自然环境的破坏。地球环境承受极限是社会生产力非线性发展的柔性天花板。

地球环境崩溃极限,是指人类对地球环境的破坏超出人类可以修复能力的界限。这是社会生产力非线性发展的刚性天花板。

目前,人类社会已突破柔性天花板。人类社会要避免毁灭,就必须在刚性天花板下寻求可持续的生存与发展道路。

▶ 当今人类所处的时代

知识的非线性发展,使人类社会发展带有原始的躁动基因,犹如一个没有刹车的大篷车,载着人类沿着山路下行。开始时,看到窗外美景不断掠过,人们欣喜若狂;继而穿越森林、草地,看到村庄、别墅时,人类主宰世界的狂妄心态油然而生;当进入急剧下降的盘山道时,外面的美景呼啸而过,车内剧烈颠簸,人们无所适从,智者急呼刹车,愚者闭着眼睛感受摇滚的刺激,敏感者惊呼世界末日到来。这也许就是对阿尔文·托夫勒提出的第一次、第二次、第三次浪潮的写照。

请看托夫勒在《第三次浪潮》第一章中怎样描述我们的时代:"一个新的文明正在我们生活中形成……这个新文明带来了新的家庭形态,改变了工作、感情和生活的方式,新经济、新政治冲突,除此之外,还有不同的意识形态。""这个新文明的崛起是我们生命中最具爆炸性的事件。""这一事件的意义正如一万年前农业发明掀起的第一次浪潮,工业革命带来惊天动地的第二次浪潮一样,我们是下一次浪潮变化'第三次浪潮的子女'。"

同样,托夫勒对这样一个巨大变化的时代充满了无奈与迷茫,他在前言的最后部分写道:"在这个变化万端的时代,个人的生活被撕裂了,现存的社会秩序荡然无存,崭新的社会生活方式正从地平线上浮起。探问人类前途这个奇大无比的问题,不仅仅是出于求知的好奇心,更是生死存亡的抉择。"

在这里,我们明确了我们所处的这个新时代,是自18世纪工业革命以来一个更伟大的变革时代,即由现代计算机产业革命引发的知识经济时代,第三次浪潮时代。从人类知识发展的角度来看,这是知识非线性的极端化发展时代。如今,在全球化市场经济最大化的利润追逐下,社会生产力的发展已使人类社会冲破了柔性天花板。社会生产力以极端的指数式速度发展,犹如一颗冲向大气层的卫星。如果不为其加一个减速伞,人类必然会遭遇毁灭。

▶ 人类开始担心什么?

回顾人类历史,从原始时代到农耕时代,直到资本经济时代,人们都充满了溢美之词,两次浪潮将人类推向了文明时代。然而,面对科学、技术、社会生产力超高水平上的超高发展速度,人类出现了迷茫。

(1) 人类社会更安全了么?

如今放眼望去,是望不到边的恐怖深渊。历史上虽然也有战争,但战争过后是宁静;而眼下各种形式的恐怖幽灵在全球游荡,人类社会永无宁日。

(2) 人类社会能持续发展么?

资源耗费毫无止境。若按照美国人的消费水平,人类需要五个地球的资源。当前,第三世界在发展经济、扩大消费能力上正奋力追赶第一世界。在毫无止境的疯狂消费面前,节能、减排只是杯水车薪。

(3) 可怕的内耗型产业

资本经济时代的诞生,意味着人类已进入社会生产力的内耗型发展阶段。人类对自然生态系统的破坏超出了自然净化的能力,催生了环保产业;人类的非理性生活方式,催生了减肥、健身、宠物、赌博、毒品、戒毒等产业,这些产业大量吞噬着原本可以为全人类构建小康生活的社会生产力。

(4) 离人类理想越来越远

如今,人类社会已进入一个两极分化的癌症社会。大量数字统计表明,在全球化的市场经济时代,无论是第三世界、第二世界,还是第一世界,随着社会生产力的发展,两极分化都日趋严重,形成了一个富人经济社会,社会公共资源服务向富人集团倾斜。

(5) 人类边缘化不断加剧

知识分离性发展到极致时,会导致人类社会生活中的普遍"傻瓜化"。知识的集成性发展导致工具的极致化发展,工具不仅代替了人的体力劳动,还代替了人的脑力劳动。人类从此离不开工具。

(6) 在人工环境中人类迅速退化

从人类诞生伊始,在认识世界、改造世界的神圣目标下,人类开始打造一个精心呵护的人工生态环境。如今,这个人工生态环境已达到无以复加的程度;连最起码的生命繁殖也可以实现人工生殖,生殖交配变成广泛的性爱行为;人类的自然免疫系统普遍退化;肥胖症、孤独症、忧郁症困扰着大批人群,甚至人类的宠物。

(7) 霍金教授在担心什么?

英国《卫报》2006 年 8 月 3 日,报道了斯蒂芬·霍金教授在网上提出的一个难题求解:"在一个政治、社会、环境动荡的世界里,人类如何才能继续生存 100 年?"这一求解显示了伟大科学家对未来的担心。是什么东西牵动着象牙塔中的智者?

（8）世界绝对不是平的

美国人托马斯·弗里德曼以一本《世界是平的》忽悠了全球千万读者,并获得了2005年英国FT/高盛财经书大奖。托马斯·弗里德曼在周游世界中,看到了一个平坦的世界,充其量表明他是一个跟在推土机后面到处游荡的人。连该书中文译者、经济学家何帆,对"世界是平的"都产生了怀疑,以至于他以极为罕见的方式,以"世界仍然是崎岖不平的"作为译后记,表明了译者的另一种观点。

6.6　人类有理由悲观么?

人类的未来引起了所有人的关心与争论。乐观者有之,悲观者有之,遁世者有之。乐观者认为人力可以胜天,悲观者认为人类社会已无力自拔,遁世者认为人类命运不可强求。笔者认为自己既不乐观,也不悲观,更不遁世,而是以平静之心来思考。当前既有无法解决的矛盾,如全球化与国家分割的利益冲突,市场经济利润原则从原罪到万恶之源的现实;也有中国大陆社会主义市场经济科学发展、和谐社会探索的乐观期待。

6.7　本章小结

知识非线性发展规律是指,从人类诞生伊始,人类社会的知识总量总是遵循指数式增长的发展态势。与知识相关的一切领域都能找到非线性发展特征。

人类知识总量指数式的非线性发展规律,是人类知识发展的三大规律之一。在古代社会,人类个体短暂的一生很难感受到知识非线性发展带来的社会变革。但到了知识经济时代,人人都感受到了知识非线性发展产生的巨大社会影响。摩尔定律证明了知识的非线性发展规律,与知识相关的一切领域,都会出现摩尔定律的影子。

知识发展的自举效应,是知识非线性发展的结构性因素。市场经济利润原则,是知识非线性发展的利益驱动加速因素;18世纪产业革命与20世纪现代计算机知识革命,是知识非线性发展的两次大提速。

知识经济时代,是知识分离性、集成性、非线性发展到高级阶段的时代。高级阶段知识发展的指数式增长态势,会导致结构性社会动荡。在斯蒂芬·霍金教授求解的世纪难题中,人们可以感受到知识非线性发展到高级阶段时,对人类社会产生的致命后果。

第七章　阿尔文·托夫勒的智慧与无奈

——为托夫勒先生解困

1980 年阿尔文·托夫勒在其名著《第三次浪潮》中,首次对人类历史提出了三个浪潮阶段的划分。在此划分中隐含了人类历史的指数式发展态势,即"第一次浪潮——农业革命几千年,第二次浪潮——工业文明 300 年,如今的第三次浪潮只有几十年",以及第三次浪潮的革命性变化"将会横扫过历史"。

27 年后的 2007 年,阿尔文·托夫勒又出版了《财富的革命》。在此书中,他把第三次浪潮定名为知识经济时代,把"知识原理"、"时间原理"、"空间原理"作为财富革命的三个深层原理,并把知识原理提到十分重要的高度。十分遗憾的是,托夫勒与传统的经济学家、社会学家一样,被传统的知识观念所桎梏,未能对知识经济做出深刻的解读。

7.1 托夫勒说了些什么？

> 托夫勒的呐喊
> 托夫勒的迷茫
> 托夫勒的失望
> 经济学家的无能

在《第三次浪潮》中，托夫勒描述了人类经历三次浪潮的巨大变革，对于前两次浪潮他都有明确的界定，如第一次浪潮的"农业革命"、第二次浪潮的"工业文明"。而对于第三次浪潮，只有"将会横扫过历史"、"爆炸性时刻"、"工业主义灭亡、新文明崛起"、"变化万端的时代"这样的感性描述字眼。

▶ 托夫勒的呐喊

《第三次浪潮》出版的 26 年以后，在《财富的革命》一书中，人们看到了一个企图为第三次浪潮明确界定，并努力为知识、知识经济呐喊的托夫勒。请看：

"知识（革命性财富的又一个深层原理）已经成为我们经济和社会环境中变化最快的组成部分之一。"

"我们正在急剧地改变着我们创造与存储知识的方式，改变着知识衰败的速度，改变着我们判断知识有效性的方法，改变着我们用于创造更多知识的工具，改变着知识被表达的各种语言，改变着知识的专业化程度和抽象性，改变着我们所依靠的类比，改变着被量化了的量，也改变着传播知识的媒体。"

"知识的所有这些方面都在同时发生变化，其变化速度也是史无前例的，而且给我们开辟了创造财富的无数新方法。"

"尽管对新兴的知识经济有着数千种的分析和研究，但是，知识对创造财富的影响却一直被低估了，而且现在仍然在被低估。"

"知识长期以来一直被他们（经济学家）所压制，现在仍然是，甚至比以往更厉害。因此，为了了解明天经济的核心，对于知识受到的这种不公正的待遇我们需要给予补偿。"

"在知识的深层原理中正在发生着革命性的变化，这些变化之剧烈就连'革命'这个词也略显苍白。"

▶ 托夫勒的迷茫

在知识经济的伟大变革之中,托夫勒提出了许多严肃的问题,亟待后人解决。托夫勒本人也无法摆脱传统知识观念的桎梏。他在书中写道:

"知识是无形的,试图给其下定义往往会使你进入迷宫,令你很难体面地从里面出来。"

"地球上几乎各种语言都使用了数十亿的单词就'知识经济'这一题目来进行写作、谈论、数字化处理与辩论。然而,关于知识与其他进入财富创造中的几种资源或者资产相比到底有什么本质上的不同,这些词汇没有多少能够说得清楚。"

"自从'知识经济'开始半个世纪以来,关于知识经济背后的'知识'我们却了解得很少,简直少得让我们感到尴尬。"

"如果按照许多人说的那样,知识就是明天的'石油',那么,有谁知道这种无形的石油一共有多少呢?……有谁知道世界的知识货源在怎样变化呢?又有谁知道有多少知识是值得知道的呢?知识又有什么价值呢?"

"如果有什么东西能够证明我们对知识的无知的话,那就是这个事实:我们人类物种历史中的这个真正重要的变化无人知晓,或者说被人类忽略掉了。"

托夫勒是伟大的学者,在《财富的革命》一书中他不仅为知识、知识经济大声疾呼,也并不掩饰人类对知识无知的尴尬境地。

▶ 托夫勒的失望

深陷于迷茫之中的托夫勒对经济学家寄予了深切的希望。托夫勒指出:"在一个越来越基于知识和创新的经济里,不仅给经济学家提出了一个富有挑战性的问题,对经济学本身也极具挑战性。"

托夫勒在书中借用 CapAnalysis,LLC.公司副总裁杰弗里·艾森纳克的话说:"在过去的 50 年中,有 4 个根本的变化给经济学家们和经济分析带来了挑战。这些变化今天对他们来说仍然是挑战。"这 4 个根本性变化是:"1. 网络产业的增长;2. 知识产品的'非竞争性'、取之不尽的特点;3. 抵制大规模生产以及客户要求程度化的迅速提高;4. 资本可全球性移动所带来的影响,从根本上改变了经济的运行方式。"

那么面对知识经济,我们经济学家的表现又如何呢?在《财富的革命》一书中,托夫勒对经济学家的失望之心油然纸上,请看:

"这场革命已经开始了半个世纪之后,他们还没有提出一套有条理、完整的理论来论述经济发展这一具有历史意义的时期,还不能帮助我们来理解我们在扮演什么角色，我们将走向哪里？"

"许多经济学家没能抓住今天革命变化的深奥之处，这真具有讽刺意味。"

"在大学课堂里所学过的许多思想在新兴的财富革命时代的经济工作中却有误人子弟之嫌。尽管聪明的经济学家们在忙于将这些思想与已经死亡的思想埋葬在一起，但是没有埋葬的却还有许多许多。"

托夫勒对经济学家的失望之心不乏愤怒之情，他以"当众出丑的经济学"为标题鞭挞了传统经济学家的无能：

"在 2000 年之前的 17 年多的时间里，对经济增长前景的集体预测，在经济学家所称之为'增长'问题上从来没有准确地预测过一次。"

"经济学家们预测离谱的次数太多了，2001 年《金融时报》提出，这些经济学家连同华尔街那些令人厌恶的分析家们一样，都属于'预测耻辱堂'里的人。"

▶ 经济学家的无能

托夫勒也在不断地探讨，为什么那么多的经济学家在知识经济面前都变得无能为力，请看：

"在过去的一个世纪中，许多经济思想上的伟大进步都是由于越来越灵活地将数学运用于当时的问题而产生的，这就是测量有形的东西。"

"然而，现在的革命性财富却越来越产生于无形的东西。为了理解这一点，我们必须对付所有资源中最难以捉摸、最难以测量的东西——知识。"

"昨天的经济学家也并不是没有注意到无形东西的重要性，但昨天经济的知识密集度却和今天知识密集度有着天壤之别。"

7.2 无法解决的难题在哪里？

传统经济学家的困境

囿于知识的两种形态

问题出在何处？

笔者在前面不厌其烦地列举了托夫勒的智慧、困惑与失望，这是因为迄今为止，只有托夫勒在 30 年前明确地提出了第三次浪潮的革命性概念，并且锲而不舍地追寻到现今，并明确地提出了知识经济的观念。

托夫勒的智慧在于，他尖锐地提出了研究知识本身的重要意义，也揭示了经济学家的无能;但是,这一切都无法使托夫勒脱困。那么,我们再来解读一下托夫勒为什么难以走出困境。

▶ 传统经济学家的困境

托夫勒为传统经济学家的失望与无奈找出了以下的理由:

"今天为什么这么多的传统经济学原理都显得那么毫无关系或者给人以误导……首先,他们正在努力理解的经济要比过去的伟大经济学家们所面对的经济复杂得多……其次,而且更重要的是,他们现在所研究的交易和变化速度是史无前例的……有用的数据和调查结果(以及它们的相互联系)的寿命只有萤火虫寿命的一半那么长……再次,还有一个更大的问题,正如工业革命早期的经济学家要超越农业时代的思维,并且摒弃再也不适用的东西那样,今天的经济学家也面临着相类似的挑战。他们必须超越工业时代的思维,才能理解最近一次财富革命浪潮的骤变性影响。"

然而,当托夫勒企图以知识的深层原理来摆脱传统经济学原理的束缚,厘清超越工业时代的思维,摒弃再也不适用的东西时,却发现"知识是无形的,试图给其下定义往往会使人进入迷宫,令你很难体面地从里面出来",从而使托夫勒深陷知识的泥塘之中。

▶ 囿于知识的两种形态

使托夫勒深陷知识泥塘的一个重要原因,是其囿于知识的两种形态。托夫勒只承认两种知识形态。请看:

"所有这些知识都以两种不同的方式存储。一部分知识资源存在于我们人类的脑袋里。"

"但是世界上绝大多数的知识资源却是储存在大脑以外的地方。这就是多少个世纪以来(以及现在)所积累的知识,它被储存在人脑以外的任何地方,从古代洞穴的墙壁上到最新的电脑硬盘和DVD上无所不在。"

这两种知识形态的非可靠性、非稳定性,使得经济学家很难从知识的角度来诠释当今的经济现象。请看:

"有些不用言明的知识微不足道,但是有一些对我们的日常生活和生产却至关重要。简单地说,这就是我们都依靠脑袋深处的知识,我们甚至不知道我们拥有这些知识。正因为这类知识的多种多样而且是那么不露山水,所以它也往往被经济学家所忽视。"

"知识长期以来一直被他们所压制。现在仍然是，甚至比以往更厉害。"

这两种知识形态的非可靠性、非稳定性也引起了托夫勒的质疑，并提出了辨清知识真伪的六个过滤器。请看：

"知识或许是财富革命的深层原理之一。但是，即使我们把陈旧过时的知识放在一边，我们关于货币、商业和财富（就此而言可以包括一切）的知识中到底有多少是纯粹的谬论呢？或者是纯粹的虚构呢？我们被告知的东西我们能够相信多少？我们怎么来决定？"

"在我们的日常生活中，'知识'这个词代表着我们认为真实的所有意义。在我们个人的知识基础（或者整个人类的知识基础）范围内，在我们决定某件事情是'真的'还是'假的'时，至少有6个相互对抗的标准来作为我们的依据。这些都是我们用于区别真与假的过滤器。"

书中将这六个过滤器定为：一致的看法、前后一致性、权威性、神示、经久性、科学。

试想一下，被托夫勒列为财富革命三个深层原理之一的知识，即知识经济中的知识基础，竟然是一个虚无缥缈、毫不确定、真伪不辨的东西，谁会把它作为自己的理论基础呢？

难怪连托夫勒对自己都失去了信心。

▶ 问题出在何处？

托夫勒与所有经济学家的悲哀在于：看不到人类知识的第三种形态；不知道知识的力量在哪里？

当前，决定知识经济中各种经济现象、社会生活现象本质的"知识"，既不是人类头脑中的知识，也不是存储在各种介质（纸张、磁盘、硬盘……）中的知识，而是集成在工具中的知识，称之为人类的第三种知识形态。这种形态的知识虽然是隐含的，但是确定的、可靠的，是经实践检验过的人类积累的成果知识，并且具有"工具"的形态。

在资本经济时代，出现现代文明后，人们喊出了"知识就是力量"的口号；进入知识经济时代，人们干脆喊道"知识就是财富"。人们并没有对"知识就是力量"、"知识就是财富"作进一步的诠释，只是模糊地感觉到知识有一个真实存在的力量。但是，从众所周知的概念上讲，知识只是对外部世界的认知，知识本身不存在"力量"因素，只有在知识基础上产生知识行为时，才形成知识的力量。这个力量是工具中的知识与知识行为的力量。

7.3　人类的第三种知识形态

工具中的知识

工具中的知识进化

工具中的知识特征

按照传统观念,人类知识只有两种形态,即人们头脑中的知识和存储在介质中的知识。正如托夫勒所述,对于这些知识若还要辨清真伪,怎么可以作为认识真理的东西呢?在本篇"知识学基础"中,可以看到一个真实、确切、可靠的第三种知识形态,以及与这种知识形态相关的知识结构、智力结构和社会源动力。

▶ 工具中的知识

也许从来就没有人考虑过人类的第三种知识形态,即在工具中集成的知识,它远早于人类第二种知识形态,即介质上用绘画和文字记载的知识形态。

从人类使用工具之始,工具中就集成了人类的知识。试想一下,为什么其他高等动物只能拣起石块敲击坚果,而原始人却只拣带有斜刃的石块?或打造带有斜刃的石刀、石斧?石刀带有斜刃;石斧除了斜刃外,还有集中的质量与固定形态的手柄。以至于后来无论何人,不论其知识水平如何,所打造的石刀、石斧都具有相似的形态与结构。这些形态与结构是人类知识积累的成果,是人类赋予工具的知识。

如果你对工具中的知识集成还是难以理解,那么你可以从人类知识发展的脚印来寻踪一些逝去的知识。例如,从石器时代到铁器时代,人类工具制造经历了成千上万年的知识积累,使得铁匠打造刀具时可以使用现成的铁料、焦炭、铁锤、风箱;可以模仿别人的犁铧来打造自己的农具,使打造犁铧的知识降到最少,因为铁匠使用的工具中集成了前人众多的知识成果。

如果再不清晰,请所有认为"知识在人的头脑中"的人想一想,你们清楚知识在大脑中的存在方式、存在形态吗?你们会自然而然地说,通过人际间的交流、工作业绩等可以看出人脑中有知识。那么请问,当你使用工具,而工具中的知识明显超出你大脑中的知识时,这超出的知识在哪里?没有数值计算知识的人,使用计算器可以迅速计算出多位数的乘除与加减;没有摄影技术知识的人,可以用数码相机拍摄出精美的图片。这多出来的知识在哪里?答案是在人＋工具系统中。如果表现出不变的知识总量,那么人脑中的知识少了,工具中便多出了相应的知识。

▶ 工具中的知识进化

人与工具同源，"劳动创造人类"表明，人类是在一个人＋工具系统中发展、进化的，人类知识总量的结构是人＋工具。人类知识的发展进化是人＋工具系统的发展、进化，它包括人类大脑的发展、进化以及工具中知识集成的发展与演化。

人们明显地看到了人类大脑的进化，也看到了人类工具的飞速发展。囿于人类创造工具的顽固观念，人们只看到人类用知识创造工具，看不到工具中的知识集成。试想一下，如今有哪一种工具是原创性作品？可以说它们都是在原有工具（包括设备、器材等）基础上的改造而已。人类不断摒弃原有的知识，如果不将这些摒弃的知识成果纳入工具中，人类社会就不会有进步和发展。例如，当今使用大规模集成电路时，许多人并不知道集成电路中许多电路单元的原理知识和具体的电路结构。正是因为最初创作集成电路的人通晓数字电路知识，故如今基于 IP 核设计大规模集成电路的人，不必具有单元电路知识。但这并不等于集成电路中的这些知识消失了，或无关紧要。由此可见，已被人类大脑摒弃，创造新工具又不可缺少的知识，肯定存在于现有的工具中。正是由于工具中不断积累人类的知识成果，人类社会才能不断进步。人类社会凡是没有文字、工具，而只有口头传承的文明，都已消失或正在消失。

▶ 工具中的知识特征

无论是人类大脑中的知识，还是存储在介质中的知识，都无法用来解读知识经济时代经济、文化、社会生活中的巨大变革。因为这两种知识形态在确定性、唯一性、可靠性、真实性等方面，具有天然的可疑性问题。连托夫勒谈到这两类知识时，都认为至少要用六个过滤器来区别知识的真与假。

虽然工具中集成的知识与人类大脑中的知识形态同样地难以琢磨，但由于工具中集成的是人类成熟的知识成果，而且工具有稳定的物化形态，从而使工具中的知识具有可靠性、稳定性、继承性、客观性。因此，工具中集成的知识、知识行为，是人类了解知识经济社会一切现象的金钥匙。

工具中集成的知识是人类的成果知识，人类在使用工具时，不断完善与改进这些知识，添加新的知识，去掉不合理甚至有错误的知识，将经过验证的可靠知识保留下来，从而使工具中的知识具有很高的可靠性、稳定性与继承性。例如，从石刀、石锄到铁锄，再到犁铧，工具不断地进化，耕作的效率不断地提高，但是工具中最古老的尖劈力学知识仍然被完好地保留着。

工具是客观存在的物体，工具中集成的知识是客观存在的东西，不会随使用者的不同而改变。例如,一个电子计算器在专家手中或在一个普通人手中,其知识含量都是一样的,产生的功效也是相同的。只要它不被损坏,其中集成的知识与知识行为能力也不会改变。

7.4 知识的力量在哪里?

在现代文明社会中,"知识就是力量"这句口号喊了半个多世纪,但没有人认真分析过知识的力量从何而来,以何种形式表现。

如果仔细分析这一口号,"知识就是力量"更贴切的含义应该是"知识行为才有力量"。因为知识不论存储在哪里(大脑中、书刊中或硬盘中),都是"死"知识,知识只有转化成"行为",才能显现出它的力量。

如果"知识就是力量"这句口号已被公认隐含着知识行为,那么,这句口号就没有值得怀疑之处吗?喊得最响的是 20 世纪 50 年代,并且有一本名为《知识就是力量》的流行科普期刊。然而,到了 20 世纪末,"知识就是力量"的口号便逐渐唱衰,"知识改变命运"、"知识就是财富"的口号逐渐兴起。应该认真地问一个为什么?

在知识发展的进程中,无论是人类知识总量的增长,还是认识世界、改造世界、劳动创造世界的进程,人与工具都是紧密相联的。除了口头的人际交互,人类的知识行为都表现在人+工具体系中。例如,人类使用生产工具从事社会生产劳动,利用网络、通信工具进行人际交互,人类社会生活中的文艺创作、娱乐、健身、出行、家务、公务等,都要借助于工具。如今人类已经到达离开工具无法生存的状态。

在人+工具体系中,知识在人与工具之间游荡。总的趋势是,知识不断从人的头脑中向工具中转移,而且人+工具体系的力量主要表现在工具中。

总结一下"知识就是力量"的含义与变迁:知识的力量是知识基础上的知识行为力量;人类的知识行为离不开工具,形成了人+工具的知识行为体系;随着人类知识的发展,知识总量在人与工具之间变迁,工具中集成的知识越多,人类使用工具所需的知识就越少;计算机产业革命导致工具的智能化,当人+工具的知识行为体系异化成"傻瓜人+聪明工具"的结构时,便开始人类的边缘化时代。

7.5 人类知识行为的转移

人类的知识行为、知识总量、知识力量,都体现在人+工具体系之中。人类知识不断向工具中转移,知识行为的重心也不断向工具中倾斜,这是一个无须争论的事实。

以数值计算领域为例：早期，数值计算的知识行为表现在"数学家＋（纸、笔）"的人＋工具体系中，数值计算的知识行为为数学家所有；有了算盘、计算尺、手摇计算器以后，数值计算的知识行为表现在"用户＋（算盘、计算尺、手摇计算器）"的人＋工具体系中；当电子计算器诞生后，数值计算的知识行为便完全转移到电子计算器中。从人类数值计算知识行为的变迁可以看出：人在知识行为中的作用越来越小，工具在知识行为中的分量越来越重。在人类的其他知识行为领域，都可以找到类似的状况。以人们驾驶汽车的知识行为为例：在早期的"人＋老爷车"时代，驾驶员要学会许多汽车结构、发动机、启动、变速等相关知识；到了"人＋自动挡汽车"时代，驾驶员无需任何有关汽车的知识，只要会踩油门、刹车、会转方向盘就行，甚至有人开了几年汽车，连前车盖怎么打开都不知道；展望未来的自动导航汽车，人类驾驶汽车的知识行为就会变成"乘客＋自动汽车"的人＋工具体系。日常社会生活中还可找到许多实例，如"洗衣"这样普遍的知识行为，从村姑在湖边浣洗，发展到用搓板、搅缸、木榔洗衣，再发展到用洗衣机洗衣；而到了自动洗衣机时代，人们只要投衣、按开关、取衣即可，洗衣的知识行为重心转移到洗衣机上了。

在人＋工具体系中，知识从人向工具中集成经历了一个漫长的量变过程。在原始社会，人们使用简单工具，狩猎、处理兽皮、分割食物的知识行为体现在原始人身上；在封建社会，工匠、手工业者的家具制造、房屋修建等知识行为，是其与手工工具紧密合作下实现的；到了资本经济社会化大生产的工业机械时代，人＋工具体系发展到了高级阶段，在高效率的机械中集成了人类历史上大量的冶金学、材料学、力学、数学、机构学、运动学、金属工艺学等知识，这就要求操作机器的工人具有许多加工原理、操作原理、加工材料的知识。人＋工具体系中的知识不断扩展，在资本经济的机械化时代到达顶峰，其后发生了变异。这一变异始于工具的自动化，成于计算机产业革命。

在人操作机器的机械化时代，在人＋工具的知识行为体系中，人类承担的知识力量几乎到达了（脑力劳动、体力劳动）极限状态。为了提高知识行为的效率，出现了自动化工具的概念。在自动化工具中，大量的例行操作，如车床加工中的自动进刀、自动退刀、自动装卡、自动上料等，被转移到工具中。

在现代计算机产业革命时代，人＋工具体系中的工具被从自动化推向智能化。在人＋智能化工具的知识行为体系中，知识行为集中在工具中，人则被边缘化为知识行为的激励与监视因素。例如，自动车床发展到数控车床后，数控车床操作者只要输入加工要求及原始资料，按下启动按钮即可；使用计算器进行四则运算时，只要启动计算器，输入计算要求与原始数据即可；未来的智能汽车不再需要驾驶员来驾驶。从知识、知识行为在人＋工具体系中的不断转移与异化，可以得出以下结论：

人类诞生伊始,人类知识总量、知识行为就体现在一个人＋工具的体系中。在这种体系中,人类知识成果不断在工具中集成;与此同时,知识行为的重心不断从人向工具中转移。自动化工具的出现大大减轻了人的体力劳力。现代计算机产业革命使所有传统工具向智能化方向演变,使人＋工具体系异化成人＋智能化工具的人机对话体系,知识行为集中到工具中,开始了人＋工具体系中人类的边缘化进程。

7.6　本章小结

本章中,笔者不惜以较大篇幅摘录了《财富的革命》一书中的有关论述,如,"知识的革命"、"知识经济"、"人类历史的指数式发展态势"、"第三次浪潮"、"知识深层的原理中正发生着革命性的变化"、"对知识的无知"等振聋发聩的语言。这些论述与本书密切相关。希望借助托夫勒的描述,引起人们对开创"知识学"的关注。

本章中,在突出托夫勒对知识经济高度重视,以及企图用知识原理解析知识经济的同时,指出了他的迷茫、失望之处,在于其看不到存在于工具中的第三种知识形态。"第三种知识形态"、"知识与知识行为"、"人＋工具的知识结构"、"工具中的知识与知识行为集成"等概念,都是"知识学基础"中的基本概念,也是诠释知识经济的重要武器。

第二篇 知识经济探索

近代史上,人类经历了两次伟大的产业革命,即18世纪蒸汽机的产业革命与20世纪现代计算机的产业革命。两次产业革命有极大的相似性与可比性,它们都是归一化内核的工具革命。蒸汽机的产业革命是归一化动力机械内核的工具革命,它将手工工具变革成机械化工具,代替了人类的体力劳动,催生了资本经济;现代计算机的产业革命是归一化微处理器知识平台内核的工具革命,它将机械化工具变革成智能化工具,代替了人类的脑力劳动,催生了知识经济。

知识经济是以知识平台为中心的现代市场经济。以知识平台为中心,形成了知识产业、制造产业的全球化分工,并将资本经济一体化封闭型的产业结构,变革为知识平台基础上的全球化的扇形产业结构;知识平台的专家知识行为与傻瓜化应用界面,碾平了世界,消除了专家与百姓的能力壁垒;知识平台的网络化,为人类构造了一个虚拟世界,使知识经济成为虚实交互的现代市场经济;知识平台基础上超高水平、超高速度的知识生产力,强化了富人经济,出现了以拉动消费为重要特征的非理性消费,恶化了社会生态。

知识经济时代,是知识以分离性、集成性、非线性规律极致化发展的时代,也是市场经济非理性发展的时代。对现代市场经济的理性批判,是当前一项全球化的重要任务。

中国大陆社会主义市场经济探索的伟大意义,在于寻找到了社会主义计划经济与资本主义市场经济的交集,并且有可能给罪恶的市场经济套上社会责任的笼头。

第八章 现代计算机产业革命与知识经济
——第二次产业革命

人们总是以极其赞美之词称誉 18 世纪的第一次产业革命,因为它催生了资本经济,使人类进入现代文明社会。然而,对于当前一场更伟大、更深刻、更全面的技术革命本质,人们却极少了解。

对于 18 世纪的产业革命,不少学者停留在研究它的巨大变革力量,以及它对人类社会的重大影响上,没有分析其本质原因。因此,当面临一个全新的知识经济时代时,他们或茫然以对,或以后资本经济观念应对。

笔者在研究现代计算机产业革命的深层原理时,惊奇地发现,两次产业革命具有极大的相似性与类比性,这种相似性与类比性有助于人们对资本经济与知识经济的理解,知道人类社会如何从资本经济走上知识经济。

8.1　人类近代史上的两次产业革命

> 无法回避的两次重大变革
> 记忆犹新的 18 世纪第一次产业革命
> 来不及思考的 20 世纪第二次产业革命

人们无论是否意识到现代计算机产业革命，都会对 20 世纪产生的巨大变化充满赞叹与惊讶。人们对 18 世纪的第一次产业革命记忆犹新，却对当前的巨大变化来不及思考，因为人们都在忙于应对当前眼花缭乱的世界。

▶ 无法回避的两次重大变革

普通百姓最能体会到产业革命带来的巨大社会变化。蒸汽机的出现使人类看到了巨大的"金属怪兽"。随后社会化大工厂的出现，导致烟囱林立，大批农民离开土地变成工人，成为机器的奴隶，工厂里源源不断的产品充斥着市场。如果说，从畜牧、狩猎时代到农耕时代人类缺少变革的感觉，那么蒸汽机的出现却让人类亲自体验到了时代的变化。如今，我们又一次进入一个巨大变化的时代，虽然人们看不到一个巨大的怪兽，但无处不在的巨大变革如水银泻地，使人无所适从。

1980 年，未来学者托夫勒在其所著的《第三次浪潮》中，就郑重地宣告过人类社会的几次重大变革，并以三次浪潮来形容之。18 世纪产业革命使人类从第一次浪潮的农耕时代，迈入第二次浪潮的工业文明时代；如今的年代是一个"会横扫历史，在几十年内结束"、"生存在这个爆炸性时刻的我们会感受到第三次浪潮对这个时代的全面影响"的时代。

《世界是平的》一书的作者弗里德曼从全球化角度出发，将全球化 1.0 版本的起始点，定位在哥伦布走出国门的全球化航行上；把第一次产业革命形成的全球化贸易、全球商品流通，视为全球化的 2.0 版本；而把当今碾平世界的全方位全球化，定为全球化 3.0 版本。

无论是平民百姓的感受，还是未来学者的描述、著名记者的观察，都在讲述当今的社会变化远远超出历史上任何一次重大变革。归根结底，这是现代计算机产业革命所带来的巨大变化。

▶ 记忆犹新的 18 世纪第一次产业革命

"产业革命"一词,最早出现在恩格斯 1845 年出版的《英国工人阶级状况》一书中。从书中恩格斯对产业革命的描述可以领会到:产业革命既是生产技术的巨大革命,也是生产关系的深刻变革。可以将产业革命定义成生产体系组织结构以及经济结构的飞跃性变化。如今,人们早已淡忘了在资本经济初级阶段,马克思主义揭示的资本主义罪恶行径,无产阶级与资产阶级尖锐对立的阶级斗争,大工业生产带来环境污染的著名伦敦雾,以及列宁关于资本主义必将走向腐朽、垂死的帝国主义的预言。18 世纪产业革命诞生的资本经济历经磨炼,形成相对完善的现代资本经济,以高累进制税率、全民福利政策缓和了社会的阶级矛盾,逐步完成的上层建筑变革使资本经济得以平稳发展。

18 世纪产业革命奠定了现代化的工业基础。当人们想到代表现代文明的汽车、飞机、舰船、机车、现代化大工厂、自动化生产线等事物时,都会不由自主地联想到 18 世纪产业革命从蒸汽机械、内燃机械到电力机械不断延续的革命成果。

▶ 来不及思考的 20 世纪第二次产业革命

相对于延续 300 年之久的第一次产业革命,现代计算机产业革命可能会在百年之内完成,这是由知识的非线性规律所决定的。第一次产业革命,从蒸汽机到内燃机、电动机,经历了 200 多年;现代计算机产业革命,从半导体集成电路到微处理器、现代计算机的知识平台,只花了 50 多年时间。知识经济时代,生产力的飞速发展和社会生活的急剧变化,令人目不暇接,几乎所有人都来不及思考眼前发生的事情。

两次产业革命表现方式的巨大差异,也会导致人们对现代计算机产业革命视而不见。

相对于巨大的蒸汽机、纺织机和蒸汽机车,作为计算机产业革命基础的集成电路,似乎藏于深山之中,很难被人发现、理解。集成电路、微处理器、微控制器、通用计算机系统、嵌入式系统等事物,游荡在少数计算机应用专业领域的专家与电子技术工程师队伍之中。这些专家和工程师最能理解现代科技飞速变化的真谛,但他们之中没有经济学家、社会学家。

20 世纪的现代计算机产业革命,与 18 世纪的产业革命有着完全不同的表现方式,现代计算机的知识革命是一个隐含在集成电路中、嵌入到工具中的智力内核革命。原有的经济学家、社会学家、未来学家,囿于原有的专业知识基础,很难进入计算机产业革命的深层技术领域,也很难提出计算机产业革命的概念。

8.2 第一次产业革命的深层剖析

全方位的产业革命
归一化的动力机械内核
归一化内核的平台与嵌入
内核嵌入的体力劳动替代
动力机械基础上的产业分工

如今,在探寻计算机产业革命的深层原理时,我们必须回顾 18 世纪的产业革命,提炼出其本质性的东西。然后就会发现,这两次产业革命有巨大的相似性与可比性:它们都是全方位的产业革命;都有一个归一化的革命内核;都有两种产业革命方式,即内核的平台方式与内核的嵌入方式;内核在工具中的嵌入形成了产业革命的巨大力量。

▶ 全方位的产业革命

18 世纪的产业革命首当其冲的是经济领域的产业变革,它将农耕经济变革为工业经济。蒸汽机首先用做纺织机械动力,安装到机车中,形成巨大的工业化生产能力。随后发展起来的内燃机、电动机,以及相应的石油工业、电力工业、钢铁工业、机械工业的迅速发展,使产业革命形成全方位的变革。但后人谈及 18 世纪产业革命的巨大变革时,更多谈及的是由它带来的现代化文明与生活方式。

▶ 归一化的动力机械内核

18 世纪的产业革命是由蒸汽机引发的革命。因此,从本质上讲,它是动力机械的产业革命。但是,人类社会的动力机械并非始于蒸汽机,早在蒸汽机诞生之前的几百年中,人类就使用各种兽力拖曳车辆;利用风力原理制造风车,用于磨面;利用水力动力原理制造各种水力机械,用于提水、灌溉、磨面、舂米。但是,这些动力机械与蒸汽机械本质上的差异是:蒸汽机械是一个归一化的动力机械,具有与应用对象分离的独立形态;而其他所有动力机械都是在特定应用条件下,与应用对象紧耦合的动力机械系统。

归一化的动力机械具有自己独立的发展规律与技术内容,可以广泛地应用在任何场合的任意对象中。例如,早期归一化的动力机械是蒸汽机,随后出现了内燃机、电动机,其相应的动力源是蒸汽、石油、电力,都形成了社会经济中的巨大产业力量。古老的风力机械、水力机械退出历史舞台,而作为独立能源的风力、水力,也只有在转化为电力后为电力机械服务,才能发挥其作用。

▶ 归一化内核的平台与嵌入

无论是蒸汽机还是后续发展的内燃机、电动机,都是归一化的动力机械内核。它们没有独立存在的价值,只有在一个具体的应用方式下,才能显示出它的巨大威力。归一化的动力机械内核通常具有两种应用方式,一种是平台应用方式,另一种是嵌入式应用方式。将蒸汽机、内燃机、电动机形容为"归一化内核",除了考虑它们的独立形态外,主要是考虑其作为嵌入式应用的"内核"地位。

在蒸汽机时代,典型的平台应用方式是将蒸汽机作为纺织机械的集中动力源,即动力平台。由蒸汽锅炉、活塞、连杆机构、天轴组成一个动力车间,由天轴将旋转机械动力输出到纺织车间,每台纺织机械通过皮带轮从天轴上获取动力。蒸汽动力车间的应用方式,便是典型的平台应用方式。而蒸汽机的嵌入式应用方式,是将蒸汽机安放到机车、轮船等对象体系中,构成蒸汽机车、蒸汽动力轮船等。

归一化内核普遍都具有平台应用、嵌入式应用两种方式,如动力机械平台应用的动力站、动力车间等;动力机械嵌入应用的机车、汽车、拖拉机、推土机等。

▶ 内核嵌入的体力劳动替代

无论是蒸汽机,还是内燃机、电动机,它们嵌入到对象体系后,所形成的机械化工具便代替了人类的体力劳动。例如,早期海上航行的大帆船,除了风力外,其动力主要依靠大量的人力划桨;当其嵌入蒸汽机后,采用蒸汽动力驱动桨叶,取代了人力划桨。其后嵌入内燃机、电动机后的机车、汽车,以及工业化生产中的冲床、锻压机床等,代替了人类众多的体力劳动。

动力机械广泛代替人类体力劳动的结果是,形成了社会生产力的变异,即在"劳动者＋工具"的社会生产力方式中,生产力的主体从劳动者转向机械化工具,社会生产力从劳动生产力转化为资本生产力。

▶ 动力机械基础上的产业分工

归一化的动力机械内核具有独立的形态与独立的技术发展方向。可以从动力机械这一内核角度出发,分析与观察资本经济时代的产业结构与产业分工。

以归一化的动力机械为中心,将整个产业部门划分为动力机械产业与动力机械应用（服务）产业。动力机械产业包括各种动力机械、工作母机、工具机械，以及为它们服务的能源、资源产业；动力机械应用（服务）产业，是指在动力机械基础上的商品生产与消费服务产业。从某种意义上讲，这种划分与传统经济学中生产资料产业与消费资料产业的划分相似。

8.3 两次产业革命的相似性

全方位的智力革命

归一化的知识平台内核

智力平台与智力嵌入

知识平台的脑力劳动替代

知识平台基础上的产业分工

尽管现代计算机与古老的蒸汽机风马牛不相及，但是它们形成产业革命的众多特征却极其相似，具有完全的可比性，因为它们都是工具的归一化内核革命。第一次产业革命，是归一化动力机械内核的革命；现代计算机产业革命，是归一化知识平台智力内核的革命。在本节中，完全对应8.2节中第一次产业革命的五个方面，来寻找现代计算机产业革命的踪迹。

▶ 全方位的智力革命

第一次产业革命是从工业革命出发，随后进入各个领域，并引起社会生活的巨大变革，使人类进入现代文明社会。现代计算机的产业革命，是知识革命、数字化革命、信息革命，从一开始就呈现全方位的智力革命；但人们首先感觉到的，是网络、虚拟世界、数字化生存对人类生活方式的冲击，以至于笔者在构思"知识经济基础"初稿时，无论怎样都无法专注于经济领域，而要单列一篇"社会问题思考"，来阐明现代计算机产业革命对人类社会生活的重大影响。

▶ 归一化的知识平台内核

在剖析第一次产业革命时，我们找到了"动力机械"这样一个归一化内核。现代计算机产业革命的归一化内核，则是"知识平台"的智力内核。

现代计算机的基础是半导体微处理器。两种类型的微处理器，形成现代计算机的两大分支，即由通用微处理器构成的通用计算机，以及由嵌入式微处理器构成的嵌入式计算机。

现代计算机的两大分支，形成两种类型的知识平台。一种是通用计算机＋应用软件的智力平台；另一种是嵌入到工具体系中，实现工具智能化的智力内核。与动力机械内核的产业革命相比，现代计算机产业革命除了有硬件形式的归一化内核外，还有软件形式的归一化内核。因此，现代计算机产业革命的深度与广度，远胜于动力机械内核的产业革命。

▶ 智力平台与智力嵌入

对应于第一次产业革命归一化动力机械内核的动力平台与动力机械嵌入的两种表现方式，现代计算机产业革命归一化的知识平台，也有智力平台与智力嵌入两种表现方式。

"智力平台"，是指在通用计算机上实现人类的知识行为能力，它是一种"通用计算机＋应用软件"的知识行为表现方式，例如，在通用计算机上运行的用于文字处理、科学计算、工程设计、咨询服务的软件，以及各种类型的专家系统、计算机辅助设计与辅助制造软件。计算机网络则是一个由网络计算机软、硬件体系构成的可人人共享的全球化智力平台。

"智力嵌入"，是指将计算机（通常是微控制器 MCU 形态的嵌入式计算机系统）嵌入到对象体系（如洗衣机、电冰箱、汽车、机车等）中，以实现对象体系的智能化，犹如将蒸汽动力嵌入到机车中实现机械化动力车辆。

▶ 知识平台的脑力劳动替代

从上面的描述中可以清晰地看出，无论是通用计算机上运行的软件（如"国际象棋大师"），还是计算机嵌入后的（俗称"带电脑的"）自动洗衣机、电子计算器，都以特定的形态与特定的方式代替人类的脑力劳动。用自动洗衣机洗衣时，不必介入洗衣过程，只须投入与取出衣服即可；用计算器进行数值计算时，只须在键盘上按下相应的操作键，输入原始数据与计算要求即可。

这样一来，我们可以十分方便地对比两次产业革命对人类生活方式的巨大影响：第一次产业革命，以归一化的动力机械内核代替了人类的体力劳动，导致人类肢体的退化，使人类进入肥胖化时代；第二次产业革命，以归一化的知识平台内核代替了人类的脑力劳动，导致人类智力、记忆力的退化，使人类进入傻瓜化的工具使用时代。

▶ 知识平台基础上的产业分工

如果说以第一次产业革命归一化的动力机械为中心,将整个产业部门划分为动力机械产业与动力机械应用产业,那么现代计算机产业革命的产业分工,则以归一化的知识平台为中心,将整个产业部门划分为知识产业与制造产业。知识产业从事知识创新,并将创新知识成果转化为知识平台;制造产业在知识平台基础上,从事最终产品生产。最能表达这种产业分工的实例是 VCD/DVD 的产业分工,半导体厂家从事 VCD/DVD 的创意,并将 VCD/DVD 的创意成果转化为 VCD/DVD 的软、硬件套件;乡镇企业在 VCD/DVD 软、硬件套件的基础上,生产 VCD/DVD 机。半导体厂家是从事知识平台生产的知识产业,乡镇企业是在知识平台基础上从事 VCD/DVD 机生产的制造产业。

8.4 计算机产业革命与知识平台

> 计算机产业革命的技术基础
> 微处理器的归一化智力内核
> 智力内核的两种知识平台

本书第一篇"知识学基础"第三章中明确指出,对应于知识经济时代的知识发展阶段,是平台知识阶段,并将知识平台定义成:集成了人类知识行为的广义化工具。知识平台是计算机产业革命的技术成果。计算机产业革命的技术基础,是半导体集成电路的时空量子化。在半导体集成电路时空量子化的基础上,实现了知识存储与一维知识行为集成。微处理器的诞生,是计算机产业革命的巨大变革事件。微处理器具有人类知识行为仿真能力,成为现代计算机知识革命的归一化智力内核。在微处理器归一化智力内核基础上,出现了两种类型的知识平台,一种是通用微处理器基础上,具有通用计算机＋应用软件形式的智力平台;另一种是嵌入式微处理器基础上,嵌入式计算机的智力嵌入平台。

▶ 计算机产业革命的技术基础

半导体集成电路是 20 世纪人类最伟大的发明,荣获了两个诺贝尔物理学奖,一个是获得 1956 年诺贝尔物理学奖的半导体晶体管,另一个是获得 2000 年诺贝尔物理学奖的集成电路。半导体集成电路的发明超出了纸张发明对人类文明进步的贡献。纸张可以积累与传承人类的知识成果,却没有知识行为能力;半导体集成电路不仅集成了人类知识成果,还集成了知识行为能力。

计算机产业革命的技术基础,是半导体集成电路的时空量子化。"0"、"1"状态的晶体管颗粒,是半导体集成电路中的数字化量子。空间分布的晶体管颗粒,是半导体集成电路的空间量子;晶体管颗粒"0"、"1"状态的开关进程,是半导体集成电路的时间量子。

在空间量子化基础上,人类知识能以归一化的数字化文件方式,储存在半导体集成电路的存储器中;专家的电子电路知识成果能以微电子电路集成方式,集成在半导体集成电路中,成为各种类型的半导体集成电路器件。

半导体集成电路器件,不仅实现了专家知识成果集成,还实现了知识成果的一维知识行为。从这一角度出发,可以认为,所有的集成电路器件都是"自动化工具"。即集成电路器件上电后,在满足规定的外部激励条件下,器件中的电路能自主运行。例如,由基本逻辑电路构成的计数器集成电路,上电后,在外部脉冲序列的激励下,能自动地实现脉冲计数,并将计数结果按规定的状态传送到集成电路的外部引脚上。

▶ 微处理器的归一化智力内核

集成电路中,电路的自动运行状态,是事先设定好且与电路功能相关的线性时间进程,是一维知识行为。集成电路中的一维知识行为与自动化工具中一维知识行为的本质差异表现为,前者是归一化时空量子基础上的知识行为,后者是泛性物理结构上的知识行为。

人类的智力,是具有实时交互能力的多维知识行为。在本书第二章中,描述了人类智力行为的基本要素、基本过程,以及知识行为智力表现的正确性、实时性、应急性、多维性特征。

归纳起来,要实现人类智力的知识行为仿真,必须具有多维事件进程选择能力、实时处理能力、紧急事件应对能力,以及与外部世界的交互能力。显然,一般的半导体集成电路无法满足这些要求。半导体微处理器诞生后,一切难题都迎刃而解。通过对微处理器指令系统的程序编制,可实现多维事件进程与多维事件进程选择;微处理器中的 CPU 具有快速数据处理能力;微处理器的中断系统,能在紧急事件激励下,中断原有的行为进程,实现紧急事件的应对处理;微处理器的输入/输出端口与各种类型的外部总线,可以实现与外部世界的交互。因此,微处理器是一个典型的归一化智力内核。半导体微处理器归一化智力内核的人类知识行为仿真,掀起了现代计算机的知识革命。

▶ 智力内核的两种知识平台

为了满足人类工具的普遍智能化要求,在半导体微处理器基础上,形成了通用微处理器与嵌入式微处理器两大智力内核,并衍生出两种知识平台。通用微处理器基础上的通用计算机+应用软件,形成了智力平台方式的知识平台;嵌入式微处理器基础上的嵌入式计算机(称为"嵌入式系统"或"微控制器"),形成了智力嵌入式的知识平台。

通用计算机+应用软件智力平台方式的知识平台,包括在通用计算机上运行的各种软件形式的知识平台,如各种管理软件、办公软件、财务软件、工程分析软件、工程计算软件、工程设计软件,以及各种专家系统、诊断系统、咨询系统、IT产品的集成开发环境等。嵌入式系统智力嵌入式的知识平台,大多是硬件形式的知识平台。它们是多种形式的嵌入式计算机内核,嵌入到对象体系中,实现对象体系的智能化。例如,把它们嵌入到家用电器中,实现家用电器的智能化;嵌入到仪器仪表中,实现仪器仪表的智能化;嵌入到玩具中,实现玩具的智能化;嵌入到生产线、机器人中,使生产线、机器人实现普遍的智能化。由于嵌入式系统的微小体积、低廉价格、高可靠性,如今,几乎所有的IT产品及大量的工具中,都有智力嵌入式知识平台,在此基础上实现了人类工具的普遍智能化。

8.5 知识平台的基本特性

智能性　可靠性　积累性

分离性　黑箱性　黑洞性　商品性

通过对18世纪产业革命的剖析,找出了归一化动力机械内核;通过对现代计算机产业革命的思考,找出了归一化知识平台的智力内核。因此,对知识平台的深层理解,是解读当今一切经济现象、社会现象的金钥匙。

知识平台有两种类型,即嵌入式应用系统与通用计算机应用软件,它们都具有以下特性。

▶ 智能性

知识平台的智能性,体现在它与计算机的紧耦合特点上。嵌入式应用系统,是由专用计算机与满足嵌入对象控制的外围电路构成的智能化电子系统;通用计算机上的应用软件虽然要在通用计算机上运行,才能显示出它的智力行为,但其具备独立而完整的知识行为能力。

知识平台的广泛智能性,除了能实现人类要求的智能性控制外,还可以实现知识平台的自身监管,如知识产权保护、安全防护、可靠性控制、功耗管理、运行环境自适应等。例如,若有人企图窃取知识平台中的产权知识,知识平台会发出警告或自毁;知识平台还可以根据运行状况进行电源管理,以降低电能消耗。

▶ 可靠性

知识平台是工具高级形态的归一化知识集成,它不仅集成了人类的知识成果,还集成了人类的知识行为,形成除大脑和介质存储知识之外的第三种知识形态,以及除人类以外的第二种知识行为。知识平台中的第三种知识形态,都是经过实践考验的知识成果;与此同时,工具中还集成有专门的稳定性与可靠性的知识与知识行为,保证了知识平台的高可靠性。我们可以用以下事实来体会知识平台中知识行为的高可靠性。

当人们用心算方式计算数值时,只能进行简单的四则运算;用纸和笔进行复杂计算时,常常会出错;用计算器计算时,计算行为完全依靠计算器,只要计算器不被损坏,任何人在任何场会使用它都能实现可靠的数值计算。

知识平台的可靠性还与知识平台的商品性特征相关。作为商品出售的知识平台,必须保证其在使用中的可靠性。

▶ 积累性

积累性是指,知识平台中的知识与知识行为能力,都是通过多次积累而形成的。一方面,知识平台都是在原有知识基础上创建的;另一方面,知识平台会不断更新与升级。无论是嵌入式应用系统,还是通用计算机上的应用软件,知识平台都是一个软、硬件结合的体系,软件版本的升级、硬件系统的改进,都体现了原有知识、知识行为能力的不断积累与进化。

知识平台的积累性表明,任何一个知识平台都不能从零开始创建,都是在已有基础上的再创造,并且会不断地改进、优化。

▶ 分离性

分离性是指知识平台诞生后,知识创新与创新知识应用出现了彻底的分离。例如,半导体厂家将 VCD/DVD 的创新知识成果做成 VCD/DVD 软、硬件套件形式的知识平台,但决不会去做 VCD/DVD 机;中国大陆的乡镇企业不需要了解与掌握

VCD/DVD 的技术知识,只需购买 VCD/DVD 软、硬件套件,在半导体厂家售后服务的技术支持下,即可实现 VCD/DVD 机的生产。在知识经济时代的 IT 产业中,到处可以找到这种彻底分离的实例:Intel 公司从事通用微处理器的研究,把微处理器的研究成果转化成通用微处理器器件,但决不会生产计算机,甚至连计算机主板都不生产,而几乎所有计算机生产厂家,都不会从事微处理器的研究与生产;在基因工程领域,所有专门从事基因基础科学研究的专家,大多不从事基因工程的应用,而是将基因工程基础研究的创新成果转化成基因分析仪器、分析软件、探针等知识平台工具,而各个应用领域(如生物工程、医学工程、农业、畜牧业等)中的所有应用,都是在基因工程仪器、设备等知识平台上起步的。

▶ 黑箱性

知识平台的基本结构,是"知识原理内核+应用界面"的分离式结构。这种结构的分离,使知识平台呈现黑箱性特点,即知识平台中的知识原理内核对平台使用者不透明,使用者无法了解也无需了解知识平台中的知识成果。使用者只要了解知识平台的应用规范、协议等应用界面,就能实现知识平台的应用。这样既保护了知识平台创建者的知识产权,又能实现知识平台的傻瓜化应用。

从知识平台的黑箱性特点可以深刻地理解,为什么资本经济时代只能实现贸易全球化,而知识经济时代却能实现经济全球化。这是因为第一世界充分利用了知识平台的黑箱性特点,将制造产业向第三世界转移时,只实现生产力的转移,不进行任何技术转移。这样既大大降低了产品生产的成本,又能保持技术的垄断与驾驭地位。

▶ 黑洞性

黑洞性是指,与知识平台相关的所有知识成果与知识行为,都集中在知识平台中,所有的技术改进、升级都在平台中完成。当知识平台应用厂家购买了一个知识平台,在该知识平台基础上完成最终产品的生产时,最终产品的技术性能完全取决于该知识平台。若要使产品升级,必须向知识平台厂家购买新一代的知识平台。

知识平台的黑洞性特点,保证了在知识经济时代,知识产业与制造产业的相互依赖,以及知识产业在产业结构中的垄断与驾驭地位。

▶ 商品性

知识平台是知识经济时代最重要的商品,体现了知识成果最直接的商品效应。知识平台是知识成果的物化状态,具有重要的使用价值,因此是典型的商品。

知识创新者把知识成果转化为知识平台商品,直接赚取商品利润;创新知识应用者购买知识平台商品,在知识平台商品的基础上实现最终的商品生产,赚取知识平台商品与最终商品的差额利润。

知识平台的商品性、黑箱性特点,形成了知识平台生产商以技术方案服务为中心的售后服务特点。例如,半导体厂家出售 VCD/DVD 套件时,要向客户提供 VCD/DVD 机的解决方案;半导体厂家向空调厂家推出变频空调的技术方案后,可以售出相关的半导体元器件。半导体厂家也可以委托第三方从事这样的技术服务。

上述七个特性普遍存在于知识平台之中。例如,半导体厂家将 VCD/DVD 的创新知识成果转化成 VCD/DVD 的软、硬件套件(知识平台);在 VCD/DVD 的软、硬件套件出厂前,半导体厂家要完成可靠性测试,以保证知识平台的高可靠性;半导体厂家承担了 VCD/DVD 产品的更新换代任务,体现了知识平台的积累性与黑洞性;VCD/DVD 知识平台的分离性,保证了 VCD/DVD 机生产厂家在没有知识的投入下,依靠半导体厂家的技术支持,能迅速实现 VCD/DVD 机的生产;同时,平台中知识成果的黑箱性,可靠地保护了半导体厂家的知识产权。

8.6　知识平台催生知识经济

知识平台的产业分工
知识平台的扇形产业结构
知识平台与全球化经济
前所未有的知识平台生产力
知识平台的虚实交互经济

现代计算机产业革命的最重要成果,是工具从知识集成变异到知识行为集成而形成的知识平台。知识经济是以知识平台商品为中心的市场经济。

当我们摆脱传统经济学的束缚后,从知识平台商品的角度出发,就可以顺利解读当今困惑世人的经济现象和社会现象。

第二篇中所论述的经济现象都是从知识平台出发的,许多内容在后续各章中均有详细描述,此处只作简要论述。

▶ 知识平台的产业分工

知识平台出现后,我们可以清楚地看出其产业分工现象:半导体厂家生产 VCD/DVD 软、硬件套件,但决不会生产 VCD/DVD 机;Intel 公司生产通用微处理器,但决不会生产计算机,甚至连计算机主板都不生产。因此,知识平台出现后,形成了知识产业与制造产业的两大产业分工。Intel 公司与半导体厂家隶属于知识产业,VCD/DVD 机与计算机生产厂家隶属于制造产业。知识产业负责知识创新,并将创新知识转化为知识平台;制造产业负责在知识平台基础上实现最终产品的生产。

以知识平台为中心的知识产业与制造产业的产业划分,对于解读知识经济时代所特有的经济现象,如扇形产业结构、全球化经济、超高速发展的社会生产力等,具有重要的现实意义。

▶ 知识平台的扇形产业结构

在资本经济时代,所有企业都是封闭的一体化企业,在一个企业内部,要完成从知识创新到创新知识应用的全过程,创新知识成果完全封闭在企业内部。知识平台出现后,打破了资本经济体系中封闭的一体化企业格局。

首先,出现了具有上、下游关系的知识产业与制造产业部门。与相互独立、处于竞争状态的封闭型一体化企业相比,处于上、下游关系的知识产业与制造产业部门,形成一个全行业相互依赖的经济生态体系。其次,上、下游关系的知识产业与制造产业部门,形成一个扇形产业结构体系。例如,一个半导体厂家的 VCD/DVD 知识平台,可供许多厂家生产 VCD/DVD 机;Intel 公司一家生产的通用微处理器,可供多个OEM 厂家生产计算机主板;一个 OEM 厂家生产的计算机主板,可供多个计算机厂家生产通用计算机。

由知识平台形成的扇形产业,是一种十分先进的产业模式。在资本经济时代封闭的一体化企业中,每个企业都从事知识创新与创新知识应用;在知识平台形成的扇形产业结构中,理论上只要一个企业从事知识创新,并将创新知识转化成知识平台后,就能满足全球所有下游产业的生产需求,从而可最大化地节约社会智力资源。

▶ 知识平台与全球化经济

知识平台是一个人人都可以购买的商品;知识平台可以实现最终产品的傻瓜化生产方式;知识平台的黑箱性可靠地保护了知识平台厂家的知识产权利益。上述三点是经济全球化的三个内在因素,市场经济的最大化利润追逐,则是全球化的外部驱动因素。

早期,在市场经济最大化利润的追逐下,第一世界国家或地区的企业部门在第三世界国家或地区开办工厂,以降低劳动力成本。知识平台诞生后,扇形产业结构代替了原先封闭式的一体化企业。若固守一体化企业模式,则企业的技术成果只能在本企业的子公司中产生效益。如果把企业技术成果转化为知识平台,固守知识产业,将下游的制造业转移给第三世界，那么可以在保证技术垄断下，获取扇形产业中最大化的利润。当前的计算机产业、VCD/DVD产业，就是典型的全球化扇形产业经济模式。

▶ 前所未有的知识平台生产力

在第一篇"知识学基础"的第三章中，曾经描述了知识在生产力中的演化历程，即从劳动生产力、资本生产力到知识生产力的发展变化。知识生产力具体表现为知识平台的生产力。与劳动生产力、资本生产力相比，知识平台的生产力是超高水平下超高速度发展的社会生产力。知识平台空前的社会生产力，源于知识平台的基本特性与社会生产力基本结构的发展进化。

从知识平台的基本特性可以看出：知识平台的生产力方式节约了巨大的社会智力资源，使最终产品实现了傻瓜化生产方式。

如果略去隐含的知识因素，社会生产力的基本结构则是人＋工具。农耕时代的劳动生产力，是"体力劳动者＋手工工具"，社会生产力的主体是劳动者；资本经济时代的资本生产力，是"工人＋机器"，社会生产力的主体已偏向大型工具、设备、厂房和生产线；知识经济时代的社会生产力，则形成以知识平台为核心的产业分工与扇形产业结构，这种产业分工与产业结构将社会经济模式从资本经济封闭的一体化模式中解放出来，出现了社会生产力空前的发展规模。

▶ 知识平台的虚实交互经济

早期的知识平台及扇形产业结构出现在IT产业中。但知识平台、扇形产业链的概念仍然具有普遍意义。其中最重要的是，知识平台在服务领域中的扩展，形成了一个虚实交互的经济体系。最明显的例子是网上银行，即由计算机终端、银行数据库、银行交易管理软件组成的一个银行网络交易平台。人们在家中可通过计算机终端，在虚拟银行中进行交易。

互联网的出现，为虚实交互经济提供了最广泛的知识平台基础。早期互联网就是由无数的通用计算机、信息交互软件组成的一个无所不在的信息交互平台；随后，嵌入式系统产品（智力嵌入型知识平台，如手机、PDA、无线传感器网络、各种类型的监测系统等）的介入，形成了无所不包的全球性虚实交互体系。任何一个领域的个人、团体、企业，都可以实现原来在真实世界中，必须通过人际交互实现的各种经济行为与生活方式。农民可以通过互联网出售自己的农产品；居民可以通过网络商务系统实现购物；疑难病症患者可以通过网络咨询、求助；国家政务部门可以实现网上办公等。这种虚实交互的经济体系，将原来的真实世界变成了真实与虚拟的二元化世界。在这个二元化世界中,原来唯一的人际交互,变成了人—机交互或人—机—人交互。这不仅对传统的经济结构、经济模式产生了巨大的冲击,也改变了人们的传统生活方式,从而引发了诸多社会学问题。

8.7 本章小结

人类近代史上经历了两次产业革命,一次是18世纪的蒸汽机产业革命,一次是20世纪的现代计算机产业革命,这两次产业革命都是人类工具的归一化内核革命。蒸汽机产业革命是归一化动力机械内核的工具革命,现代计算机产业革命是归一化智力内核的工具革命,两者具有极大的相似性与可比性。

蒸汽机产业革命的归一化动力机械内核,将人类工具从手工工具变革成机械化工具,机械化工具替代了人类的体力劳动,催生了资本经济;现代计算机产业革命的归一化知识平台智力内核,将人类工具从机械化工具变革成智能化工具,智能化工具替代了人类的脑力劳动,催生了知识经济。

半导体集成电路基础上的现代计算机产业革命,将人类工具从知识集成变革到归一化的知识行为集成,诞生了知识平台。知识平台是一种广义化工具,是具有微处理器智力内核的软、硬件结构体系。知识平台有两种表现形式:一种是通用计算机基础上的"智力平台"(即计算机+应用软件),另一种是计算机在工具中的"智力嵌入"(即嵌入式计算机应用系统)。

知识平台将知识创新与创新知识应用彻底分离,从而形成知识经济时代两大产业(即知识产业与制造产业)的分工局面。

知识平台的基本特性,决定了知识经济时代诸多的经济、社会生活特征,如扇形产业结构、经济全球化、虚实交互的经济体系等。这些都会在以后的章节中详细论述。

第九章　知识经济时代的扇形产业结构
——产业结构剖析

　　由现代计算机产业革命诞生的知识平台,形成知识经济时代知识产业与制造产业的产业分工局面。知识产业与制造产业分工后,又形成一种全新的扇形产业结构。与资本经济封闭的一体化产业结构完全不同,这是一种由众多独立厂家组成,呈现上、下游关系的扇形经济生态体系。知识经济时代的许多经济现象都与扇形产业结构有关。

9.1 从我国 VCD 行业现象说起

燕舞集团的悲壮历程
乡镇企业的另类突起
经济学家瞠目结舌
半导体厂家偷着乐

在我国 20 世纪 80 年代的 VCD 行业中,出现过一种十分奇特的经济现象:具有雄厚技术实力并发明了 VCD 的燕舞集团惨遭失败;不懂电子技术又没有电子工程师的乡镇企业,却迅速垄断了 VCD 产品的市场份额;而垄断了 VCD 产品市场份额的乡镇企业,却并不是 VCD 行业中的最大获益者。

▶ 燕舞集团的悲壮历程

20 世纪 80 年代初,燕舞集团曾是我国电子行业的璀璨明星,"燕舞!燕舞!……"曾被誉为 20 世纪 80 年代最前卫的广告曲。据说第一台 VCD 机诞生在燕舞集团,燕舞集团完全有条件成为 VCD 产业的领军企业,从传统的收音机、电子音响产业迅速成长为现代 IT 产业的巨头。然而,当 VCD 机如潮涌般出现在电子市场时,却不见了燕舞集团的踪影。当人们了解到垄断 VCD 机市场份额的厂家,都是不具备 VCD 技术研发能力的企业时,无不瞠目结舌。

▶ 乡镇企业的另类突起

在"猫和老鼠"的动画片中,猫斗不过老鼠是因为老鼠聪明;但具有技术、资金实力的燕舞集团敌不过乡镇企业却令人费解。然而,若你在 20 世纪 90 年代参加过某些著名半导体厂家的技术研讨会,便会恍然大悟。在一个研讨会上,某半导体厂家的技术主管曾放言:"我们有 VCD 产品的整套解决方案,谁想生产 VCD 机,我们可以保证他在一个月内生产出 VCD 样机。"当时,许多从事小商品、小家电的乡镇企业正在寻找新的发展机遇,这些企业很自然地接受了半导体厂家的这种"技术上靠我成套解决,整机生产你来完成"的模式。在这种情况下,半导体厂家扶持了多个乡镇企业,快速、大量的 VCD 机上市,迅速地湮灭了燕舞集团。

▶ 经济学家瞠目结舌

人们有理由相信燕舞集团在 VCD 领域的辉煌前景,传统经济学家也会看好燕舞集团。因为在资本经济模式下,若一个行业中某个企业在产品创新中出现突破,都会带来极大的同行竞争优势。传统经济学家也许会从经营管理的角度来分析燕舞集团失败的原因。

然而,这是一种经济变革时代原有企业模式的失败,"天亡我,非燕舞之过"。在知识经济时代知识平台的扇形产业结构面前,任何资本经济的一体化产业模式都会被历史抛弃。

回顾 20 世纪 80 年代初,中国大陆开始兴起单片机应用热潮,它以半导体厂家为核心,以各行业电子工程师为大军,开始了传统电子系统的智能化革命。这场传统电子系统的智能化革命,就是以集成电路为知识平台商品的产业模式革命。半导体厂家在推出单片机产品的同时,会给出众多的电子产品系统解决方案;而集成电路用户可以免费使用这些技术方案,甚至可以在半导体厂家技术人员直接介入下,完成新产品的设计、试制。

传统经济学家没有这些体验,无法了解这种商品生产模式对传统模式产生的巨大冲击,只能瞠目结舌,无言以对。

▶ 半导体厂家偷着乐

半导体厂家对乡镇企业彻底的技术支持决不是慈善事业。集成电路、单片机都是 IT 产业中的知识平台商品,众多乡镇企业 VCD 商品的兴旺,必然带动 VCD 相关集成电路的兴旺。从某种角度而言,半导体厂家与乡镇企业合作是最佳的选择。

乡镇企业的技术能力差,可以将全部精力投入 VCD 机的生产中。VCD 机生产的批量越大,购买的集成电路套件也就越多。周到的技术支持可以帮助乡镇企业在最短周期内实现批量生产,从而实现集成电路套件的大采购。

如果我们进一步分析半导体厂家、VCD 生产厂家在整个 VCD 商品售出后的利润分割,就会发现,无论何时,半导体厂家都占据 VCD 机的最大利润份额。不论是 VCD 机火爆的年代,还是 VCD 机生产厂家的恶劣竞争年代,人们只看到 VCD 机厂家的笑脸与艰辛,却看不到半导体厂家在偷着乐。更有甚者,在知识平台模式下,一些半导体厂家对乡镇企业没有任何技术转让的情况下,还向乡镇企业索要专利技术使用费。对乡镇企业周到的技术支持,只是半导体厂家知识平台商品售后服务的利己手段。

9.2 VCD产业现象的深层剖析

燕舞集团的一体化企业
半导体厂家的知识平台
乡镇企业的 VCD 产业
VCD 行业的扇形产业链

如果深入分析我国的 VCD 产业现象,就会发现,燕舞集团与乡镇企业采取的是截然不同的两种企业模式。前者是一种资本经济体制下封闭的一体化模式;后者是一种基于知识平台、上下游紧耦合的新兴产业结构,即一个半导体厂家与众多乡镇企业组成的扇形产业结构。

▶ **燕舞集团的一体化企业**

燕舞集团是一个按照一体化模式组建的电子产品生产企业,具有雄厚的产品研发能力,在 VCD 的概念创意下,迅速研发出 VCD 产品样机不足为奇。然而,在 VCD 产品的知识成果面前,燕舞集团选择了传统的封闭式产业模式,即将 VCD 产品的知识成果封闭在企业内部,实现通用集成电路元器件基础上的产品化生产。按照资本经济的传统产业观念,当一个企业在新一代产品中脱颖而出时,会产生巨大的企业竞争优势,并迅速取得市场的利润回报;同时,由于产品成果封闭在企业内部,可以将这一竞争优势保持较长时间。然而,时代不同了,在燕舞集团的梦想尚未成真时,杀出了半导体厂家与众多乡镇企业的联合体,燕舞集团刚打了一个回合便败下阵来。

▶ **半导体厂家的知识平台**

与燕舞集团封闭的一体化模式形成鲜明对比的,是半导体厂家的平台模式。在 VCD 创意的基础上,半导体厂家着力研究 VCD 的专用集成电路,将 VCD 的知识成果转化为 VCD 的专用集成电路套件。这是一种将知识创新成果转化为知识平台的新型上游化产业模式。知识成果封闭在知识平台中,知识平台的傻瓜化应用界面以及半导体厂家的技术支持,保证了乡镇企业在购买知识平台(VCD 的专用集成电路套件)后,能迅速实现 VCD 机的大规模生产。

半导体厂家的专用集成电路套件,将 VCD 机从研发到产品生产的全过程分割成两大部分：一部分是专用集成电路套件的研发与生产，另一部分是专用集成电路套件基础上的 VCD 机产品生产。前者是知识成果的知识平台转化与知识平台生产；后者是知识平台基础上的应用。

▶ 乡镇企业的 VCD 产业

一个想生产 VCD 的企业面临两种选择：购买 VCD 专利成果，或购买 VCD 专用集成电路套件。试想一下，什么是最佳的选择？

如果购买 VCD 专利成果，需要有专业技术人员对专利成果进行消化，并在此基础上进行产品化设计、样机试制；如果购买 VCD 专用集成电路套件，半导体厂家会提供 VCD 机的技术解决方案，可以帮助企业完成 VCD 的样机试制，并且随后会关心 VCD 机出现的任何技术问题。这是因为 VCD 机在市场上的销售业绩，直接影响半导体厂家专用集成电路套件的销售状况。

无疑，对中国大陆的乡镇企业来说，购买 VCD 专用集成电路套件，在半导体厂家的技术支持下，以知识平台方式实现 VCD 机生产是最佳选择。采用这种方式，可以在没有技术投入下，在最短时间内将产品推向市场；并且，当市场上出现饱和状况时，能依靠半导体厂家迅速推出下一代产品。

▶ VCD 行业的扇形产业链

半导体厂家只做 VCD 专用集成电路套件，决不会做 VCD 整机（完全有能力做）；乡镇企业不会从事产品研发，只购买半导体厂家的 VCD 专用集成电路套件，在半导体厂家的技术支持下，完成最终产品生产。这样就诞生了前所未有的一种企业经营模式，即整个 VCD 行业中形成一种扇形产业链的经营模式，如图 9.1 所示。

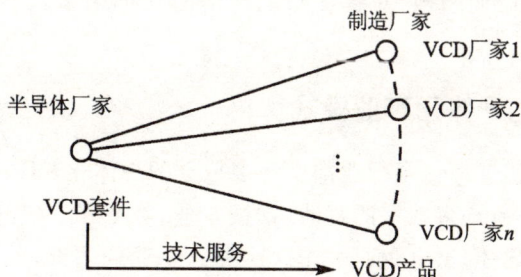

图 9.1 VCD 行业中的扇形产业链

在 VCD 的扇形产业结构模式中，半导体厂家与乡镇企业实现了严格的产业分工，即知识产业与制造产业的分工。半导体厂家完成从知识创新到知识平台的生产，乡镇企业在知识平台基础上完成最终产品的生产。半导体厂家与众多的乡镇企业形成上下游、共兴衰的扇形产业生态体系。图 9.1 描述的 VCD 行业扇形产业链,是一个最简单的扇形生态体系。

在这个扇形产业链中,只有赤裸裸的商品交易,没有技术合作。半导体厂家对乡镇企业的所有技术支持,都体现为知识平台商品的售后服务。由于知识平台的黑箱性,知识平台商品转移到乡镇企业后,不会有任何技术转移,因此,也不存在任何技术成果转让与知识产权纠葛。半导体厂家的所有专利技术的利润,都包含在知识平台商品的售价之中。

9.3 扇形产业结构的一般描述

资本经济的一体化产业模式

产权知识对一体化模式的冲击

扇形产业的基本单元结构

扇形产业的纵横向扩展

典型的扇形产业结构案例

知识经济时代的扇形产业结构模式,颠覆了资本经济封闭式一体化产业结构,使社会生产力迅速从资本生产力变革为知识平台生产力。扇形产业结构是知识经济时代最重要的产业现象,知识经济可定义为"以知识平台为中心的市场经济"。因此,深入了解扇形产业结构,对解读知识经济时代的诸多社会现象,具有十分重要的意义。

▶ 资本经济的一体化产业模式

在资本经济时代,任何一个行业都由许多独立的一体化封闭式企业组成。例如,在石油、钢铁行业中,有许多独立的石油、钢铁企业;在电子、半导体、家电行业中,有许多独立的电子、半导体、家电企业。在这些独立企业的内部,无一例外地都采取了封闭的一体化模式。

在封闭的一体化模式的企业中,包括从知识创新到创新知识应用所需的所有技术部门。例如,一个电子企业中,有产品研发、产品设计、样机试制、样机生产、批量化生产等部门,所有部门的技术成果都封闭在企业内部,严禁外泄。

　　封闭的一体化产业模式是一种十分落后的产业模式,行业中的每个企业尽管都生产相同的产品,但为了取得竞争优势,都设立产品研发部门。一个行业中有 N 个企业就有 N 个产品研发部门,导致社会智力资源的极大浪费;一种产品 N 个类似结构、N 种生产方式,形成了低效率的社会生产方式;一种产品 N 个类似结构,会造成使用中的兼容性障碍与技术发展上的标准化障碍。

▶ 产权知识对一体化模式的冲击

　　行业中分散在各个企业的产品研发部门,极大地阻碍了产业的技术发展步伐。行业中专利知识的出现,形成了对一体化企业的首次冲击。有了专利知识,各个产品研发部门可以购买与本企业相关的技术成果,在这些成果基础上进行相关的产品设计,无形中弱化了企业中的研发部门,许多技术成果成为行业中的知识商品,为所有企业(有偿)共享。专利制度的出现,使独立封闭的一体化企业,演化成专利基础上的技术整合型企业。

　　在技术整合型企业中,企业产品研发部门的任务,是寻找最好的专利技术成果,消化吸收后,与本企业的技术成果相结合,设计出企业的最新产品。与封闭的一体化企业相比较,许多核心技术成果可以从社会公共智力库(专利产业部门)中取得,减少了企业的重复劳动。专利技术的商业化利润回报,有利于推动技术成果的专业化队伍的成长,加快科技成果的知识创新与创新知识应用的步伐。

　　专利知识的发展大大减少了新产品研发的技术投入,但没有从根本上解决企业在新产品设计中的技术投入,N 个企业在新产品设计中的重复投入,依然浪费了巨大的社会智力资源,减缓了新品的上市周期。

　　衡量一个企业产业结构是否先进、合理,最重要的是看其技术成果能否达到最合理、最有效的利用。专利制度的发展减少了企业产品研发的重复工作量,使许多核心技术成果可以实现共用。然而,只有知识平台出现后,才能实现产品知识成果的最大化共享。

▶ 扇形产业的基本单元结构

　　在分析我国 VCD 产业现象时,得出了如图 9.1 所示典型的扇形产业结构。我们可以将这一扇形产业结构现象一般化成如图 9.2 所示的扇形产业结构单元。

　　在图 9.2 的扇形产业结构单元中,将 VCD 套件一般化为知识平台;半导体厂家从事知识产业,进行知识创新,并把创新知识成果转化为知识平台;乡镇企业从事制造产业,在知识平台的基础上生产最终产品;半导体厂家对乡镇企业的技术支持,可视为知识平台商品的售后服务内容。

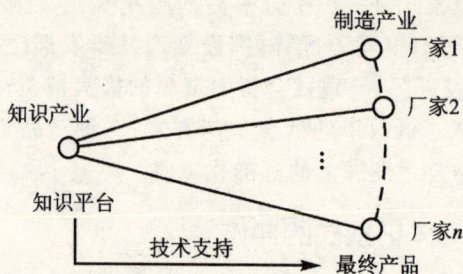

图 9.2　扇形产业结构单元

从 VCD 产业现象，我们推导出图 9.2 中所示的一个最小扇形产业结构。然而，在许多 IT 行业中，如计算机行业、手机行业，其产业结构比图 9.2 中的扇形产业结构要复杂得多。其原因是产业实际发展中的不断扩展，主要是纵向扩展与横向扩展。但是，无论扇形产业结构怎样扩展、变化，其基本特性不会改变。

▶ 扇形产业的纵横向扩展

当我们观察知识经济时代较为复杂的产业现象时，依然可以清晰地看出其扇形产业特征。人们习惯将它称为"产业链"，而忽视了其最重要的"扇形"本质特征。图 9.3 是一般化描述的扇形产业结构，与图 9.2 的最小扇形产业结构相比，这种结构具有纵横向扩展特征。

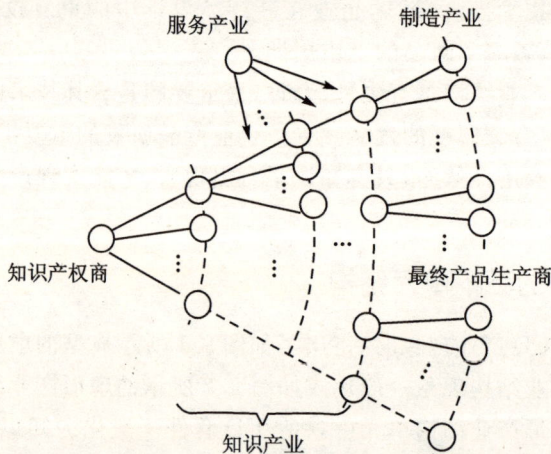

图 9.3　一般化描述的扇形产业结构

图 9.2 是从 VCD 产业现象抽象出的一个扇形产业单元模型，它表现了半导体厂

家直接向 VCD 厂家扇出的产业关系。对于众多 IT 产品来说，由于 OEM（原始设备制造商）厂家的介入，扇形产业单元纵向扩展成由多个上、下游厂家介入的一个扇形产业链。

OEM 厂家的介入，挤占了从扇端到扇沿间的广大空间，形成了知识投入逐步递减的知识产业与制造产业。OEM 厂家的介入，会将最终产品制造商从傻瓜化生产变成组装化生产；OEM 向上游扩展，最终导致在半导体厂家上游出现独立的知识产权商。

在知识产权商与最终产品制造商之间各种形式的 OEM 厂家，都会有不同程度的知识投入。这些知识投入的专业化发展，形成扇形产业链横向扩展的服务产业，它包括从事技术开发、技术咨询、技术中介、产品配套与产品整合的专业化服务机构。这些专业化服务机构面对所有 OEM 厂家。

扇形产业的纵向扩展，导致最终产品的组装化生产；扇形产业的横向扩展，形成以技术服务为中心的产业服务大军。技术服务产业的兴起，使 OEM 厂家可选择广泛的社会化服务，不必拥有自己的技术队伍，从而逐步走向以技术整合、产品整合为中心的企业运行机制。

▶ 典型的扇形产业结构案例

知识平台商品起源于半导体集成电路。因此，与半导体集成电路有关的 IT 产业都是典型的扇形结构产业。

案例一：PC 机产业

PC 机产业是最早、最典型的扇形产业结构。OEM 的概念最早就出现在 PC 机产业中。在 PC 机产业的扇形产业结构中，Intel 公司与微软公司共居于扇端，Intel 公司从事通用微处理器产业，微软公司从事通用操作系统产业，垄断了 PC 机的源头；在其下游，是众多的计算机主板厂家、不同层次的 OEM 厂家；在扇沿部分是无数的 PC 机厂家与组装业者。在扇形产业结构的横向扩展中，有众多的配套厂家，从事计算机外围设备（如显示器、硬盘、光驱、软驱、键盘）以及机箱的配套工作，从而形成一个庞大的 PC 机扇形产业体系。

经过多年的发展，PC 机技术及产业完全进入成熟的专业化发展阶段，PC 机的整机业早已步入组装化的生产方式，致使 PC 机的扇形产业结构进入"老龄化"阶段，即组装化的整机厂家被边缘化。原先的计算机厂家形成了少数几家垄断的全球化企业，与上游的 Intel 公司、微软公司，以及横向计算机配套厂家，几乎形成了一个全球化唯一的 PC 机垄断行业。

案例二：嵌入式系统产业

在嵌入式系统产业中，新兴的以 32 位 ARM 微处理器为核心的嵌入式系统行业,是发育得较完善的扇形产业链。扇端是在半导体厂家之上的知识产权公司——ARM公司,它向半导体厂家提供ARM微处理器产权知识;半导体厂家可在ARM微处理器产权知识基础上,设计与生产自主品牌的嵌入式处理器,以及相应的用户端实验板、评估板,并委托服务产业厂家提供与之配套的集成开发环境,形成半导体厂家的"厂家平台"知识商品;各行各业(如家用电器、通信产品、仪器仪表、工控单元、视频音像等)的技术开发商,可以购买半导体厂家的嵌入式厂家平台知识商品,设计与生产满足对象需要的"嵌入式应用系统"产品,如家电中的电子控制系统主板,仪器仪表、工控单元、视频音像产品中的机芯等;最终产品制造商,例如空调机厂家,可以购买变频空调控制器这样的嵌入式应用系统,设计与生产变频空调的"最终产品"。

由此可见,在以32位ARM微处理器为中心的嵌入式系统产业中,知识产权厂家、半导体厂家、对象领域产品生产厂家,形成了一个广泛的扇形产业链。

案例三:手机产业

案例一的PC机产业,是一个发展到后技术时代的扇形产业结构模式;案例二的嵌入式系统产业,是当前IT产业中最典型的扇形产业结构模式;本案例展示了嵌入式系统产业中一个具体产品的扇形产业链。

如果你在市场上购买一款内嵌ARM微处理器的手机,你可以溯源而上,找到ARM公司的扇形产业源头。然后顺流而下,就可以理出一个从ARM公司到手机生产厂家的完整的扇形产业链。

首先,手机生产厂家一般不会自主开发新品手机,它会在市场上寻求最佳的新一代手机解决方案与机芯(嵌入式应用系统),在其基础上创造出具有新意和市场竞争能力的新品手机。例如,推出情侣手机、音乐手机、商务手机,以及镶有钻石的贵族手机。

为手机生产厂家提供机芯与解决方案的技术开发商、OEM商,要寻找最佳的半导体厂家平台,以便研制出最具市场竞争力的手机"嵌入式应用系统"。他们会从众多半导体厂家中选择最好的厂家平台,也可能选择几个优异的半导体厂家平台进行整合,并按照手机的要求,进行功能性设计、可靠性设计,以及低功耗系统设计,创造出自主知识产权的手机机芯。

当溯源到半导体厂家时,就会发现,半导体厂家的厂家平台是一个解决众多产品智能化的通用技术平台。手机的技术开发商利用这个平台开发手机机芯。手机的技术开发商也不会局限于ARM微处理器的厂家平台,它可以将多个微处理器的厂家平台技术进行综合,开发出最佳的手机机芯。手机的技术开发商不会从事手机生产,它要为尽可能多的手机生产商提供手机机芯。

扇端的 ARM 知识产权公司不会提供具体的手机技术方案,只向半导体厂家提供嵌入式微处理器的产权知识。但是,为了构建最佳的嵌入式应用知识平台,ARM 公司会将手机及其他嵌入式应用系统中的相关技术要求,反馈到微处理器体系结构的研发中,以不断提高微处理器的技术水平。

9.4 扇形产业结构的基本特性

生态体系中的生存依赖

扇形产业结构的无限扇出

上、下游产业的知识递减

扇形产业的全球化扩展

知识经济的扇形产业结构由知识平台商品构成,扇形产业结构的基本特性与知识平台的商品特性有关。扇形产业结构的这些基本特性,是它的整体性、扇出性、傻瓜性和全球性。

▶ 生态体系中的生存依赖

扇形产业结构的整体性,是指扇形产业结构中的每个企业都无法独立生存,而是形成一个上、下游相互依赖的经济生态体系。在这个扇形产业结构的生态体系中,每一个企业的利益都体现在最终产品销售的利润分成之中,共享一个"大蛋糕"。

由于整体性的产业依存关系,扇形产业结构中的所有企业都必须遵循维持集体高速发展的游戏规则。

这些游戏规则中最基本的原则是:产业结构中的每一家企业,都有足够的发展空间和一定的利润空间;任何一家企业,都会在产业结构中的产业链上定位,不会出现兼做上、下家的企业行为。

▶ 扇形产业结构的无限扇出

扇形产业结构的扇出性,是指一个知识产业厂家推出的知识平台,可以给多个下游厂家使用。从理论上讲,知识平台具有无限的扇出能力。只要有一个生产 VCD 套件的厂家,就能满足全球 VCD 整机生产厂家的需要。但在实际的市场竞争中,受知识产业超额利润的诱惑,一个行业中会同时出现多个相同的知识产业。这时,一个行业中会出现多个扇形产业结构,从而形成行业中多个扇形产业结构间的竞争。在VCD行业中,就有多个半导体厂家推出相似的VCD套件。

▶ 上、下游产业的知识递减

扇形产业结构的傻瓜性,是指扇形产业结构中下游产业的知识贫困化,即在扇形产业链中知识投入的不断递减,以至于形成最终产品的傻瓜化、组装化的生产方式。

制造产业的傻瓜化生产方式,是由知识平台商品的知识黑洞性所决定的。知识产业在推出知识平台时,要将有关产品的知识最大化地集成到知识平台中,从而导致最终产品的傻瓜化生产方式。

从我国乡镇企业的VCD厂家,可以清楚地看到这种傻瓜化的生产方式。在这些厂家中几乎没有电子技术工程师,使用的是半导体厂家的成套芯片与技术方案,产品的更新换代也必须依靠上游的半导体厂家。

最终产品的傻瓜化生产方式是一种先进的生产方式,有利于在最短时间里,形成最终产品最大批量的生产规模。

▶ 扇形产业的全球化扩展

扇形产业结构的全球性特性,决定于知识平台商品本身的四个因素,即知识平台的商品属性、知识产业的最大化利润追逐、国家或地区间的发展不平衡,以及最终产品的傻瓜化生产方式。

知识平台的商品属性,使知识平台得以在全球范围流通,实现全球化交易。互联网的电子商务,可保证全球化知识平台商品交易迅速而通畅。

知识产业首先在经济发达国家形成。国家或地区间的发展不平衡,造就了全球范围内大量劳动力密集地区。在这些地区里,可以大幅度地降低产品的制造成本。为了最大化利润的追逐,知识产业国家都会将其下游的制造产业向低制造成本的第三世界输出,从而获取最大的行业垄断利润。在第三世界,制造产业总是向最低制造成本地区,实现一波波的转移。

最终产品制造的傻瓜化方式,使第三世界能顺利地接受第一世界的制造产业输出。而且,由于知识平台的黑箱性特点,在按照知识平台方式输出制造产业时,知识平台的核心技术不会随之转移。

知识经济时代经济全球化的基本内容,是扇形产业的全球化扩张;其基本运动特征,是制造产业从经济发达国家或地区向经济落后国家或地区的波状转移。

经济全球化的根本原因,是知识平台的四个全球化因素。

9.5 扇形产业中的垄断与竞争

企业的竞争环境
厂家的趋利效应
厂家的竞争规则

在资本经济的一体化分布式产业中,行业内的竞争是各个独立企业之间的竞争,每个企业都力图将自己的"蛋糕"做大。在知识经济的扇形产业结构中,所有上、下游企业在共同构建的生态体系中,共同构建一个"大蛋糕"。产业结构中每一个企业间的竞争,都表现为"蛋糕"分割份额的竞争。产业链上不同产业之间,不同利润分割竞争的结果,使扇形产业结构中的企业不断演化,这是一种利润驱动的演化。为了保证整个产业结构的稳定,提升与行业内其他扇形产业结构的竞争力,同一个扇形产业结构中,所有企业必须遵循统一的游戏规则,努力将整个产业结构的利润"蛋糕"做得最大。

▶ 企业的竞争环境

（1）知识产业的垄断与驾驭

图 9.1 中,半导体厂家完成从 VCD 创意到 VCD 技术成果在集成电路套件中的转化,并且为 VCD 整机生产厂家提供产品化的技术方案。半导体厂家几乎垄断了 VCD 的全部技术知识。因此,半导体厂家在 VCD 的扇形产业结构中,居于垄断与驾驭地位。其垄断与驾驭地位表现为,VCD 技术的无限扩展与利润分配中的主导地位。

VCD 整机生产厂家一旦购买了 VCD 套件,并在半导体厂家技术支持下完成产品化设计与生产后,便与半导体厂家形成一个利益共同体。VCD 整机生产厂家的 VCD 机更新换代,则完全依靠半导体厂家,VCD 机的大部分利润要靠半导体厂家的让利,并且直接面对消费品市场的价格竞争,从而形成知识产业对制造产业的垄断与驾驭。

由知识平台商品形成的扇形产业结构,在上、下游的利润分配上,遵循商品交易的利润原则,即商品卖方的全部利润包含在商品的售价中,商品的利润随买方市场或卖方市场而波动。与分布式产业结构相比,处于知识产业的垄断与驾驭下,更容易出现知识平台的卖方市场,以确保知识产业的利润份额。

（2）"按知分配"的利润原则

在扇形产业结构中,所有厂家共同分享一个"大蛋糕",每个厂家可能分得的利润份额与其知识的投入成比例,即遵循"按知分配"的原则。

按知分配应该是一种公平合理的利润分配原则。然而,在知识经济初级阶段,按知分配形成了知识产业获取超额利润的根源。例如,在资本经济的分布式一体化产业结构中,某一个行业中,N 个厂家有 N 个知识成果,每个知识成果转化为 M 个最终产品,每个知识成果获取的是 M 个最终产品的售后利润。而在知识经济时代的扇形产业结构中,一个知识产业厂家的 1 个知识成果能扇出 N 个制造产业厂家,如果每个制造产业厂家仍以 M 个最终产品计算,那么 1 个知识成果就能获取 $N×M$ 个产品的利润分成。知识平台商品的傻瓜化应用模式,可以实现超大规模生产,1 个知识成果远远超出了 $N×M$ 个产品的利润分成。

从积极意义上理解知识产业的超额利润,有助于知识产业厂家实现大投入的专业化产品研发模式,从而更迅速地提高产品的质量和产品的更新速度。

(3) 不同竞争环境下的利润分割

在扇形产业单元的结构中,在知识产业的垄断与驾驭下,制造产业厂家成为弱势群体。这是由知识产业与制造产业不同的竞争环境所决定的。制造产业厂家既要应对最终产品的百姓消费市场,还要应对大量同类型厂家的竞争,而在市场竞争中的大部分主动权,却掌握在知识产业厂家的手中。相比之下,知识产业的市场竞争环境要优越得多。知识商品是中间商品,知识产业应对的是制造产业厂家,在最终产品售出之前就能获利,而且可以按订单供货,减少了风险;少数处于扇端的知识产业厂家容易形成商业联盟,以维护自己的既得利益。

▶ 厂家的趋利效应

知识平台商品中知识聚集与制造产业的知识贫困化,决定了知识产业的超额利润与制造产业的微薄利润。这种趋势是由知识商品化发展所决定的,是一种不可逆转的发展趋势,中国大陆家电制造产业的薄利化发展可以证实这种趋势。

制造产业微薄利润形成大量的薄利厂家。许多制造产业厂家因薄利而破产,少数厂家不断扩大生产规模以求生存,形成制造产业厂家的超大规模生产态势。

在扇形产业结构中,厂家利润按知分配的原则,以及最终产品生产的恶劣竞争环境,导致大批有知识投入能力的企业纷纷远离最终产品的制造产业,向扇形产业结构的上游进军。这是知识经济时代扇形产业结构发展的一个基本趋势,是趋利效应所致。

企业向上游进军,不断扩大 OEM 队伍,发展各种形式的专业技术服务与专业配套厂家,这是扇形产业结构内部发展的总趋势。企业向上游进军的结果是,在扇沿,会形成最终产品的组装化生产方式;在扇端,会形成专业化的知识产权厂家。

▶ 厂家的竞争规则

扇形产业结构由知识平台商品的扇出特性所决定,是一个完整的经济生态系统。在扇形产业结构中,所有企业都遵循以下游戏规则。

（1）不做下家业务

这是利润驱使下的游戏规则。不做下家业务是由知识商品的分离性所决定的,它保证了扇形产业结构的稳定性。产业结构中的厂家一旦向上游发展,必然会放弃原有的下游地位。因为在扇形产业结构中,任何向上游进军后的厂家,都会面对众多的下游厂家。如果继续把持下游产业,会退化成封闭型的一体化产业。

（2）为下家保留利润空间

保证整个扇形产业链的顺利运行,才可能有一个巨大的"蛋糕"。因此,扇形产业链中每一个环节上的厂家,都应有相应的获利空间。当某一环节上的利润空间无法养活企业时,上游企业就会让出一部分利润。让他人活着,是为了自己有更大、更长远的获利空间。

（3）完善技术服务

在扇形产业链中,上、下游产业没有技术合作,没有技术转让,只有知识商品交易。为了使下游厂家能在知识商品基础上更快、更好地完成下游产品生产,上游厂家在售出知识商品后,技术服务不可缺少。这种技术服务是知识商品的售后服务,其费用已包含在知识商品的成本之中。下游企业为了缩短产品试制周期,使产品具有市场竞争力,除了考察上游知识平台商品的技术性能外,还必须了解相应的技术服务水平。

（4）寻找可靠的上家

扇形产业链的运行稳定性,与扇形产业链中所有企业的稳定性有关。扇形产业链中任何一家企业破产,都会波及下家相关企业。因此,扇形产业链中的企业在寻找上家伙伴时,必须考察其是否为有实力的专业化、大型化企业。企业稳定性对扇形产业链稳定性的影响力,与企业上游化程度呈相反变化。越是下家,其破产后的影响面越小。

（5）走国际标准化道路

扇形产业链中的所有企业都围绕一个最终产品,从事某一阶段的工作。并且这种围绕一个产品的合作,还会延伸到产品的更新换代。因此,技术标准、规范十分重要。在一体化产业时代,通过企业内部的技术标准、规范进行技术协调。在知识经济的全球化扇形产业链中,所有企业都要遵守国际化标准。知识产业在推出知识平台商品的同时,必须有相应的技术规范,并形成国际标准。所有与知识平台商品有关的企业,都必须遵守这些国际标准。

9.6 扇形产业的发展与后技术时代

全球化扇形产业分布
从扇形产业到圆形产业
圆形产业与后技术时代

扇形产业以行业的全球化市场为目标。一个行业从初期多个分布状态的扇形产业,发展到由一个圆形化产业垄断后,该行业便进入后技术时代。后技术时代并不意味着技术发展的停滞,而是表明该行业的技术发展已进入由少数大企业垄断的发展阶段。

▶ 全球化扇形产业分布

知识经济时代的扇形产业以全球市场为目标。当一个扇形产业链不能满足全球化市场需要时,这个行业中便会出现多个扇形产业链,如图 9.4 所示。例如 VCD 时代,除 Philips 公司外,还有一些其他半导体厂家为我国乡镇企业提供 VCD 软、硬件平台。

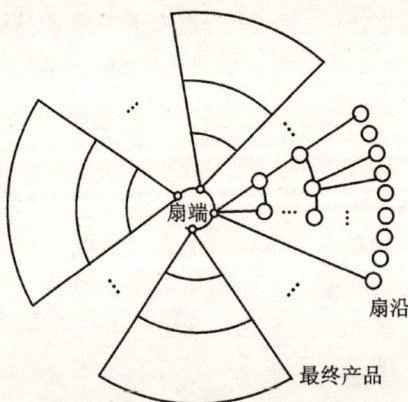

图 9.4 全行业的多个扇形产业链

当一个行业中分布有多个扇形产业链时,必然会出现激烈的市场竞争。这时市场竞争中的主角,主要是最上游的知识产业厂家。中、下游厂家为了保持企业的稳定性,除了认真选择上家外,还必须考虑企业的产品兼容能力,以便在上家企业破产时,能顺利地转向另一上家。

▶ 从扇形产业到圆形产业

一个行业中分布的多个扇形产业链之间竞争与兼并的结果,是扇形产业链的数量减少,市场份额加大,形成向圆形化发展的趋势,最终会形成一个圆形产业链的行业垄断,如图 9.5 所示。当前,PC 机产业就形成了以 Intel 公司和微软公司为圆心,由众多 OEM 厂家、技术服务厂家、配套厂家构成的全球化圆形产业。而在 20 多年前,PC 机行业还是苹果、Motorola、Intel 等众多公司领军的多个扇形产业分布的时代。

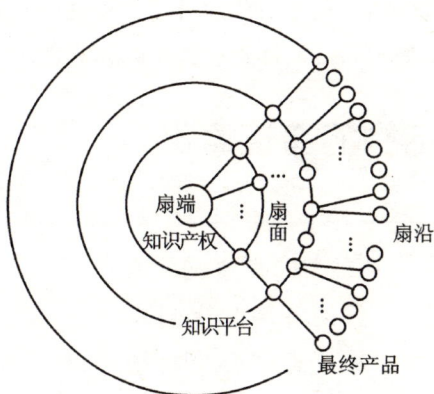

图 9.5　全行业的圆形化产业终结

圆形产业链是一个相对稳定的产业结构。该产业链中所有的企业经过长期磨合后,形成最优化的产业依赖关系,大家都珍惜来之不易的稳定局面。任何外来企业想要撬动任何一个环节,都要耗费过大的成本。圆心产业有足够的垄断利润收益,保证了圆心产业技术更新的永续发展,增强了其应对市场的冲击能力。圆心产业的稳定性,决定了圆形产业结构的稳定性。当前,全球 PC 机产业结构的稳定局面,取决于 Intel 公司与微软公司。

在谈到 PC 机圆形产业时,不能不谈及 AMD 公司对 Intel 公司的挑战。由于颇具实力的 AMD 公司在通用微处理器领域的冲击,迫使 Intel 公司无法掉以轻心。出现 AMD 公司挑战的根本原因,是 Intel 公司没有迅速向上游知识产权产业进军,在固守半导体产业的同时,留出了同行的竞争空间。相比之下,在嵌入式系统产业中为后起之秀的 ARM 公司,则要聪明得多,它处于半导体产业之上的扇端,使自己在未来的嵌入式系统产业竞争中,处于一个十分有利的地位。

▶ 圆形产业与后技术时代

在知识经济时代,扇形产业终极发展到圆形产业时,就标志着该行业后技术时代的到来。在后技术时代,不仅能实现全行业全球化产业的高度垄断,还表现为全行业的科技垄断。在全行业的科技垄断下,产业的科技发展进入巨型企业的专业化发展时代。此前在该行业中的专家、学者、工程师,除了进入圆形产业的研究机构中外,只能退出该行业的科技领域。圆形产业的后技术时代,意味着会有大批的专家"下岗",并在这一技术领域消失。

圆形产业是产业技术发展的成熟期,产业的技术发展主要依靠圆心的大产业集团来实现大投入的集约化发展,社会闲散的科技力量均会从该行业撤出。从社会知识力量的分布来看,后技术时代是该行业社会知识阶层、科技阶层的不作为时代。

9.7 扇形产业结构的普遍意义

MP3 研发者的失败

器件解决时代到来

知识产权公司脱颖而出

基因工程遍地开花

扇形产业结构的普遍意义,在于其证实了人类知识发展到高级阶段,普遍存在一个知识平台介入下的知、用分离性发展规律,即将知识创新到创新知识应用分离成两个独立的部分,即知识创新到知识平台和知识平台到知识应用,从而形成以知识平台为中心的产业模式。下面用几个事例来说明扇形产业结构的普遍意义。

▶ MP3 研发者的失败

笔者有一个学生在深圳曾从事嵌入式系统的产品开发。前些年他放弃搞研发,而改为主要从事开模具。他讲过这样一个故事:有一个厂商给他投资了 100 万元,让其设计 MP3,他凭借专业知识与嵌入式系统设计能力,圆满完成了 MP3 的设计任务。正当要进入产品化设计时,市场上出现了 MP3 专用芯片,使投资厂商陷入两难的选择境地。若在他的设计方案基础上实现产品化,则产品的成本、可靠性以及售后服务,都不及使用专用芯片的解决方案。最终厂商只能选择使用 MP3 专用芯片,致使其 100 万元的投入全部无效。与 VCD 产业相似，MP3 专用芯片是在 MP3 创意后创建的知识平台；基于 MP3 专用芯片的产品设计方案，是扇形产业结构方案，是 MP3 行业的最佳选择。

▶ 器件解决时代到来

在集成电路时代，无论是 VCD 套件，还是 MP3 专用芯片，都是一种知识平台形式的半导体器件。十多年前，当笔者尚未形成"知识平台"的概念时，在所编著的《MCS－51 单片机应用系统设计》[4]一书的前言中，便提出了"器件解决"的观念。器件解决是早期的知识平台观念，它宣告了在电子技术应用领域中，依靠专家的时代已经结束，另一个时代，即依靠知识平台的时代已经到来。

在电子技术时代，造就了一大批模拟电路、数字电路专家。大规模数字、模拟、数/模混合集成电路出现后，专家的知识成果被集成到芯片之中，使用这些半导体器件后不再需要专家的帮助。半导体器件的无限扇出能力，导致电子技术应用领域中大量的专家下岗。

"器件解决"、"平台解决"的观念，不仅是一种先进的产业观念，也是一种十分重要的科技理念。当大量的专家知识成果被集成到芯片中后，许多工程师在先进器件基础上，创造出许多过去只有专家才能创造的产品。而有些专家仍然固守自己的专业知识，不屑于器件解决的傻瓜化方式，最终被淘汰的事例层出不穷。这样的专家如果能放弃原有的知识应用模式，转入知识平台领域，无论是从事知识平台研究，还是从事知识平台应用，都会作出新的贡献。

▶ 知识产权公司脱颖而出

此前 IT 产业中，所有行业扇形产业结构的顶端都是半导体厂家。VCD 扇形产业的顶端是 Philips 公司等半导体厂家，PC 机扇形产业的顶端是 Intel 公司，嵌入式系统扇形产业的顶端是形形色色的半导体厂家。所有这些半导体厂家，都是实体商品的生产厂家，既从事半导体芯片的知识成果研究，又从事半导体芯片的生产。

ARM 公司是一个不生产集成电路的知识产权公司，它将原来既从事微处理器研究，又从事微处理器生产的半导体厂家分割开来，形成一个由知识产权公司与众多半导体厂家组成的扇形产业结构。由于 ARM 公司专门从事嵌入式微处理器的知识研究，与原来既从事微处理器研究，又从事微处理器生产的半导体厂家相比，在嵌入式微处理器研究方面，ARM 公司处于极为有利的地位，致使不少半导体厂家纷纷放弃嵌入式微处理器研究，转而购买 ARM 公司嵌入式微处理器的知识成果（知识平台）来生产微控制器。

相对于 ARM 公司在 IT 产业中的脱颖而出，Intel 公司会有些许遗憾。Intel 公司坚持不做主板是聪明之举，保证了其在 PC 机产业的龙头地位；然而 Intel 公司未能及时向通用微处理器的知识产权产业进军，招来了在通用微处理器领域的强大竞争对手 AMD 公司。

▶ 基因工程遍地开花

探索生物遗传奥秘的科学家，在从事细胞核的研究中，很早就发现了决定物种遗传性状的 DNA 结构。科学家们历经 DNA 结构、基因工程应用方向的长期探索，当他们将手工方式的 DNA 结构探索发展到工具化（探针、仪器、分析软件）的知识平台后，生物学家、医学专家、育种专家便蜂拥而至，在知识平台工具的基础上，迅速打开了基因工程的应用之门。从事基因基础学科研究的专家，从不熟悉的应用领域中解脱出来，专门从事基因理论研究与基因探测、分析工具的完善与更新；众多应用领域的科技工作者，从深奥的基因理论中解放出来，专门从事基因工程的应用。这是一种扇形的科研体系，少部分人从事基因理论和基因工程基础设备研究，众多应用领域的科技人员则在基因工程设备（知识平台）基础上，实现各个领域中的最终应用。

9.8 本章小结

知识经济时代的一个重要经济现象，是行业中的扇形产业结构。扇形产业结构源于现代计算产业革命的知识平台，因此，扇形产业结构是知识时代市场经济领域中的一个普遍现象。

扇形产业结构是一种先进的产业模式，它借助于知识平台，实现了知识创新与创新知识应用的全球化分工。与资本经济时代一体化封闭式产业结构相比，扇形产业结构省去了企业中重复的知识成果研究，最大化地节约了社会智力资源。

扇形产业结构是行业中一个独立的生态体系，该体系中的所有企业都没有独立生存的价值与能力，体系中的上、下游企业相互依存，同命运，共兴衰。

扇形产业结构中的所有企业都服从统一的竞争规律。生存竞争主要体现在同一级的企业之间。上、下游企业之间，主要体现为垄断、驾驭与利润分割之争。

在扇形产业结构中，所有企业的利润体现为一个行业的"大蛋糕"，所有企业按知识投入的比例分割利润，形成利润分割比例的倒扇形结构，最终产品生产商是扇形产业结构中的微利企业。因此，"力争上游"成为扇形产业竞争中的一个普遍现象。

在市场经济最大化利润追逐下，借助于知识平台黑洞性的扩展力量，上游产业会有可能吞噬原先属于下游产业链中的纵横向产业空间。在扇形产业圆形化的同时，会自上而下地压缩扇形产业的扇面空间。

第十章 知识平台的经济全球化魔力
——经济全球化探源

"全球化"是我们这个时代最热闹、最时髦同时又最令人困惑的词语。迄今为止,没有一个经济学家、社会学家、知识精英全面、系统地论述过这一现象。倒是《纽约时报》的资深记者、专栏作家托马斯·弗里德曼在其著名的《世界是平的》一书中,以其记者的眼光,提出了全球化时代的三个版本,用"碾平世界"来形容全球化的进程,用十大动力来诠释全球化的奇特现象。

本章中笔者将从知识学、现代计算机产业革命的角度,来论述全球化的政治、经济、社会生活等现象,也会从弗里德曼那里汲取有益的见解。

10.1 解读托马斯·弗里德曼

全球化的三个版本

碾平世界的十大动力

给读者遗留的困惑

通观弗里德曼的《世界是平的》一书，可以看出其中心思想是：全球化的三个版本、碾平世界的十大动力和一个平坦通达的世界。当然，当看完该书回到现实世界时，会有惆怅的感觉，因为，看似平坦的世界比以往更加崎岖不平。

▶ 全球化的三个版本

弗里德曼从"平坦通达"的观念来论述"世界是平的"，必然要追溯到人类的探险时代。他把哥伦布的远航探险作为开端，视为全球化1.0版本。请看弗里德曼在《世界是平的》一书中的论述：

"第一个时代从1492年持续到1800年，我称其为全球化1.0版本。这一阶段肇始于哥伦布远航开始新旧世界间的贸易。全球化令世界规模从大号'缩水'为中号。全球化1.0版本讲述的是国家和实力的故事……在这一时期，受到宗教影响或帝国主义影响（或两者的结合），国家和政府利用暴力推倒壁垒，将世界的各个部分合并为一。"

"第二个时代或可被称作全球化2.0版本，这一时代从1800年左右一直持续到2000年……这个阶段让世界的规模从中号'缩水'为小号。在这一时期，推动全球一体化的主要力量是跨国公司，这些公司到国外去的目的是寻找市场和劳动力。"

"我们在2000年进入了一个全新的时代：全球化3.0版本。3.0版本将这个世界从小号进一步缩小到微型，并且将竞争场夷为平地。如果说全球化1.0版本的主要动力是国家，2.0版本的主要动力是公司，那么3.0版本则是新发现的合作完成全球化的个人的能力，这种动力也赋予全球化3.0版本以唯一的特征。"

从上所述可以看出，弗里德曼关于全球化的核心思想是"平坦的通途"与"平等的竞争机遇"。

对于"平坦的通途"不会有任何异议，无论是"国家和政府利用暴力推倒壁垒，将世界的各个部分合并为一"，还是"跨国公司到国外去的目的是寻找市场和劳动力"，以及各种工具将全球化成"地球村"，都表明全球的平坦与通达。

然而，当今对全球化的热议中心，并不在于殖民化的 1.0 版本和全球化贸易的 2.0 版本，而是弗里德曼全书描述的全球化 3.0 版本。对于全球化 3.0 版本，弗里德曼有进一步的描述："全球化 3.0 使得这个世界进一步缩小到微型，同时平坦化了我们的竞争场地……全世界的人们马上开始觉醒，意识到他们拥有了前所未有的力量，可以作为一个个人走向全球；他们要与这个地球上其他的个人进行竞争，同时有更多的机会与之进行合作。"

在这里弗里德曼掩盖了（也许不是有意）个人力量的虚拟性，同时遭遇到市场经济的尴尬。以下两点弗里德曼没有深入考虑：

第一：在知识经济时代，人类开始其边缘化进程。弗里德曼说百姓"拥有了前所未有的力量"，这种力量是虚拟的，实有的力量存在于工具中，人的力量只表现在傻瓜化地使用工具。

第二：弗里德曼提到"可以作为一个个人走向全球；他们要与这个地球上其他的个人进行竞争"。然而，他没有述及背后的残酷竞争现实。这个残酷竞争现实是以出卖廉价劳动力为代价的。当印度服务业、中国大陆制造业的工资水平与美国的相同时，能有印度的"世界办公室"和中国的"世界工厂"的发展空间吗？在市场经济最大化利润的追逐下，工作岗位总会向低工资地带转移，面对公司行为，没有个人力量竞争可言。弗里德曼在其书中第十一章"公司如何应对平坦化"中，坦陈公司在全球化运行中的唯一动力，就是向工资的低谷地带转移。在谈到美国 Digital Divide Data 公司的资料数字化工作外包到柬埔寨时，介绍说："在柬埔寨所做的工作没有一件来自美国。这种基本的数据录入在很久以前曾被转移到印度和加勒比海地区……目前柬埔寨所做的工作是从上述地区再次转移过来的。"

▶ 碾平世界的十大动力

弗里德曼在书中以翔实的资料，描述了一个工作岗位在全球流动的全球化景象，把它看做一个平坦化了的世界，并提出了碾平世界的十大动力。在仔细分析这十大动力之后，可以看出作者努力拼凑的用心。按照弗里德曼划分"动力"的标准、思路，还可找出许多许多动力因素。弗里德曼描述的第一动力是碾平世界的基本动力，其他所有动力都是它的衍生。

弗里德曼讲述的第一大动力标题是"创新时代的来临：柏林墙倒塌和 Windows 操作系统的建立"。在笔者看来，弗里德曼把"柏林墙倒塌"和"Windows 操作系统"这两个风马牛不相及的东西扯在一起，是因为它触及了全球化的两个最基本因素，即全球化的市场经济与计算机产业革命这样的知识经济创新时代。

柏林墙倒塌，意味着原先两大阵营（资本主义阵营与社会主义阵营）的两个经济体系(即市场经济体系与计划经济体系),变成了全球一体化的市场经济,破除了不同国家经济体制这一不可逾越的障碍。

Windows 操作系统,可以引申为现代计算机产业革命。弗里德曼后面的九个碾平世界的动力,都是计算机产业革命的成果,即知识平台创造的奇迹。据此,我们还可以举出许多例子。

▶ 给读者遗留的困惑

弗里德曼是一位资深记者,在全球游荡,发现许多平坦世界现象,提炼出碾平世界的第一大动力——创新时代的来临。随后的九个动力为:互联时代的到来;工作流软件;上传(uploading);外包;离岸经营;在阿肯色州吃寿司;内包;提供信息 Google、雅虎和 MSN 搜索服务;数字的、移动的、个人的和虚拟的类固醇。这些动力都显示出服务领域中的全球化平坦世界现象。

在弗里德曼的书中,到处贯穿一个思想,即工作岗位顺畅地在全球流动,每个人都有平等的机遇。

弗里德曼书中丰富而翔实的资料深深地吸引了读者,使读者很难跳出他的资料堆。然而,当人们合上这本书时,必然会问:是什么因素能使工作岗位从美国流向印度、加勒比海地区? 曾几何时又流向了柬埔寨、老挝? 是什么力量赋予第三世界的企业、个人具有与第一世界竞争的能力? 这种竞争是平等的吗?

弗里德曼是一个乐观主义者,他给我们描述了一个眼花缭乱的平坦世界。然而,残酷的社会现实会使我们将"世界是平的"逐渐淡忘,我们感觉到真实的全球化世界,比以往任何时候都更加崎岖不平:全球范围的两极分化趋于绝对化;人类无止境的非理性消费导致生态灾难;各种形式的恐怖主义在全球游荡;全球化富人经济形成贫富阶层的对立。人们看到工作岗位平坦流动的背后,是产业链上残酷的不平等现象:产业链末端的国家或地区,付出了沉重的生态代价,劳动者工作超时,工资微薄;而产业链高端的国家或地区,在享受全球化好处的同时,还在说三道四。无怪乎《世界是平的》一书的译者何帆,要以题为"世界仍然是崎岖不平的"的译后记,来挑战弗里德曼。何帆先生是智者,因为"世界是平的"只是表面现象,它掩盖了一个两极分化、更加崎岖不平的世界。

全球化的趋势不可阻挡,全球化给人类社会带来巨大的挑战。我们对全球化全方位的飞速发展应当有清醒的认识。

笔者依照自己的思路,从弗里德曼碾平世界第一大动力"创新时代的来临:柏林墙倒塌和 Windows 操作系统的建立",引申出全球化的两个基因:"全球化的市场经济体系"与"现代计算机产业革命"。全球化的市场经济体系,形成了经济全球化的基本环境；现代计算机产业革命诞生的知识平台，成为全球化的物质基础。

10.2 全球化的市场经济基因

柏林墙倒塌意味着什么？

一元化的世界经济舞台

市场经济的神奇力量

中国大陆的社会主义市场经济探索，以及苏联与东欧社会主义国家的转型，使原来的社会主义计划经济与资本主义市场经济的全球二元化经济体系，变革为全球一元化的市场经济体系，从而扫除了全球化的经济体系障碍。市场经济为不同国家间的贸易、投资、产业转移，提供了一个平坦的世界。

▶ 柏林墙倒塌意味着什么？

18世纪产业革命后诞生了资本经济。俄国的十月革命诞生了苏维埃政权，出现了与资本经济相对抗的社会主义计划经济，第二次世界大战以后出现了庞大的社会主义阵营。从此，在全球范围内形成了意识形态对立、经济体制互不相容的分裂局面。在这种条件下，无任何全球化的前景可言。

社会主义阵营的计划经济体制，从根本上违背了商品经济时代的利润原则，20世纪70年代未中国大陆的社会主义政权，主动地实施了社会主义市场经济的探索；苏联、东欧地区则全面地出现资本主义制度的蜕变。西方世界则以"柏林墙倒塌"来标志一个新时代的开始。

中国大陆的社会主义市场经济探索，以及苏联、东欧国家制度的蜕变，预示了社会主义计划经济的终结，形成了全球范围内市场经济的一统天下，最终扫除了全球化在经济体制上的障碍。

▶ 一元化的世界经济舞台

苏联、东欧社会主义政治制度的解体，并不意味着社会主义制度的失败。当人们回忆资本经济从初级阶段进化到辉煌的现代资本主义时，不能不相信社会主义也可以摆脱计划经济的桎梏，走向社会主义繁荣的康庄大道。

无论是资本主义市场经济，还是社会主义市场经济，都遵循市场经济的原则与规律，形成了二元化政治制度下一元化的全球化市场经济格局。

一元化的市场经济格局是经济全球化的前提条件,为经济全球化铺平了道路。人类社会将在不同政治制度、相同市场经济下探索人类未来。

▶ 市场经济的神奇力量

30年来,中国大陆社会主义市场经济探索的巨大成就,显示了市场经济巨大的神奇力量。它告诉人们,市场经济不专属于资本经济,社会主义可以摆脱计划经济。市场经济是摆脱贫穷、创造物质极大丰富的唯一动力。

在二元化的全球政治体制下,能创造出全球经济奇迹,靠的是全球化的市场经济。最能说明这一现象的一个通俗词语是"政冷经热"。不同制度,甚至意识形态对立的国家或地区,可以抛开制度、意识形态的差异,保持相互间贸易、投资的快速增长,以及制造业在国家或地区间的转移。从另一角度来看,个别未能融入全球化大潮中的国家,多是非市场经济体系国家。

在市场经济条件下,能使不同制度的国家维系在一起的,是市场经济的利益共同体。从这里可以清楚地看到,全球化的基本条件是全球化的市场经济。

10.3 全球化的产业革命基因

计算机产业革命的知识平台

知识平台的全球化动力

仔细分析弗里德曼在《世界是平的》一书中所有描述全球化的因素,都与现代计算机有关。如互联网、工作流软件、计算机终端、信息化设备、通信设备等,这些都是以"通用计算机+应用软件"或"嵌入式计算机"形式出现的知识平台。全球化的现代计算机产业革命,以知识平台作为推动的全球化物质力量。

▶ 计算机产业革命的知识平台

在本书第一篇"知识学基础"中,清楚地表明,人类的演化、社会的进步、生产力的发展,决不是人类"裸体进化"的结果。人与动物进化的最大差异是:动物依靠"裸体进化",而人类依靠知识与工具来进化。无论是人类智力的发展、社会文明的进步,还是社会生产力的飞跃,都体现在人、知识、工具系统中。

考察人类历史长河就会发现,在人、知识、工具系统中,虽然人是主导因素,但发展进化最剧烈的是知识与工具。其根本原因是,人类没有知识的遗传性状,而知识有自举效应,工具有知识的积累与遗传效应。在人、知识、工具系统中,人类个体是弱势群体,一旦离开"知识"和"工具"便几乎无法生存,就会退回到人类诞生时的原始状态。人类唯一可以骄傲的是,人能创造知识与工具,而恰恰在这一点上,人类走上了一条边缘化的道路。

因此,我们在分析人类社会的一切现象时,都要从人、知识、工具系统的整体出发,并且用心观察人、知识、工具系统的动态变化。这些动态变化决定了人类发展阶段上的一些重要特征。例如,在农耕时代,知识与工具处于初级阶段,形成了人类为主宰、劳动者为主体的劳动生产力时代;18世纪的产业革命,产生了知识与工具在高级阶段上组合的动力机械,资本对知识、工具要素(厂房、机械的购买,工人、工程师的雇佣)的整合,使人类进入现代文明的资本经济时代,这一时期的动力机械工具代替了人类的体力劳动;20世纪中期开始的计算机产业革命,产生了具有人类知识行为的智能化工具——知识平台,知识平台代替了人类的脑力劳动。两次产业革命中体力劳动、脑力劳动的替代,开始了人类的边缘化时代。

因此,讨论全球化的命题时,首先要做的一件事便是,弄清人、知识、工具系统当前的发展状况。本书第一篇"知识学基础"的第五章"人类知识的集成性发展规律",以及第二篇"知识经济概论"的第八章"现代计算机产业革命与知识经济",都详细描述了计算产业革命如何使工具从机械化、自动化变革成智能化,并形成最广泛的知识平台。

▶ 知识平台的全球化动力

在本书9.4节中的"扇形产业的全球化扩展"中明确地指出,经济全球化的根本原因,是知识平台的四个全球化因素;在本书8.3节"两次产业革命的相似性"中,指出了知识平台的两种形式:一种是通用计算机与软件构成的智力平台,另一种是嵌入式系统的智力嵌入。

《世界是平的》一书,让我们看到了一个智力平台在服务业领域中的全球化热闹景象。通过全球化的互联网,构成了一个无限通达的计算机网络平台,组成了人人可进入,并展现出相同岗位能力的人、知识、工具体系。这样一来,原先只能在美国由白领阶层占据的工作岗位,现在普通人都可以胜任。而这些工作注定以外包的方式在全球游荡,则是市场经济最大化利润追逐所致。例如,原先的一些软件服务工作外包给印度、加勒比海地区,随后又向劳动力更廉价的柬埔寨转移。

本书中讲述知识平台构成的扇形产业结构,本身就是一个全球化的经济生态体系。例如,在资本经济的封闭式一体化企业时代,许多企业都在第一世界完成最终产品生产,然后向第三世界倾销,形成全球化的贸易体系。当计算机产业革命出现的知识平台,将原先封闭式的一体化经济体系,变革为知识平台基础上知识产业与制造产业分工的全球化经济生态体系后,第一世界便固守知识产业,而把制造产业向第三世界转移。这种全球化的制造产业转移缘于全球范围的扇形产业结构。

10.4 知识平台的全方位全球化

信息全球化

商务全球化

经济全球化

生活方式全球化

现代计算机产业革命的知识平台,推动了全方位的全球化。除了上述经济领域中的服务业全球化与产业全球化外,还有信息全球化、商务全球化、生活方式全球化。

▶ 信息全球化

互联网与无限的信息终端,构成一个全球范围的信息知识平台。IPv6新协议的实施,使这个信息平台可以容纳全球范围内每一个个人及其周边的对象(设备、工具)。互联网的超国界特征形成信息的全球化。

互联网诞生后,首先是资料、个人信息可以在全球无限通达。随着通信介质(有线、无线、光纤)、通信方式(语音、数据流、短信)的不断进步,逐步消除人际交互的距离感,使全球化的信息往来进入"地球村"时代。

人类周边的设备,特别是与传感器相连的各种数据采集系统、无线传感器网络进入互联网后,使互联网伸展到单个物理对象,形成包括物理参数信息传递的全球化实时系统,例如,各个地理位置的实时气象参数,表征局域环境污染状况的实时环境参数,医疗对象人体生理的实时参数,重点监控对象(人、交通工具、设备)的全球化踪迹参数等。

▶ 商务全球化

在资本经济时代,商务全球化局限于全球化贸易。在知识经济时代,在互联网基础上构成的跨国界的产品信息平台、商品交易平台、金融调度平台与全球化的物流系统,构成了一个全球化的虚拟经济体系。产品信息在全球无限通达,偏僻农村的个体小农可以在网上发布自己的产品信息,通过网络进行产品订货;网上个人物品可以在全球范围内交易;形形色色的电子商务,如电话银行、网上银行、票务订购、网上购物等,使人类社会进入一个无限通达的商务全球化时代。

▶ 经济全球化

经济全球化,是基于知识平台的服务业与制造业在全球范围内的一种扇出行为。弗里德曼在《世界是平的》一书中,描述了一个基于服务平台、以外包为主要形式的全球化服务业体系。而本书在第九章"知识经济时代的扇形产业结构"中,描述了一个无国界的制造产业与知识产业的全球化产业分工体系。

无论是全球化服务体系,还是由全球化产业分工构建的全球化经济体系,都是一个共兴衰的经济生态体系,例如,美国与印度的数字化信息服务体系,日本与中国大连的软件服务体系,中国大陆乡镇企业与全球半导体商的 VCD/DVD 产业生态体系。在这些经济生态体系中,分布在全球的经济体虽然是独立的机构,但无独立存在的价值,要相互依存,分享同一个"蛋糕"。

在知识经济时代,无论是服务体系还是产业体系,都是上、下游的扇形体系结构。下游的外包服务、制造产业基于知识平台的傻瓜化方式,有利于全球范围的通达与扩展。在市场经济最大化利润的追逐下,这种扩展呈现波状特征。例如,全球化制造产业转移的第一波目的地是亚洲四小龙;随着四小龙经济的起飞、劳动力成本的上升,在其纷纷转向知识产业的同时,将原先的制造产业又向中国、印度等国家转移,形成制造产业的第二波转移;如今,随着这些国家经济的腾飞,制造产业又不可避免地向其他经济落后国家或地区转移。

▶ 生活方式全球化

互联网与形形色色的知识平台,构筑了一个与真实世界相对应的虚拟世界,使原先唯一在真实社会生活的人们,进入一个二元化生活时代。如果说真实世界的生活方式有国家界限的障碍,那么互联网的无限通达实现了无国界的全球化虚拟生活方式,如交友、谈情说爱、信息交互、科技交流、咨询服务、网上购物、金融交易,甚至形形色色的黑色交易等。

与真实的模拟世界生活方式相比,虚拟世界是一种归一化的数字化生存、生活方式。这是一种全新的生存、生活方式:人类生活中的一切信息,都可以通过数字化形式而永存与快速通达。例如,传统照片天长日久会退色或损坏,数码照片则可以数字化形式永存;传统照片在全球范围内的传递缓慢而复杂,而数码照片的数字化文件可以实现全球范围的实时传送;传统照片很难实现状态转换,而数码照片可以是数字化文件,也可以转换成传统照片,还可以复制到日常用具之中。

10.5 全方位全球化的基本特征

> 知识平台的唯一基础
> 市场经济的利润追逐
> 二元化的社会生活
> 超高速的发展态势

知识平台的无所不在、互联网的无限通达、全球范围的一元化市场经济,以及真实与虚拟的二元化世界,使知识经济时代的全球化呈现全方位特征。

▶ 知识平台的唯一基础

知识平台是全方位全球化的基本动力。人类社会的知识、工具系统的最高表现形式便是"知识平台"。知识平台是人类知识成果、知识行为在工具中集成后的物理形态。知识平台是现代产业革命的具体成果。知识平台诞生后,人类便在经济领域中被边缘化。最明显的边缘化进程,就是产业领域中的傻瓜化生产方式、社会生活领域中的傻瓜化生活方式。

人类诞生伊始,便开始了人类社会人、知识、工具系统的发展历程。在人、知识、工具系统中,人的价值表现在创造知识、使用工具的脑力劳动与体力劳动中。通过两次产业革命的洗礼,18世纪产业革命的动力机械代替了人类的体力劳动,20世纪现代计算机产业革命的知识平台代替了人类的脑力劳动。

在我们分析所有的全球化现象后,都会找到各种类型的知识平台踪影,其背后便是人类各种知识行为的知识平台替代。

▶ 市场经济的利润追逐

知识平台提供了全球化的物质、技术基础,全球化市场经济则提供了一个平坦的经济舞台。在资本主义阵营与社会主义阵营并存的年代,市场经济与计划经济水火不相容,经济全球化必然遭遇计划经济的壁垒。

市场经济的基本原则是最大化的利润追逐。因为有追逐最大化利润的动力,才有服务业、软件业的全球化外包、再外包,才有制造业在全球范围的一波又一波的转移。无论是弗里德曼的《世界是平的》一书，还是本书，所有描述全球化的实例，无不是市场经济追逐利润下的行为。

在市场经济最大化利润的追逐下，知识成果从企业封闭状态走向专利化状态，进而形成独立的上游化知识平台商品。知识平台商品扇出型的产业结构，保证了知识产业在产业结构中的垄断与驾驭地位，以获取稳定、长远的最大化利润。

▶ 二元化的社会生活

在知识经济时代，形形色色的知识平台借助互联网技术，构成一个虚拟世界，它是一个无国界、无限通达的平坦世界。虚拟世界诞生后，人们便开始生活在一个真实世界与虚拟世界并存的二元化世界之中。

原先生活在真实世界的人们，人际交互是其唯一的社会生活方式，这是一种直面的人际交互方式，例如，直面交谈，到银行取款，到商店购物，好朋友一起下棋，街上问路等。虽然后来有了电话、取款机、自动售货机等，但人与人直接交互的基本生活方式并没有改变。

当人们进入真实世界与虚拟世界的二元化时代后，便出现人际交互与人机交互并存的二元化生活方式。人们除了直面交谈，还可以在网上与不相识的人交流；可以到银行取款，也可以在网上银行实现资金交易；可以到商店购物，也可以网上购物；有了"象棋大师"软件，不需要棋友就可以对弈。

在极致发展的二元化世界，人们可以完全脱离真实世界的人际交互，或以人—机—人的间接交互方式生活。这样的生活方式会使人际关系淡漠，使人类走上孤独化道路，引发众多的社会学问题。对此人类必须认真对待。

▶ 超高速的发展态势

所有的全球化动力，无不体现出高效、替代、人人可为、无限扇出的特点，从而导致所有与知识有关的领域出现超高速发展态势，使人类社会进入一个疯狂发展的时代。在网上银行没有出现时，人人都要在银行的柜台前与银行雇员进行一对一的交易，大量的金融交易使街市里充满了众多的银行网点。网上银行出现后，它可以替代所有的柜台交易；在家中通过计算机敲击键盘，就能迅速完成复杂的交易内容；简单、标准化、提示性的傻瓜化操作方式，降低了交易难度；网络的宽带特性、无限的终端接入能力，使人们有理由认为，世界上只要有一家网上银行，就能满足全球的交易需求。还可举出无数事例，例如，"象棋大师"软件出现后，它可以替代棋友与人对弈；并且人们可以随时、随地与其对弈，不必考虑其是否空闲，是否愿意；在"象棋大师"软件中设定了技术等级（从入门级到大师级），使得人人都可以使用它；人人都可以购买"象棋大师"软件,一个"象棋大师"软件可以满足全球范围内每个人的需求。

无论是网上银行的服务平台,还是"象棋大师"软件,都是具有人类知识行为的工具(即知识平台),可以替代人类的脑力劳动。未来网上银行可以取代银行交易雇员;"象棋大师"软件可以取代从低级到大师级的棋友。

知识平台的无限扇出能力,使知识经济进入人类社会全面的疯狂发展时代。

10.6　经济全球化的国家关系

全球化的国家共同体

全球化产业的国家分工

上下左右的国家经济关系

国家分割的全球化挑战

经济全球化使得不同体制的国家,形成一个全球范围的经济共同体。全球化的经济基础与国家分割的上层建筑,形成知识经济时代全球化的基本矛盾。

▶ 全球化的国家共同体

知识经济时代的全球化特征,使国家关系空前紧密、利益空前攸关、空前相互依赖,形成全球化的经济生态体系。现阶段第一世界的知识产业、中国的"世界工厂"、印度的"世界办公室",以及非洲、澳洲、中东、俄罗斯的资源,形成一个全球化的经济共同体。任何一个局部经济体系的"喷嚏",都会导致相关经济体系的震荡。

在全球化的经济共同体中,每个国家都在为全球服务,体现出"人人为我,我为人人"的全球化的国家观念。任何一个领域中的事物都呈现全球化特征,必须从全球化的角度来思考。例如,中国大陆很快就会成为温室气体的最大排放国;然而,这些温室气体的排放是由于中国大陆承担了全球大量的制造产业,是全球化的"世界工厂"。世界工厂的产品在全球消费,而温室气体的排放、环境的极度污染却留在中国大陆;因此,在应对全球气候变化、生态环境恶化时,必须从全球化国家共同体的角度出发。

▶ 全球化产业的国家分工

由于国家发展的不平衡,在资本经济时代,就形成了第一世界、第三世界的格局。进入知识经济时代后,在知识产业与制造产业的全球化分工中,第一世界依靠先进的科技力量和知识产业的垄断观念,将制造产业转移到第三世界,以追逐知识产业在全球范围的最大化利润。知识平台的基本特性,保持了知识产业在全球范围内的垄断与驾驭地位,例如,Intel 公司与微软公司在全球个人计算机行业中的垄断与驾驭。

知识经济的全球化分工以及知识产业的垄断与驾驭地位,使得任何一个在接受制造产业转移并起飞后的第三世界国家或地区,无不向知识产业进军,同时将制造产业向第三世界其他国家或地区转移。第一波依靠制造产业起飞的韩国、新加坡,以及中国的香港和台湾地区,都是依靠制造产业起飞后,大力进军半导体、集成电路等高端产业,而将制造产业等下游产业转移到中国大陆。

▶ 上下左右的国家经济关系

全球化的市场经济扫除了经济体系的壁垒;知识平台的产业分工,在全球范围内构建起经济上相互依赖、共生共荣的扇形经济生态体系。在这样一个全球化的经济生态体系中,形成上下左右的国家关系。上、下的国家关系,体现在扇形产业链上知识产业国家与制造产业国家的上、下游关系;左、右的国家关系,体现在产品流通与资源消费的关系中。

由于知识经济时代的国家经济关系具有扇形产业结构的基本特点,扇形产业结构中的垄断与竞争,也会充分体现在国家关系中。这些国家关系中最主要的特点是:经济发达国家或地区固守知识产业;制造产业不断向劳动力成本低的国家或地区转移;经济起飞后的国家或地区又会向知识产业进军。

▶ 国家分割的全球化挑战

在知识经济时代,全方位的全球化使所有国家都纳入一个相互依赖、共生共荣的扇形经济生态体系之中,理应迎来一个国家消亡的全球经济共同体时代。

按照马列主义经济学的观点,上层建筑必须与经济基础相适应。知识经济时代,已进入一个全球范围内国家间的经济一体化时代,而国家分割状态依然严重,一些国家甚至处于对立状态。国家霸权的意识形态、意识形态的双重标准、国家间的军备竞赛,是知识经济时代的毒瘤。霸权主义的衰落、国家联盟的诞生与扩展、各地区经济共同体的形成与发展、社会主义市场经济的探索,使人类看到了希望。

10.7 本章小结

全球化是知识经济时代的重要社会特征。知识经济时代的全球化是全方位的全球化,这是由现代计算机全方位的知识革命(产业革命、信息革命、数字化革命、生活方式革命)所决定的。

弗里德曼在《世界是平的》一书中,给我们描述了服务业领域的全球化。本书则以扇形产业结构描述了全球化的产业分工,以及全球化的扇形产业生态体系。

经济全球化的基础,是现代计算机产业革命的"知识平台"。知识平台将知识产业与制造产业彻底分离,在市场经济最大化利润追逐下,经济发达的国家或地区固守知识产业,将初级制造产业向经济落后国家或地区转移。经济落后国家或地区在经济起飞后,无一例外地又转向知识产业,再将初级制造产业向其他经济落后国家或地区转移,从而形成全球化初级制造产业的波状扩展。

知识平台全方位的知识革命,导致知识经济时代全方位的全球化效应。除了经济全球化,还有信息全球化、商务全球化、生活方式全球化等全球化效应。这些全球化效应会带来诸多的全球化社会问题。

第十一章 虚拟世界诞生后的现代市场经济
——两元化的经济形态

从资本经济向知识经济转变的一个重要标志,是从真实世界一元化的市场经济,转变为真实世界、虚拟世界交互的二元化市场经济。真实世界的市场经济,是一个有限时空、有限扇出的市场交易体系;虚实世界交互的现代市场经济,则是一个无限时空、无限扇出的市场交易体系。

虚拟世界的技术基础,是现代计算机基础上的知识平台与互联网。由此催生了知识平台产业与网络服务业。在由厂家、商家主导的交易平台、服务平台中,消费者常会处于弱势地位。虚拟世界的隐蔽性与不透明的交互过程,会成为滋生罪恶的土壤。虚拟世界的法律道德建设迫在眉睫。

11.1 从取款机与售货机说起

真实世界的市场交易

市场交易自动化的尝试

无法逾越的随机交互

市场经济从商品交易开始。当市场经济日益繁荣、商品交易量日渐增多时,人们便寻求将手工交易自动化。然而,当人们在20世纪初的真实世界中实现了自动取款机与自动售货机后,便开始一个漫长、简陋的自动化交易时代。

▶ 真实世界的市场交易

真实世界的市场交易是在真实环境中,在直面的人际交互条件下,实现实时交互的交易行为。真实环境、人际交互、随机激励、实时响应,是真实世界市场交易的四个重要特征。

(1) 真实环境

真实世界的市场交易是在一个真实的物质环境中(如农村集市、超市、商店、银行、旅馆、饭店等)进行的。交易中的所有元素都是真实的,整个交易过程对于交易双方都是透明、公开的。

(2) 人际交互

真实世界的市场交易都是人与人在面对面的直接交互下进行的,一手交钱,一手取货;当场砍价,当面验货。在这样一种人际交互的市场交易中,除了交易对方有充分的余地进行深入交流外,还使交易过程充满情感色彩:礼貌周到的营业员、挑剔的顾客、人性化的交易环境、多姿多彩的吆喝等,一片生机勃勃的热闹景象。

(3) 随机激励

在真实世界的市场交易中,直面的人际交互会产生一些随机的激励因素。这些随机激励因素,都是对交易过程进行无预兆、非计划安排的随意性干扰。例如,交易进行中,发现未带够钱而中止交易,感觉上当要求退货,顾客的挑剔与服务员的耐心相较量而产生交易变数等。这些人际交互的随机激励,常常成为真实世界市场交易的不确定性因素。

（4）实时响应

在真实世界中，实时响应是人际交互的基本要求。人们可以容忍人机对话中的应答滞后，却无法容忍人际交互中的片刻等待。若甲询问乙，而乙未能即时应答，则乙被认为不礼貌，或有痴呆症。若乙不能即时回答，也应即时表示听到对方问话，说一句："请等一下！"或"让我考虑考虑！"在真实世界市场交易的人际交互中，不能实时响应会丧失许多商机。笔者曾遇到过一个聪明而狡黠的修鞋匠，他在修鞋过程中能同时拉住多个顾客：他在身边摆了许多小凳，每来一个顾客，他都会随时中止修鞋工作，询问顾客的修鞋要求，在迅速达成交易后，立即在顾客的鞋上随意地钉一个鞋钉，指着板凳，客气地道一声："请坐！""请稍等一下。"

▶ 市场交易自动化的尝试

从手工时代到机械化时代，经历了第一次产业革命的洗礼。在资本经济时代，人类开始从机械化到自动化的奋斗，制作出了自鸣钟、八音盒、自动钢琴，在商品交易领域，则出现了自动取款机和自动售货机。

无论是自鸣钟、八音盒、自动钢琴，还是自动取款机和自动售货机，都是在动力机械基础上的变革，其本质上是一个可实现人机交互的机电系统。在这样的机电系统中的自动化行为，都是预先设定的一维线性进程，可以代替人类的体力劳动，但无法实现人类的智慧。自动取款机无法实现银行的柜台交易内容与柜台交易对话；自动售货机局限于有限商品的"一手交钱，一手交货"，感受不到市场购物的丰富交易内涵。

可以看出，无论是原来的银行柜台、商店，或者是自动取款机、自动售货机，它们的交易体系特征，是时、空的有限性以及扇出能力的有限性。例如，在同一时间内，一台取款机或售货机只能由一个人使用。

在资本经济时代，很早便出现了自动取款机与自动售货机，尽管后来在自动化领域中取得不少进展，但自动取款机与自动售货机几乎仍然停留在早期的形态与功能上，没有突破性进展，只能作为商品交易领域中一个可有可无的小小角色。

▶ 无法逾越的随机交互

在真实的市场交易领域，无论是商品流通领域，还是金融服务领域，交易双方的知识行为交互都是随机的，如交易过程中的监督、质疑、询问、变更等，以及交易终了的确认、追加、修改等。然而，无论是多么先进的取款机、售货机，都不可能实现这些随机交互。在没有计算机介入的情况下，所有自动化工具的自动化动作，例如，在自动售货机中选择货品、投币、取物、找钱等动作，都是事先设定的一维线性交互进程。

在这些事先设定的一维线性进程中,任何一个环节出错都会导致进程失败或中止,无法中途变更或纠错。所有自动化工具都无法逾越这道鸿沟。

11.2 计算机产业革命的巨大变革

智力嵌入的 ATM 机

智力平台的网上银行

虚实交互的商品交易

虚实交互市场经济的崛起

现代计算机产业革命出现以前,所有工具的发展、演化都止步于自动化。自动化工具只是一个按照事先设定的步序,自动运行的机电系统,无法实现人机实时交互。现代计算机产业革命将自动化工具推向智能化。智能化工具具有人类的知识行为能力,可实现人机之间的随机实时交互。将计算机嵌入到取款机中,可使取款机智能化成能自助交易的 ATM 机;借助互联网与服务平台软件,可以构建网上银行、网上购物、电子商务等智能化服务体系。

▶ 智力嵌入的 ATM 机

在本篇第八章"现代计算机产业革命与知识经济"中提到过,现代计算机产业革命的成果是知识平台。知识平台的智能化类型有:嵌入式计算机系统的智力嵌入与通用计算机的智力平台。当嵌入计算机系统的取款机实现智能化改造后,它便成为可以实现柜台现金交易的 ATM 机。

与原先的取款机相比,由于有计算机的嵌入,ATM 机可实现取款过程中人机的实时交互。这是一种在 IC 卡基础上,以菜单方式实现的实时交互,包括交易人、交易金额、交易类型、交易结果的确认,以及纠错、中断交易等。这些都是 ATM 机的知识(智力)行为。

由于有计算机内核嵌入,ATM 机在功能上可以有充分的扩展余地,除了取款外,还可不断扩展其存款、查询、转账等功能。从理论上讲,随着计算机内核的不断升级,ATM 机的智力水平具有无限扩展的空间。

▶ 智力平台的网上银行

有了互联网与计算机终端,可以建立银行与客户的统一数据库,以及银行与客户之间的交易平台。无限通达的网络和无限的网络接入能力，使真实世界中众多的交易网点，变成一个统一的虚拟银行。这个虚拟银行具有无限的时空、无限的扇出特性，即客户在任何时间、任何地点都能从事银行交易业务。同时，与真实世界银行柜台的有限营业员和有限客户交易相比，仅一个虚拟银行就可以满足所有的客户交易要求。

虚拟银行的无限时空、无限扇出特性，会使银行在业务拓展上，从过去着力于布局银行网点，转向网上银行与 ATM 机的建设，并不断拓展网上银行的业务范围，保障交易安全，增加交易透明度，简化交易进程，实现傻瓜化交易。由于网上银行是通用计算机构成的交易平台，很容易扩展其业务范围，如投资、理财、期货、股票交易等。

由于互联网与电信网的互联，派生出电话银行、手机银行等交易方式。未来的电话银行、手机银行、网上银行、ATM 机与柜台银行，将构成一个庞大且虚实交互的金融交易体系。

▶ 虚实交互的商品交易

在上面的"智力平台的网上银行"小节中，我们看到了一个在归一化交易平台上实现虚实交互的金融系统。这个交易平台有通用计算机基础上的互联网与网络终端智力平台，也有嵌入式计算机基础上 ATM 机的智力嵌入。因此，我们可以将这些归一化交易平台的虚实交互方式移植到其他领域。网上购物就是商品流通领域中的虚实交互体系。

网上购物的虚实交互体系，由网上虚拟交易平台与真实世界的物流体系组成。它与银行交易的差异在于：货币的电子化形态，使得部分银行交易可以在虚拟银行中独立进行；商品是一个真实的物理状态，商品交易体系是一个虚拟世界的网上交互与真实世界的物流相结合的体系。

同样，由于计算机的介入，虚实交互的商品交易具有无限的时空扩展性，如网上购物、期货交易、个性化定制、商品交换、二手交易等，极大地丰富了真实世界商品交易的内容与形式。

▶ 虚实交互市场经济的崛起

在商品经济时代，市场交易经历了漫长的人际交互时代，随后又寻找自动化工具的人机交互辅助手段；计算机产业革命后，形成了市场交易的巨大变革，即虚拟经济的诞生与虚实交互市场的崛起。

（1）真实世界的一元化经济

从人类诞生到计算机产业革命，人们都是在一个真实的一元化世界中生存、生活。在一元化世界中，人们所接触到的一切事物都是实实在在的，都具有特定的物理形态,包括一切抽象的事物,如文字、图形、方案、思想等,都有明确的实物载体;人们所看到的事物,如下雨、打雷、山洪、嬉笑怒骂等,都有具体的真实景象;人与人之间的往来都是直面的人际交互。因此,真实世界是一个一元化世界,即一元化的实物世界、一元化的真实场景、一元化的人际交互。

与一元化世界中的生活方式相对应的,是真实世界的一元化经济,即一元化的商品世界、一元化的真实交易、一元化的人际交易。

（2）无处不在的虚拟世界

虚拟世界是一个以互联网为基础,由计算机智力平台与智力嵌入式终端构成的数字化世界。互联网的时空无限通达性与计算机的无限仿真能力,可以构建一个与真实世界相似的虚拟世界。例如,人们可以根据真实的故宫,通过多媒体技术,以三维动画方式构造一个虚拟的数字化"故宫";人们可以通过互联网与网络终端,构建一个虚拟的对话平台,使世界上所有的人都可以无时空障碍地对话;银行、商店可以在网上虚拟环境中进行商务交易。

虚拟世界是一个计算机世界、数字化世界、人机交互世界,一个具有无限扇出能力的世界。

虚拟世界的基础是计算机的无限互联。这种无限互联保证了虚拟世界的无限时空特性;计算机保证了真实世界的无限仿真能力。计算机(通用计算机与嵌入式计算机)是构建虚拟世界的基本元素。

虚拟世界是一个由"0"、"1"构成的数字化世界,具有数字化"永存"与"不变"的特点;同时,"0"、"1"符号的归一化特征,使数字化世界的信息可以随意存储、传输、变换与交互。

虚拟世界是一个以人机交互为基础的世界。虚拟世界的交互界面是计算机(即通用计算机或隐含在智能化工具中的嵌入式计算机)的人机对话接口,人机交互体现为人与计算机的人机对话。目前,人机对话接口通常是各种形式的键盘与显示器,未来会向自然人的交互方式发展,如语音交互、表情交互,甚至意识交互。

与真实世界相比,虚拟世界具有无限的时空扇出能力。真实世界的故宫有开放时间规定,在规定的时间里只能容纳有限的游人参观。将虚拟"故宫"做成计算机软件后,人人都可以购买,随时随地都可以观看。同样,将一个国际象棋大师虚拟化成无限等级的"国际象棋大师"软件后,人人都能随时随地与其对弈。

（3）虚实交互的市场交易

虚拟世界时空的无限通达与无限扇出能力,使以追逐利润为目标的市场经济寻找到了爆发点。原先真实世界市场经济的各个领域,纷纷开拓虚拟世界的发展空间。网上银行、网上购物是最早的突破领域,并取得了疯狂性进展。

虚拟世界提供了一个最广泛且不受时空限制的交易平台。然而市场经济的交易双方都生活在真实世界中。虚拟世界只是一个平台工具，只靠虚拟世界无法满足市场经济的物质需求。从"真实世界中来，回到真实世界中去"，便形成知识经济时代虚实交互的市场经济特点。网上购物必须有物流配送；网上银行除了电子货币交易外，还必须有货币的真实消费环境和真实的银行实体；网上交易最终要落实到面对面的实物交易。

虚实交互市场经济，是虚拟世界与真实世界交互的二元化市场经济，是真实商品与虚拟商品、真实交易与虚拟交易、人际交互与人机交互并存并相互交融的市场经济。

11.3 构建虚拟世界的技术基础

智能化工具的知识行为能力
真实世界信息的全面数字化
网络构建的全球交互环境

虚拟世界依托于物质世界，它的技术基础是：智能化工具、数字化信息与网络技术。智能化工具提供了人机交互的知识行为能力，数字化信息与网络技术构建了普遍、廉价、无限扇出的人—机—人交互平台。

▶ 智能化工具的知识行为能力

人际交互的基础是人的知识行为能力，人际交互的内容是信息。问候是最简单的人际交互。早上甲、乙见面，甲说："早上好！"乙应声："早上好！"双方都具有正常的礼貌知识，并且正常表达出来，这就是人类的知识行为能力。如果甲说"早上好！怎么穿那么多"，乙回应"有点感冒"，就添加了信息交流的内容。甲从视觉中观察到乙的"穿着信息"，想进一步探求其"原因信息"；乙告知了对方其"疾病信息"。

出现人际交互障碍的人群有两类：一类是智力障碍者，另一类则是精神病患者。智力障碍者的知识水平低下，无法进行正常的信息交流；精神病患者的意识混浊，信息表达会错乱。

集成了知识行为的智能化工具，具有人类的知识行为能力与信息交流能力。人与智能化工具可以实现人机交互。例如，由嵌入式系统与机器人构成的"象棋大师"机器人，便是一个具有高级棋艺知识行为能力的智能化工具。人们可以脱离棋友，直接与"象棋大师"机器人对弈。

在传统的银行业务中,银行与客户的交往完全是真实世界(银行业务大厅的柜台环境)中的人际交互。当银行通过各种智能化工具终端和网络,构建了一个虚拟银行交易环境后,客户可以将自己的计算机接入网络,进入虚拟银行交易环境,可以脱离与银行雇员的人际交互方式,在人机交互下完成交易活动。在这样的交易活动中,交易双方必须遵守严格的信息交互规范:客户向网上银行告知密码与交易信息,网上银行向客户告知状况信息,按照交易协议完成交易行为。可以看出,网上银行的软、硬件工具具备银行雇员的知识行为能力。

由智能化工具构建的虚拟世界具有专业化特点,例如,由"国际象棋大师"机器人构建的虚拟对弈,由互联网构建的虚拟交易、虚拟商务和虚拟医护等。这种专业化特点,使构建虚拟世界服务成为知识经济时代重要的产业发展方向。

▶ 真实世界信息的全面数字化

真实世界社会生活中有两大类信息,即人类社会信息与自然生态信息。人类社会信息是人类社会活动的人文信息,如生老病死、婚丧嫁娶、衣食住行、市场交易、你来我往、谈天说地等;自然生态信息则有:宇宙运行、昼夜交替、风雨雷电、寒来暑往,以及人类活动产生的自然生态信息,如城市垃圾、河流污染、都市噪声、热岛效应等。

在虚拟世界中,所有的智能化工具都内嵌有计算机,智能化工具中所有的知识行为都是在计算机操作下完成的。计算机只能实现数字化操作,而人类社会的人文信息与自然生态信息都是模拟信息。自然生态信息通过各种类型的传感器、模拟/数字转换器,转化成数字信息,并输入计算机;人文信息与计算机、手机、电子辞典、游戏机等智能化工具的交互,都是通过各种类型的键盘来完成的。键盘就是一个模拟信息的数字化转换输入工具。

每一个人机交互的智能化工具都有自己的专用键盘。键盘中有严格的人机交互协议,它规定了键按下时应该发生的确定事件。按键操作是实现协议约定下的模拟信息输入。例如,在操作计算机的人机交互中,若要告知计算机"我要关机了"这一信息,必须按照计算机操作系统中的协议要求,按如下顺序操作:将光标移到计算机桌面左下角的"开始"处,单击后出现菜单;在菜单中单击"关闭计算机"选项,计算机给出"待机"、"关机"、"重新启动"、"取消"等选择;将光标移到"关机"处,单击后便完成"我要关机了"的信息输入。

在上述人机交互中,操作者通知计算机"我要关机了"的信息是模拟信息,要使计算机能理解"关机"事件,必须将其转换成计算机能识别的数字代码。因此,计算机操作系统中必须有相应的键盘协议。在键盘协议中不仅规定了每个按键的代码及其协议,还规定了不同按键操作状态(顺序组合、逻辑组合)下应该发生的特定响应要求。键盘协议、计算机的译码与事件响应操作,都是在数字化环境下完成的。

另外,许多人机交互智能化工具的输入信息,不是直接接收操作者的输入信息,而是接收自然信息。例如,指纹识别的门禁系统中,通过指纹图像传感器采集指纹图像,并将其转化成数字化信息,与原来预留的指纹数据库进行比对,做出开门与否的判断与控制。在流域水污染监测的无线传感器网络系统中,通过散布在湖泊、河流的无线传感器模块,采集水中的含氧量、混浊度、化学成分、温度等信号,并将其转换成数字化信息,发送到污染监测系统的网络中继站上,然后进入互联网。

▶ 网络构建的全球交互环境

个人计算机与智能化工具奠定了知识经济时代的人机交互基础,而互联网的出现,特别是个人计算机、嵌入式系统(智能化工具)普遍的网络接入,构建了一个全球化虚拟世界的硬件环境。

由互联网构建的交互环境,具有全球化的交互范围、广泛的人机交互工具与黑箱化的交互方式等特征。

(1) 无限通达的交互体系

由互联网构建的社会交互环境,将咫尺之间的人际交互扩展到全球范围。然而,要实现全球化的真实人际交互,必须解决"互众性"与"实时性"两大难题。

"互众性"是指在全球范围内,任何一个人或任何一个智能化工具,都能随意地进入互联网。智能化工具(手机、PDA 等)普遍的网络接入功能,以及互联网 IPv6 标准的实施,可以使全球范围内的个人及其周围的智能化工具,方便地进入互联网。

人际交互与互联网人—机—人交互的最大差异,除了虚拟环境外,便是它的实时性。在通常的人际交互中,交互双方都能实时地应答对方,人们体会不到交互中的响应滞后。通过互联网后,人们之间的交互要通过网络路由的数字化传送以及终端的信息处理,这会造成一定的响应滞后。随着网络带宽的不断增加、终端响应速度的不断提升,网络的实时性能会得到不断改善。

(2) 无限扇出的人机交互

在网络构建的交互环境中,充斥着各种类型的人机交互终端。人们通过个人计算机上网,发送给对方电子邮件;通过手机发送给对方短信息;用手机与对方通话。所有这些人际交互都是通过网络的人机交互终端实现的。当智能化工具普遍具有网络接入功能后,其所具有的知识行为能力可以替代直接的人际交互方式。例如,通过计算机实现电子邮件的群发功能;用网络录音电话代替主人接听等。人人都可以不受限制地进行人际交互。

网络中智能化工具介入后,还可以实现完全虚拟化的人际交互。例如,甲在手机中记存着好友乙的生日信息与祝贺生日快乐的录音片段,并设置好网上送花服务的自动化程序。这样不论甲在何处,是否记得好友的生日,乙都能收到好友甲的实时祝贺与友情关怀。

(3)黑箱化的交互方式

在网络化的人际(人—机—人)交互中,双方都是在一个网络虚拟化环境下进行的。交互双方无法真实地感受交互过程的真实性。例如,在真实世界的银行交易柜台上,客户与银行雇员的所有交互过程都是透明的,并有摄像机监视记录过程。然而,在网上银行,客户与银行的交易是通过虚拟银行进行的,一切交易过程都不透明,形成黑箱化的交互方式。这种黑箱化交互方式,是在双方都不了解对方、一切都按照网上银行的协议规定进行的。人们给黑箱化交互方式规定了严格的交互协议与规范化的交互环境,以保证黑箱化交互的可靠性与安全性。

11.4　虚实世界交互下的市场经济

虚实交互的市场经济环境

虚实交互的知识平台特性

虚拟市场经济的新兴产业

虚实交互的市场经济模型

知识经济时代,是一个真实世界与虚拟世界并存的时代。顽强的市场经济必然要在虚拟世界中大显身手,创造出前所未有的、真实世界与虚拟世界交互的市场经济体系。

▶ 虚实交互的市场经济环境

虚实交互的市场经济突破了时空限制,是一个在虚拟市场经济平台基础上实现的、真实世界与虚拟世界交互的市场经济体系。

(1)虚实交互的市场经济体系

虚拟世界形成后,在市场经济的所有领域(包括商品生产领域、商品流通领域和服务领域),都迅速出现虚实交互的经济体系,在由网络、数字化信息、智能化工具构筑的智能化平台上,实现市场经济的运行过程。这些智能化平台包括商品生产领域中的个性化商品生产平台(简称"生产平台")、商品流通领域中的泛性交易平台(简称"交易平台")、社会服务行业中的自主服务平台(简称"服务平台")。

在虚实世界交互的商品生产领域,个性化商品生产平台将传统的工厂化生产方式,转变为消费者介入性生产方式。商品生产从满足一般化消费需求转变为满足个性化需求,按消费者个人的需要实现定制化生产或组装化生产。由于商品生产平台能迅速而灵活地调整其生产线的生产流程,以及产品终端的组装化、傻瓜化生产方式,很容易实现商品的个性化生产。个性化商品生产是菜单式定制生产,即生产厂家提供个性化商品"菜单",由消费者按菜单定制自己所需的商品。

在虚实世界交互的商品流通领域,智能化交易平台的出现形成了虚实世界交互的泛性交易体系,使传统商业面对面的交易方式,变成虚拟世界介入下最广泛的交易体系。这种泛性交易体系包括交易对象、交易内容、交易方式的多样性。在由计算机网络、数字化信息、智能化工具构筑的泛性交易平台基础上,厂家、商家可以通过网络销售自己的商品;消费者可以相互交换自己的商品,出卖二手商品,还可以成为商品交易中的导购员、评判员;厂家、商家还可以不断扩大商品的交易方式,如以旧换新、商品升级等。

在虚实交互的服务业领域,发展最迅速的是在自主服务平台基础上的自我服务。由计算机网络、数字化信息、智能化工具构筑的自主服务平台,大大地超越了原先服务行业所能提供的服务水平、服务能力与服务效率,既优化了服务行业,又满足了消费者日益扩大的消费需求,形成了服务业与消费者的双赢局面。最典型的事例是网上银行的金融服务,网上银行完善的自我服务,使用户感到更方便、更快捷,而且还实现了许多原先在柜台交易中不易实现的服务内容,如无时间、地点限制的查询、转账、交费等。

(2) 无限时空下的市场经济

由计算机网络、数字化信息、智能化工具构筑的个性化商品生产平台、泛性交易平台、自主服务平台,完全突破了真实世界市场经济的时空限制。通过全球化的网络和24小时值守的平台体系,偏远地区的农户、乡镇企业都可以随时上网发布自己的商品信息,实现网上交易;任何消费者都可以在全球范围内寻求理想的交易;任何人都可以获得"随心所欲"的资讯服务。

(3) 生产/消费紧耦合的市场经济

虚拟世界的生产平台、交易平台、服务平台,形成了一个生产—消费、生产者—消费者紧耦合的市场经济。在商品生产领域,生产商可充分沟通生产与消费环节的信息,满足消费者的个性化需求;在商品流通领域,消费者可介入商品的宣传、评论、建议,销售商可通过交易平台拉近与消费者的距离,建立长效客户;在服务领域,服务双方在服务平台的捆绑下，可实现双赢的服务体系。

（4）知识平台构建的市场经济

无论是生产平台、交易平台还是服务平台，都是在现代计算机技术基础上构筑的智能化平台，具有人类的知识行为能力。生产平台、交易平台、服务平台，都独立地承担市场经济运行中的一个个重要环节，形成知识经济时代平台介入下的市场经济。这些平台都是实实在在的、具有社会生产力效益的软硬件体系。市场经济行为的各方，都将一部分经济行为转移给平台来完成。例如，网上银行、电话银行对客户的主要服务环节，都由其客户服务平台自动完成；网上商品交易的商品选择、报价、付款等环节，都在商家的交易平台上进行；初期商品的个性化生产过程中，商品的主体部分在生产平台的自动生产线上生产，消费者个人的特殊需求则由消费者选择，在消费者参与下，完成最终的商品生产。

▶ 虚实交互的知识平台特性

虚实世界交互市场经济中的生产平台、交易平台、服务平台，都是由计算机软硬件构筑的智能化体系。除具有知识平台的基本属性外，这些平台还表现出一些特殊的行为特性。

（1）平台的直接生产力

从本质上讲，生产平台、交易平台、服务平台都是知识平台，平台中集成有与生产、交易、服务有关的知识与知识行为。因此，它们可以替代市场经济领域原先由生产厂家、商家、服务体系完成的经营行为，形成直接的生产力效益。同时，平台的时空无限性拉近了消费者与经营者的距离，并将原先由商家单独承担的服务内容，部分地转移给消费者。

随着生产平台、交易平台、服务平台的不断完善，其智能化水平也不断提高，这将会突显知识平台在社会生产力中的巨大作用。

（2）平台行为的隐蔽性

知识经济时代，是以平台（生产平台、交易平台、服务平台）为中心的市场经济。作为市场经济主体的消费者与经营者，其经济行为的很大一部分是通过平台来完成的。而这些平台经济行为具有一定的隐蔽性。例如，对于手机通信服务平台中的计费系统，消费者无法了解其计费行为。同样，在网上银行、电话银行服务平台基础上的金融业务过程中，客户无法了解具体的资金流动过程。平台经济行为的隐蔽性特点与知识平台的黑箱性特点是一致的。消费者既无法观察，也无法介入，更无法监督这些经济行为的过程。

（3）平台的干扰与入侵

在以平台为中心的市场经济中，无论是生产平台、交易平台还是服务平台，都是独立存在的计算机软硬件体系，而且大多数形成了网络体系。因此，这些平台易受黑客或罪犯的恶意干扰与入侵，成为知识经济时代经济犯罪的重要形式。犯罪分子可以侵入到平台中，盗取交易信息、客户密码，修改正常的经济行为进程，甚至使平台失效。

（4）平台交互的非公正性

在以平台为中心的市场经济中，表面看来，消费者与经营者都是处于平台两端的平等交互关系。然而，消费者是平台的纯粹使用者，经营者是平台的定制者或委托定制者。由经营者来制定经营规则，而这些规则对消费者却不透明，使消费者处于弱势地位。在市场经济的利润原则驱使下，制定经营规则的利益杠杆向经营者倾斜，例如，金融服务平台中不公平的计息规则（30天计息，利息尾数抹去等）、通信领域中的灰色计费等。

在虚实交互市场经济的初级阶段，经营者除了制定有利于自己的平台运行规则外，有些经营者还在平台中设置形形色色的消费陷阱。这些陷阱通常带有隐蔽、小额、大量的特点，使大量的消费者在不知不觉中损失利益。当消费者觉察到利益受损时，常常会因过高的索赔成本而放弃争斗。当大量消费者群起而攻之时，由于法律的缺失，经营者很难受到制裁，通常以"下不为例，限期改正"的方式收场，转而制造新的陷阱。这种隐蔽、小额、大量、"时间差"的获利方式，是平台市场经济时代侵害消费者利益的新特点。

近年来，电视台节目中大量出现各种有奖竞猜、海选投票中高价短信收费，其本质上是媒体与信息产业相勾结形成的典型的"小额、大量"的消费陷阱，成为知识经济时代灰色产业的组成部分。在"小额"中体现暴利，在"大量"中形成巨额利润，在"隐蔽"的不知不觉中给你"温柔"一刀。

▶ 虚拟市场经济的新兴产业

与虚拟市场经济相配合的新兴产业，是平台产业、专家知识产业、网络黑色产业。

（1）平台产业

在第二篇第十章中，从IT产业出发，谈到了知识经济时代知识产业与制造产业的分工。如果扩大到整个知识经济领域，从生产、流通到服务，处处展现了知识经济是以平台（生产平台、交易平台、服务平台）为中心的市场经济。因此，知识经济时代的新兴产业，是各种类型用以满足生产、交易、服务的知识平台产业。

（2）专家知识产业

无论是生产平台、交易平台还是服务平台，都会包含独立的专家知识库、专家服务系统。这些在平台中嵌入的专家知识库、专家服务系统，都会成为构建平台的独立产业。例如，在计算机软硬件基础上，由专家知识库与机电系统构建的各种全自动生产线、全自动车间、全自动工厂，形成了各种类型的生产平台。而智能化生产平台的创意、创建，以及计算机管理、服务、咨询、辅助设计、辅助制造、工程设计等系统中的专家知识库建设，都是知识经济时代知识商品化的新兴产业，是社会生产力中的知识创造力产业。

由知识平台构成的智能化体系与传统自动化体系的本质差异，就是专家知识服务的差异。传统的自动取款机中只有简单的一维交互行为；而计算机嵌入后的自动取款机中，有不断完善的金融交易规则，以及专家咨询、查询等应答内容。

（3）网络黑色产业

依托网络与平台实现的市场经济，是知识经济时代的重要特点。许多经济行为依靠网络在虚拟世界中进行。原先存在于真实世界的黑色产业，如巨大的赌博和色情产业，可以很方便地转入虚拟世界。除此之外，网络世界的特殊环境会滋生许多新兴的网络黑色产业。例如，"熊猫烧香"病毒制造者构建了一个病毒平台在网上出售，大量的黑客在购得该病毒平台后，制造出许多变异型病毒，进行各种罪恶的经营活动。

▶ 虚实交互的市场经济模型

虚实交互的市场经济，与传统的真实世界中的市场经济有着本质的差异，表现为平台介入后，传统的直接激励—响应型市场经济行为，异化成平台中介下的间接激励/响应，即激励—平台运行—响应的经济行为。

在资本经济中的一体化企业中出现商品生产的激励因素后，便会产生产品的创意、研发、设计、生产等一连串响应行为。而在知识经济的全球化扇形产业结构中，企业在出现商品生产的激励因素后，首先要自身定位，确定是从事知识产业还是制造产业。如果企业从事制造产业，则要选择好知识平台与知识平台产业伙伴，在一个知识平台基础上完成最终产品的生产；如果企业从事知识产业，则要专心从事产品的创意，并将创意成果转化成知识平台。

在商品流通领域，有了网络世界的虚拟交易平台，人们产生购买商品的激励后，可首先进入该平台，了解相关商品的质量、用户评论、商家信誉等信息，然后再选择最佳的购买方案。

在商业服务领域，可充分利用商家搭建的各种服务平台，如金融服务领域的电话银行、网上银行,使原先面对面的激励—响应型服务,变成面对电话银行、网上银行服务平台的间接交互服务。

在知识经济时代,所有经济行为都是在平台介入下的市场经济行为,知识平台弥散在整个社会生活中。知识平台与互联网构成一个无所不在的虚拟世界,社会生活中所有经济行为都不可避免地深陷其中。例如,有了 ATM 机以后,银行柜台不再接受小额(直接激励—响应型)取款业务。因此,整个社会进入一个虚实交互的市场经济体系。

平台的介入,使得虚实交互的市场经济模型成为一个激励—平台运行—响应的过程模型,该模型表达了一个全方位的泛经济体系。

平台的黑箱性,使得平台介入后的经济行为缺乏完全的透明性;网络恶意入侵的可能,使得虚实交互的市场经济具有一定的风险性。

如果将厂家、商家与消费者分别称为甲方、乙方,那么由于生产平台、交易平台、服务平台都由甲方构建,因而形成甲、乙双方在社会经济行为中的不对称地位,乙方通常处于弱势地位。

11.5　虚拟世界的法律道德建设

虚拟世界的罪恶土壤
利润追逐下的罪恶
虚拟世界的巨大诱惑
呼吁法律道德建设

在知识经济时代,无处不在的网络与智能化工具,构成了一个多种形式、广泛存在的虚拟世界,极大地丰富了社会生活的内容,提高了社会生活的效率。然而,虚拟世界的黑箱性、匿名性、可广泛介入性,使其成为滋生罪恶的土壤,腐蚀社会道德。在市场经济的利润追逐下,虚拟世界中会产生一个庞大的灰色产业与黑色产业,这些产业会利用各种陷阱、诈骗手段来谋取暴利。在知识经济的初级阶段,虚拟世界是一个新鲜事物,各种隐蔽性的弊端与罪恶尚未引起政府部门的重视。一个日益扩大、繁荣兴旺的虚拟世界,呼吁着法律道德建设与社会监督机制。

▶ 虚拟世界的罪恶土壤

真实世界面对面的人际交互,是在双方或多方全透明(交互行为、交互过程、交互信息均透明)的状态下进行的,即使有其他人介入,也是透明状态下的介入,从而形成全透明的社会生活。在全透明的社会交往中,人们通常会自觉约束自己,遵循公认的道德准则与法律约束。例如,若要找人问路,应先礼貌地向对方打个招呼。如果没有礼貌在先,对话的正常交互有时会无法实现。再如,在象棋对弈的人际交互中,有双方"落子不悔"、旁观者"观棋不语"的约束,即使产生纠纷,所有人都会历历在目,人人都可以举证。

在虚拟世界里,人际交互呈现为间接、不透明状态。以典型的网上虚拟聊天、虚拟征婚为例,所有交互双方的交互信息、交互行为、交互过程都是不透明的,有可能成为一个道德缺失的空间。进入聊天室后,人人可以带上虚拟的面具,给对方以虚拟的个人信息,进行虚拟的情感交流。在没有道德约束、法律监管、他人监视下,虚拟与虚假没有边界可言,征婚会变成骗婚。

道德沦丧是知识经济时代最大的社会问题。其罪恶根源,在于社会生活中人际交互的间接性。在真实社会中,诚信是为人处世的身家性命;而在虚拟世界中,没有道德约束,虚假可能形成一种习惯性行为。当虚拟世界与真实世界交融时,虚假的习惯性行为会对真实世界的道德观念产生重大的冲击。

▶ 利润追逐下的罪恶

当虚拟世界构成社会生活的重要组成部分后,虚实交互的市场经济就会成为商家巨大的利润增长点。电子商务、网上交易、电子游乐、网吧、虚拟广告等,在给社会生活带来诸多方便的同时,也滋生了不少社会毒瘤。

广告是商品经济中的一个辅助经营行为,起着"广而告之"的作用。当拉动消费成为经济生活的主流时,许多广告从真实告知走向虚拟化。充斥于电视台的丰胸、增高、减肥、美容广告,以及无所不治的医药广告,无情地掠夺消费者钱包。无怪乎有社会精英发出"收视率是万恶之源"的呼喊声。

在最大化利润的追逐下,出现了一批黑心产业。例如,一些声讯台的色情服务、网上赌博,以及色情暴力的电子游戏等,成为知识经济时代的电子海洛因。黑心产业没有社会责任,缺乏社会监督,只有利润追逐。一大批青少年沉迷于电子游戏与网络世界中不能自拔。

现代网络、通信产业的虚拟世界特征,使消费交易呈现不透明性,商家的消费误导、消费陷阱、强迫消费,以及公众媒体互动节目中高价短信的博彩行为、通信消费陷阱等,成为知识经济初级阶段中的重要社会现象。

▶ 虚拟世界的巨大诱惑

人类对知识经济时代虚拟世界带来的巨大社会变革缺少心理准备。虚拟世界的巨大商机,引诱网络商、智能化工具商迅速将虚拟世界从产业领域推向社会生活领域,构筑了一个巨大的虚拟生活空间。在这个虚拟生活空间里,人们可以远离现实生活,以我为中心、随心所欲,没有责任与义务,没有约束与监督。

然而,虚拟世界为人类开辟了一个新的生活空间。在真实世界巨大的生活压力下,虚拟生活空间几乎成为人人都可以舒缓压力、排除寂寞、寻求情感交流与精神寄托的世界。在未来的老人世界中,虚拟世界生活可以排遣老人的寂寞,为老人构筑虚拟的互助与信息交流平台,是解决老人世界自助、自主生活的一种重要途径。因此,掌握虚拟社会的生存手段,学会虚拟世界的生活方式,是人们进入老年阶段前的应修课程。

▶ 呼吁法律道德建设

当前,虚拟世界生活方式已成为人类社会生活的重要组成部分。虚拟世界里个人的随心所欲、商家的利欲熏心,对现实的法律、道德形成巨大的冲击。只有建立虚拟世界的道德规范、法律制度与监管体系,才能保证整个社会有和谐的生活环境。

与真实世界相同,要给进入虚拟世界的市场经济带上社会效益责任的笼头,以防止在最大化利润的追逐下,非理性产业的恶性膨胀。要对网络游戏实行审查制度,鼓励益智、有教育意义的游戏,并铲除其成瘾性因素。

对虚拟世界所有的社会行为要进行有效的社会监管和法律制度介入,要研究虚拟世界的实名制度与有效的追查渠道,使虚拟世界在人际交互范围内呈透明状态。

要对青少年实施有效的保护措施,使青少年远离网吧。在无监管能力的情况下,应禁止各种形式的社会网吧营业。在义务教育阶段,应提倡中小学教育中的实体化教学环境。

11.6　本章小结

现代计算机产业革命,使人类从一元化的真实世界,进入一个虚拟世界与真实世界并存的二元化时代。与此同时,市场经济也进入一个虚实交互的时代。

虚实交互的市场经济是一种二元化的市场经济,即:虚拟世界与真实世界并存,人际交互与人机交互融合,真实交易与虚拟交易同在。

与真实世界的市场经济相比,虚实交互的市场经济具有无限通达与无限扇出的能力,形成巨大的知识生产力效应。

面对虚实交互的市场经济的迅速崛起,法律、道德规范的严重缺失,是虚实交互市场经济初级阶段的主要矛盾,虚拟世界的法律、道德建设,是当前的一项紧迫任务。虚实交互知识平台的智能性与隐蔽性,决定了虚实交互市场经济的法律、道德建设是一个永恒而艰巨的任务。

第十二章　知识经济时代的现代市场
经济批判
——遏制市场经济的疯狂行为

从原始商品经济时代开始,市场经济跨越了三次浪潮。三次浪潮中,有18世纪的工业革命浪潮与20世纪现代计算机的智力革命浪潮。

"利润原则"是市场经济的原罪。在知识经济时代的最大化利润追逐下,市场经济的非均衡性、两极分化与财权结盟空前加剧,同时还呈现经济全球化、市场经济无限外延以及中产阶级两极分化的新特点。

现代市场经济时代,是全球性剩余生产力时代,是人类社会生产力超高水平的超高速度发展时代。全球性剩余生产力的出现表明,发展社会生产力不再是人类社会的第一需要。

12.1　市场经济的原罪

　　人类进入农耕时代后,稳定的社会环境促进了社会生产力的发展,人们将多余的产品以交换方式调制余缺,来满足生活需求。后来,乡村、城镇的分化以及产品的专业化生产,使人类社会进入商品经济时代,产生了货币中介下独立的商品生产与商品交易。为交易而生产,为交易而流通,在交易中获取利润,人类便进入市场经济时代。

　　从为物品交换、调制余缺、满足生活需求的产品生产,到为获取利润的商品生产与流通,无疑是一个巨大的变革。在这个变革中,社会生产力从直接满足社会需求,转变为对利润的直接追求。因此,市场经济是一个利润驱动型的自由经济。

　　发展生产、满足社会需求,是人类社会经济活动的基本目标与原则。市场经济的"利润"驱动力量,有力地推动了社会生产力的发展。然而,最大化的利润追逐,与满足社会需求的非一致性,会导致经济活动与满足社会需求相背离。这种背离是市场经济利润原则使然。利润原则为市场经济与生俱来,是市场经济的原罪。

　　在生产力极度低下的社会里,发展社会生产力是人类社会的第一需求,利润原则的巨大驱动力,使市场经济迅速地满足社会需求,造就了现代社会的文明与繁荣。然而,在市场经济条件下,追逐利润的结果,必然导致地区的非均衡性发展与财富分配的两极分化。非均衡性发展与财富分配两极分化形成的富人经济圈,是实现市场经济最大化利润的最佳土壤,致使市场经济堕入非均衡性发展与财富分配两极分化的恶性循环之中。利润原则的原罪,便成为现代市场经济众多疯狂行为的罪恶之源。

12.2　市场经济的发展规律

地区的非均衡性发展

财富分配的两极分化

财富寻求权力保护

　　地区的非均衡性发展、财富分配的两极分化、财富与权力联合,是市场经济的三个发展规律。市场经济的非均衡发育环境、资本的殖民政策与资源掠夺,形成地区经济的非均衡性发展;财富自举效应与剩余价值规律,成为财富分配两极分化的根源;财富分配两极分化的经济基础,必然导致维护两极分化的上层建筑,出现财富寻求权力的保护。

▶ 地区的非均衡性发展

市场经济所有的社会经济行为,都会将满足社会需求异化成对利润的无限追求。早期的商品生产与消费会形成地区差异,这种地区差异会形成资本投资效益的巨大差别。商品生产与消费发达的地区,资本具有良好的增殖条件。为了追求经济行为的最大化利润,市场经济的所有经济行为,都会不断强化经济发达地区的商品生产与商品消费,以巩固市场经济的非均衡发展态势。

随着商品生产效率的不断提高,商品数量急剧增加,开拓新兴市场便成为市场经济利润的重要增长点。商品生产发达的地区,将优质、低廉的商品销往经济落后地区,必然会抑制经济落后地区的商品生产能力,或摧垮那里任何新兴的商品生产企业。全球化的消费市场开拓,加剧了市场经济的非均衡发展趋势。

市场经济发达的地区,以雄厚的资本优势在全球寻找廉价的资源与能源,以巩固其商品生产的持续价格优势。早期资本经济发达的国家,则以炮舰政策的殖民与掠夺,维持经济落后地区的长期落后状态。

在经济全球化的知识经济时代,随着制造产业一波又一波地向经济落后地区转移,人们似乎看到了市场经济非均衡发展逆转的些许希望。然而,在制造产业向经济落后地区转移的过程中,人们也看到了发达地区的市场经济,因为制造产业的转移,增强了对经济落后地区的垄断与驾驭能力。制造产业的转移,虽然使一些第三世界国家经济崛起,但经济发达国家固守知识产业,依仗知识产业对制造产业的垄断与驾驭能力,依然维持市场经济的非均衡发展态势。

知识经济时代,在知识平台中介下的知识产业与制造产业的分工,形成市场经济非均衡性发展的新特点。这些新特点是,知识产业的非均衡发展与制造产业输出机遇中的非均衡扩展。在最大化利润追逐下,经济发达国家将制造产业向第三世界转移的同时,固守知识产业,维持知识产业对制造产业的垄断与驾驭;第三世界的经济发达地区在接受制造产业,实现经济起飞后,向知识产业进军,并将制造产业向第三世界的经济落后地区转移,显现出知识经济市场经济非均衡性发展的波状动态特性。

▶ 财富分配的两极分化

马克思在分析资本经济运行中,创建了剩余价值理论。"剩余价值"概念是马克思主义政治经济学的核心概念,它认为资本主义生产的实质,就是剩余价值的生产。这里的剩余价值,本质上是劳动者创造的超过自身及家庭需要的那部分价值。在商品生产的市场经济领域中,剩余价值与雇主对剩余价值的占有是一个普遍现象。对剩余价值的占有,是市场经济两极分化的原始驱动力。在劳动生产力时代的原始两极分化趋势,在后续的资本生产力、知识生产力时代得到不断强化,成为市场经济一道永恒的风景线。

在劳动生产力时代,依靠剩余价值聚集了大量社会财富的手工业者、地主阶层,凭借财富实力,购买机器,构建厂房,雇佣工人及工程师,实现了商品的社会化大生产,使劳动生产力进化到资本生产力。资本家对剩余价值的占有,使财富空前增殖。

进入知识生产力时代,知识平台形成财富两极分化的物质条件。知识平台的垄断、驾驭,形成财富两极分化的新基础。一些知识平台的创造者,依据知识平台的垄断、驾驭地位与巨大的扇出效应,获取了空前的超额利润。知识成果巨大的生产力效应,吸引了众多财富集团的风险投资,以及资本对知识产业团队、企业的兼并与收购。所有这些都表明,在市场经济时代,财富分配从原始财富集聚的两极分化开始,走向两极分化发展的不归之路。

白领阶层中的两极分化,是知识经济时代的又一个特点。在资本经济时代,对知识成果的渴求,以及对知识成果向现实生产力转化的巨大需求,导致形成一个巨大的白领阶层。随着知识经济时代知识成果的平台化,知识平台直接生产力效应的加剧,对白领阶层的需求会不断下降。这致使白领阶层中,少部分人成为从事知识平台创建的精英阶层,挤入富人集团;大部分人被雇佣来为知识平台的推广、应用服务。

▶ 财富寻求权力保护

"上层建筑为经济基础服务"是政治经济学的重要原理,被证明是一条颠扑不破的真理。财富寻求权力保护,会形成财富与权力的联合。

财富与权力是"孪生兄弟"。在奴隶社会,权力就是财富,财富被奴隶主占有。到了封建社会的商品经济时代,虽然财富与权力分化,但社会财富集中在地主、手工业主与商人手中,他们成为社会强势群体。封建君主除了天然地拥有一切自然资源外,还成为财富集团的代言人。

现代资本主义民主政权的权力结构主体是财富阶层,所有的法律制度都体现为资本主义经济基础服务。资本家的经济行为受到政权机构的充分保护;政权机构给财富集团实实在在的好处,留给平民百姓的只是所谓的"法律面前人人平等"。

财富与权力联合下的市场经济社会,在高举"法律面前人人平等"的大旗下,为财富集团谋求最大化的实在利益:制定了强有力的私有财产保护法,却对全民的公共财产未采取强有力的保障措施,财富集团可以用财富手段随意侵占全民的社会资源;巨大的司法诉讼成本,使得法律面前只有财富的加权平等;现有民主国家的选举制度,是一种财富助选机制,必然形成为财富利益集团服务的"民主"政府。

12.3 现代市场经济的新特点

市场经济的全球化
市场经济的无限外延
中产阶级的两极分化

除了非均衡性、两极分化、财权联合外,知识经济时代的市场经济还有鲜明的新特点,即市场经济的全球化、市场经济的无限外延以及中产阶级的两极分化。

▶ 市场经济的全球化

在知识经济时代,在资本经济的封闭型一体化产业结构变革为扇形产业结构后,全球化的商品流通便被变革到全球化的商品生产,从结构上为市场经济全球化打下了全面的经济基础。然而,全球化经济基础出现后,便遭遇上层建筑领域国家分割与经济体制(计划经济与市场经济)分割的矛盾,从而限制了市场经济的全球化发展步伐。

苏联的解体、中国大陆社会主义市场经济的探索,使大部分原有计划经济国家转型为市场经济国家,形成全球范围归一化的市场经济体系,从而扫除了经济全球化经济体制上的障碍。

以知识平台为中心,由知识产业与制造产业构成的扇形产业链,是市场经济全球化的内因;全球范围内归一化的市场经济体系,是市场经济全球化的外因;全球范围内的国家分割状态,是市场经济全球化面临的主要障碍。

▶ 市场经济的无限外延

过去,市场经济是商品生产、流通领域的经济行为。随着商品经济的发展,为商品经济服务的金融、中介、旅店、餐饮等行业兴起,将市场经济延伸到服务行业。由于市场经济利润原则的巨大吸引力,市场经济在商品经济相关领域不断扩展与延伸,原先与商品生产、流通、服务无关的许多社会生活领域,也被纳入市场经济范围内。

在中国大陆社会主义市场经济探索的初级阶段,市场经济出现过无限外延的泛滥状况。原先的高等教育体系,农村大众医疗网,城市普遍的医疗保障体系,文化、艺术、传媒机构,以及公共服务机构等非市场经济领域,迅速地市场经济化,使得一些为百姓大众服务的体系迅速崩溃。市场经济所到之处,无不滋生腐败。

从合理利润追求向最大化利润追逐,也是市场经济无限外延的另一种形式。在农民工春节返乡大潮中,铁路部门恶意涨价是从合理利润追求向最大化利润追逐的典型。本来,铁路春运已从挤爆了车厢的农民工身上赚得了丰厚的利润,但还想榨取更多的利润。

可以看出,当市场经济无限外延,从合理利润追求向最大化利润追逐时,市场经济便从原始的先进驱动力量转变为万恶之源。

▶ 中产阶级的两极分化

非均衡性与两极分化,是市场经济发展的基本规律。中产阶级的两极分化是知识经济时代特有且不可避免的经济现象。

日本趋势学者大前研一先生,在其 2006 年出版的《M 型社会:中产阶级消失的危机与商机》一书中,提出了中产阶级的两极分化现象。书中指出,目前日本乃至全球普遍的发展趋势是,代表社会富裕与安定的中产阶级正在快速消失,其中一小部分挤入高收入阶层,大多数沦为低收入或中低收入人群。大前研一引用大量数据来佐证他的论点。书中他还提到中产阶级自我检测的三个问题:第一,房贷给你造成很大的压力吗？第二,你不想结婚更不想养儿育女吗？第三,你为小孩未来的教育经费担心吗？

中产阶级的两极分化,与现代计算机产业革命诞生的知识平台以及由知识平台形成的扇形产业结构有关。与资本经济封闭型一体化的产业结构相比,扇形产业结构的出现,必然导致直接为企业服务的技术岗位大量缩减,这是中产阶级两极分化的内在原因,因为知识平台中集成的知识行为是中产阶级赖以生存的空间。例如,在传统电子行业中有大量的电子工程师岗位,如今,为全球服务的 VCD/DVD 产业却几乎见不到工程师;在金融业,金融服务的急性膨胀,使得电话银行、网上银行、手机银行扩展了大量的交易业务量,却并未带来相应的白领岗位,因为这些白领岗位被计算机网络的服务平台所替代,而剩余的有限岗位也将逐渐傻瓜化为一般岗位。

在知识经济时代早期,当封闭型一体化产业向扇形产业结构过渡时,IT 产业的急剧膨胀,导致对大量技术服务大军的迫切需求,造就了人员众多的白领阶层。随着知识平台的发展、扇形产业结构的完善,白领阶层的岗位便会萎缩。笔者的一个学生早期在深圳从事 IT 产品开发,不久其开发工作就被大规模集成电路的系统集成所替代,只能另谋出路。在早期智能电表的开发大潮中,中国大陆有 180 多个单位从事这一开发工作;而智能电表的半导体专用芯片诞生后,这些单位的技术开发岗位便迅速消失。

12.4　质疑现代市场经济

人类非理性的疯狂需求
全球性剩余生产力的诞生
内耗型经济的恶性循环
生产力发展遭遇刚性天花板

　　市场经济应该是商品经济领域中一种先进、合理的发展模式,因为它给商品经济注入了按劳付酬、以质论价、公平竞争的利润激励因素,从而使社会生产力迅速增长。然而,在知识经济时代,市场经济已进入非理性发展阶段:全球平均生产力已超出全球平均社会需求,超高速发展的社会生产力已突破地球的承受极限,内耗型经济已进入恶性循环。人类渴望市场经济回归理性,并质疑市场经济,要求遏制社会生产力,从源头上拯救人类。

▶ 人类非理性的疯狂需求

　　发展社会生产力是为了满足社会需求。人类的社会需求经历了从原始的生存需求、生活需求、欲望需求,到当今的疯狂需求。永无止境的疯狂需求,使人类社会进入一个人文生态环境与自然生态环境急剧恶化的时代,人类正在走向毁灭的边缘。要寻找拯救人类的良方,必须从分析人类的理性社会需求入手。

　　原始人为了生存、繁衍,与大自然作斗争,形成最原始的"生存需求";当社会生产力发展到有多余的社会财富时,必然要用这些多余的财富来改善生活品质,改善衣、食、住、行的环境,使社会生产力从满足生存需求,提升到满足改善生活品质的"生活需求";当生产力进一步发展到能充分满足生活需求后,人类便会充满"欲望需求"。

　　在市场经济非均衡发展而形成两极分化的富人经济社会后,欲望需求的恶性膨胀,便会导致出现形形色色以满足社会欲望需求的新兴产业,如美容、宠物、色情、博彩、毒品等产业。可以看出,人类的欲望需求是一种追求心理、生理刺激的消费需求,其中包括一些理性的需求(如美容业),而不少是非理性的疯狂需求。

　　除了由欲望需求推动的新兴产业外,现代科学技术在市场经济的利益驱使下,也在不断提拉人类的非理性需求。人类生殖能力的退化,是现代化社会生活方式的直接后果。现代科技与市场结盟,不去研究、推广与提升人类的健康生活方式与生殖医疗水平,而是使人工生殖、繁衍产业化,从而加速了人类自然生殖、繁衍能力的退化。另外,在市场经济的推动下,在人类周围构建了一个精细呵护的巨大医药、医疗体系,致使人类的自然免疫能力急剧下降。

只要认真地审视现代市场经济在满足社会非理性需求、疯狂需求上已经走得有多远,人们便有理由怀疑现代市场经济的合理性。

▶ 全球性剩余生产力的诞生

人们总是以"发展生产力、满足社会需求"这一堂而皇之的理由,来追求社会生产力的发展、发展、再发展,而从不考虑我们当今所处的时代,在生产力水平、社会需求的满足上,已到达一个什么样的发展阶段。

如今,知识经济所处的时代已经是一个全球性剩余生产力的时代,一个拉动疯狂消费的时代,一个超出消耗一个地球的时代,那么还有什么理由让市场经济继续非理性地疯狂发展呢?

市场经济的非均衡性发展,使得在社会生产力高度发展的知识经济时代,仍然有诸多的贫困落后地区。如果理性地审视就会发现,进入知识经济时代,特别是进入21世纪后,全球的平均社会生产力已经超出社会需求,产生了全球性剩余生产力。此前,发展社会生产力是人类社会的第一需要,以满足人类日益增长的社会需求;此后,解决非均衡发展与两极分化,便成为人类社会发展的重要任务。然而,国家分割状态下的国家利益,以及市场经济最大化的利润追逐,使得解决非均衡发展与两极分化近乎空想,但这是拯救人类社会唯一的现实出路。

▶ 内耗型经济的恶性循环

内耗型经济,是指在国民经济中,一部分经济活动所产生的负面效应无法自行消化,必须消耗另一部分国民经济来消除其影响。内耗型经济是一种折扣经济,它使国民经济产生虚假增长。

当人类进入文明社会后,不文明的社会生活方式、非理性的社会消费,形成巨大的经济内耗。第一次产业革命实现了人类的体力劳动替代,现代化的饮食文明使人类肢体退化,进入一个肥胖化的"癌症时代"。应运而生的是巨大的健身、减肥、现代疾病控制等产业。现代化的生活方式导致人类不孕不育的增加,催生了人工生殖产业。同样,现代化的生活方式还导致人类自身免疫系统能力衰退,催生了人类的精心呵护产业。如此恶性循环不止。

"新三年,旧三年,缝缝补补又三年"是理性节俭型经济的写照。在市场经济最大化利润追逐下的拉动消费,使人类社会的商品消费,从过去的简装、裸装以及口碑相传时代,进入一个包装化、广告化的时代。月饼的豪华包装、牛肉干的颗粒包装,都是典型的过度包装行为。电子产品更新速度加快,使城市垃圾惊人地增长。

▶ 生产力发展遭遇刚性天花板

如果说内耗型经济使人类遭遇柔性天花板,那么,"人类只有一个地球"便是人类的刚性天花板。内耗型经济会使社会生活品质变糟,使国民经济无效增长。当人类从欲望消费发展到疯狂消费时,便会遭遇"地球承受能力"的刚性天花板。

百万年来,承蒙大自然的宽容,人类在战天斗地、改造自然的社会进化中,对大自然的破坏都被其"恩准"了。而人类贪婪、狂妄、无知,犹如童话故事"渔夫与金鱼"中的老太婆,导致社会生产力毫无节制地指数式疯狂增长。

人类社会生产力在知识经济时代按指数式增长规律的极致发展,必然会遭遇地球承受能力的极限。据英国《独立报》2006 年 10 月 9 日报道:"新经济学基金会根据美国学术团体全球生态足迹网络的研究估计,10 月 9 日这一天,我们对地球资源的索取量超出了合理范围,从这一天起'人类开始吞食这个地球'。"人们不在乎这个模糊事件的精确求解是否合理,但所有人都会认同随后的估计:"世界需要 5 个地球资源来维持一个像美国那样的物质社会,而维持一个英国那样的物质社会则需要 3 个地球资源。"可悲的是,人们并没有谴责疯狂消费,也没有对市场经济的超高速发展提出质疑。

12.5   现代市场经济的理性思考

> 市场经济出现异化
> 生产力不能无限发展
> 现代科技不能盲目发展

现代市场经济已经走到尽头,正遭遇"地球承受能力极限"的刚性天花板。人类必须反思自己的行为,最重要的是,要对现代市场经济进行理性批判。对市场经济的理性批判,不是否定市场经济,而是要质疑市场经济,在质疑中使市场经济理性化。

▶ 市场经济出现异化

在本书第一篇"知识学基础"中,指出了知识的非线性发展规律。以知识为基础的社会生产力,必然也呈现非线性发展规律。与社会生产力的非线性发展相比,社会需求(指社会平均的理性需求)没有突出的非线性因子,呈现相对线性增长态势,如图12.1中所示。

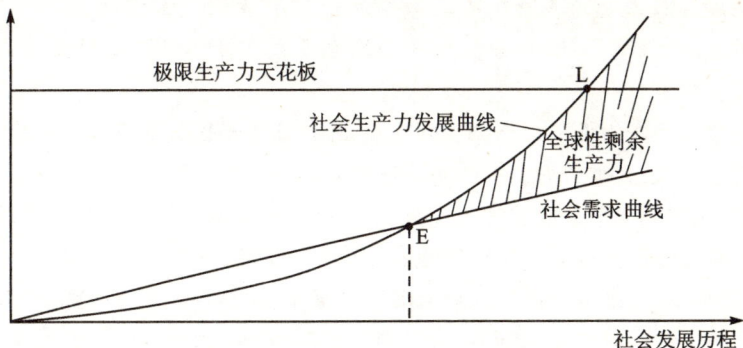

图 12.1　社会生产力与社会需求曲线

在原始商品经济时代,社会生产力低下,无法满足社会需求,发展生产力成为社会第一需要。社会生产力由于其非线性发展,总会在某一历史阶段超出社会需求,如图 12.1 中 E 点所示。当全球性社会生产力的发展超出社会需求时,便会出现全球性剩余生产力。这时,发展生产力不再是社会第一需要,而解决市场经济的非均衡性与两极分化,便成为社会第一需要。这就是市场经济发展的异化点。

图 12.1 中的 E 点可以看成是知识经济与资本经济的分水岭。知识经济时代超高水平上超高速度(双超)发展的社会生产力,导致全球性剩余生产力的急速增长态势。因此,从全球性剩余生产力的观念出发,有可能出现人类全球性的小康社会。然而,在最大化利润的追逐下,市场经济非均衡性与两极分化的发展,注定会导致社会剩余生产力用于拉动富人集团的欲望消费与疯狂消费,80%的社会财富用于满足20%社会人群的需求。

▶ 生产力不能无限发展

当前,人们最关心的问题是,社会生产力高速发展的前景与利弊,即社会生产力是否需要维持双超的发展态势? 生产力继续超高速发展对人类有什么利弊?

如果仔细研究图 12.1 中人类社会发展的基本曲线关系,不难得出这样的结论:在知识经济时代,发展社会生产力已经不是人类社会发展的第一需要。人类应该控制社会生产力的发展,否则便会遭遇极限生产力天花板(如图 12.1 中 L 点),即刚性天花板,人类社会发展便会进入一个全面动荡的时代。

从发展社会生产力用于满足社会需求的目的来看,只有生产力的不断发展,才能最大限度地满足人类社会的需求。在人类相当长的历史发展阶段中,生产力一直无法满足人类的社会需求。人们感受到的是人口不断增长、贫困人口不断增加的压力,以及社会发展导致人类对改善生活质量不断追求的欲望。人们认为,只有不断提高社会生产力才有出路,因此,把发展生产力当做是人类社会经济发展神圣、不可怀疑、不可动摇的任务。

人类社会从生产力低下状态的缓慢发展,到一定规模的快速发展,到高生产力水平的高速发展,再到超高生产力水平的超高速发展,已成为不争的社会现实。但人类生活的地球环境不变,如果不采取有效措施,生产力非线性发展必然会遭遇极限而崩溃。任何一个事物非线性加速运动的最终结果,要么趋于极限,要么崩溃。例如,太空舱下落时,依靠阻力伞减速,最后会在空气阻力下达到平衡,如果它不能及时减速便会被焚毁;下山的汽车必须依靠刹车来控制速度,否则会粉身碎骨。自然规律都是相通的。

当前人类社会生产力已经历漫长的发展阶段,进入一个超高水平的超高速发展时代。它的最显著特征是:人类现实生产力一年间对客观世界的改造要胜过老祖宗千百年。可怕的是,这一趋势还在发展,而地球资源并不会增长,人类已开始进入一个生产力超高速发展的极限状态。人类必须探索可持续发展的出路,以防止人类与自然的崩溃。

▶ 现代科技不能盲目发展

知识的非线性发展必然导致科学技术的非线性发展。知识经济时代是知识发展的巅峰时代,与知识相关的社会生产力、现代科技都呈现双超(超高水平的超高发展速度)发展态势。

从"认识世界是为了改造世界"来看,人类知识发展似乎有明确的目的性。然而,知识有其自身的独立发展规律,不依人们的意志而转移,也不会按照社会需求来发展。人类对未知领域的探索充满好奇,并具有莫名的固执心理。例如,人类对宇宙起源、生命起源、基本粒子的探索,并不存在改造世界的功利目的,却年复一年无穷无尽地探索。

另外,在许多基础理论探索(如基因工程、生物工程、生命工程、超导技术、纳米技术)取得突破性进展后,人们不可避免地要寻找其工程应用的突破点。而这些突破点会涉及工程技术发展的所有可能领域,但常常不是现实的社会需求。在这种只考虑技术可能,不考虑现实需求和后果的现代科技双超发展中,任何一项重大科技的应用失误,都会造成不可挽回的巨大损失。纳米技术的应用、转基因作物的推广、物种的基因干预等的未来祸福,都充满不确定的因素。

当今的许多重大科技成果,当其应用前景尚未被充分论证时,首先就会遭遇市场经济的最大化利润追逐。在最大化利润的追逐下,重大科技成果的第一位任务是为市场经济服务,而其安全性则会被放在最后考虑。人们对这种现象似曾相识:在资本经济的初级阶段,社会化大工业生产方式迅速扩展,烟囱林立,自然环境恶化,阶级矛盾尖锐,后来人们才意识到这些问题的严重性,并通过国家干预,使原始资本主义转变成良性循环的现代资本主义;中国大陆在改革开放的初级阶段,毫不犹豫地引入市场经济,"摸着石头过河"、"让一部分人先富起来"的政策,使市场经济横行无阻,众多领域弊端丛生,腐败横行,自然环境急速恶化,两极分化空前严重,在出现明显的破坏因素后,政府部门提出了科学发展观、构建和谐社会的正确主张,力图走出初级阶段。在知识经济时代,人类面临许多重大科技成果从改造自然进入改造生命、改造人类自己的重大历史阶段,人类是否又会经历一个痛苦、悲惨的初级阶段?值得注意的是,历史上留给资本主义初级阶段的调整时间有上百年;而如今,当人类发现重大生命科技、生物科技的发展出现重大失误时,很难有时间再来挽救。

12.6　现代市场经济的理性批判

质疑现代市场经济的合理性
遏制急速发展的社会生产力
给市场经济套上社会效益的笼头
现代市场经济应画地为牢
必须突破国家分割的障碍

市场经济只求"利润",不计后果,在追求最大化利润时会丧失理性。因此,在重大的经济转型期会出现许多"初级现象"。这些初级现象表现为,只追逐利润而不计后果,等到不可收拾时再给予补救。然而,知识、社会生产力、现代科技在高端上的非线性发展态势,导致留给人类补救的时间并不多。因此,批判市场经济是当务之急。

批判市场经济,就是要质疑现代市场经济的合理性,遏制急速发展的社会生产力,给市场经济套上社会效益的笼头,使市场经济画地为牢,且必须突破国家分割的障碍,将人类从现代市场经济灾难中挽救出来。

▶ 质疑现代市场经济的合理性

市场经济具有推动社会生产力的神奇魔力。在这种神奇魔力中,蕴涵利润追逐的原罪。在生产力低下的历史阶段,市场经济推动人类社会迅猛前进,使人类迅速进入现代文明社会。当人类进入现代文明社会后,利润追逐便明显地暴露出它的罪恶行径,即社会发展的非均衡性与两极分化。从某种意义上讲,市场经济的驱动力就是建立在非均衡性与两极分化的基础之上的。

在生产力低下的社会与地区,当发展社会生产力成为首要任务时,市场经济就会成为积极的先进因素;当出现全球性剩余生产力之后,特别是,当社会生产力遭遇一个地球消耗极限之时,发展社会生产力就不再是人类社会的第一需要。

市场经济的利润原则本质上是一个非理性因素,当利润超出其合理范围时,市场经济就会丧失理性。十倍利润使人丧失理智,百倍利润则会令人疯狂。市场经济不同情弱者,不考虑社会效益。在当今物欲横流的拉动消费时代,必须重新审视市场经济。

▶ 遏制急速发展的社会生产力

在知识经济时代,人类已进入一个社会生产力的急速发展时期。原始社会持续几万年,封建社会持续几千年,资本经济社会持续几百年,而留给知识经济时代的时间却不足百年。在一个人类个体的生命周期中,原始社会的人们看不到万年原始社会的变化,封建社会的人们感觉不到千年封建社会的变迁;而如今,人人都能体会到知识经济的疯狂。这种疯狂带来社会的动荡不安,使人类社会进入一个全面的动荡时代。

就连远离百姓、生活在象牙塔里的宇宙学家斯蒂芬·霍金教授,都感受到了全球化动荡的危机。他在网上提出一个令人震撼的世纪求解难题:"在一个政治、社会、环境动荡的世界里,人类如何才能继续生存100年?"为了人类的生存,必须遏制急速发展的社会生产力,批判市场经济,使人类社会的发展回归理性。

▶ 给市场经济套上社会效益的笼头

人们在议论社会生活中诸多事物时,总会论及其社会效益与经济效益。经济效益追求社会财富的增长,以保证人类日益增长的物质需求;社会效益保障社会生活中的集体利益、理性生活方式,以及人类个体心理、生理健康成长的社会环境需求。

市场经济只遵循利润原则,不会主动考虑社会效益。当经济效益与社会效益发生冲突时,往往是经济效益第一,而社会效益处于弱势地位。例如,网吧使大批青少年沉溺其中而成为网虫,家长欲哭无泪;电视广告铺天盖地,一些虚假广告横行无阻,而一些名人、明星却为虎作伥;作为大众文化艺术的电影变为票房价值的奴仆,无任何社会责任的凶杀、残暴、血腥场面充斥某些影片中。市场经济从满足生活需求,到拉动欲望、疯狂需求,一路通畅,严重污染了人类心理、生理健康成长的社会环境与自然环境。因此,在市场经济高度发展的知识经济时代,政府的一个重要社会责任,就是要给市场经济套上社会效益的笼头,以立法的形式对市场经济行为实行强有力的社会效益监督与干预。

▶ 现代市场经济应画地为牢

市场经济是商品经济领域中的一种经济行为,应将其严格限定在与商品相关的经济领域。

对财富的追逐是人类的本能,它形成利润原则的巨大推动力量。因此,在中国大陆社会主义市场经济的初级阶段,为了追求快速发展,许多非经济领域主动引入市场经济的运行机制。例如,将市场经济引入文化、艺术、教育、公共医疗体系、公共服务领域,造成文化、艺术的堕落,教育、医疗行业的腐败,公共服务领域的贵族化,严重地损害了社会效益。

在市场经济利润追逐的腐蚀下,一些传媒体系与不法企业相互勾结,发布虚假广告,制造虚假新闻、八卦新闻,从事各种类型的圈钱行径;一些政府部门将原先由纳税人供养、承担社会效益责任的公益部门实行市场机制。市场经济的无限扩展与最大化利润的追逐,使追逐利润的原罪发展成万恶之源。

因此,在市场经济极度发展的知识经济时代,必须严格控制市场经济的适用领域,严防市场机制扩大化。

▶ 必须突破国家分割的障碍

全球化的市场经济基础,必须有相适应的全球化上层建筑。当前,经济全球化的格局业已形成,而国家的分割、意识形态的对立、价值观念的冲撞,形成经济基础与上层建筑的尖锐矛盾。霸权主义、国家利益至上,成为社会动荡不安的根本因素。突破国家分割障碍,是当前人类面临的最大困境。各种联盟体的诞生与发展、经济共同体的友好合作、经济落后国家或地区的起飞与觉醒、多极世界的形成,也许会给人类社会带来些许希望。

12.7　本章小结

在全球化市场经济时代,人们被市场经济的威力所震撼、迷惑,在恐慌不安的氛围下,很难冷静下来探讨市场经济的古往今来、弊益祸福。因此,在市场经济极端化发展的知识经济时代,对市场经济的理性思考是一件十分重要的事情。

在任何时间、任何地点、任何国家,非均衡性发展、两极分化、财富与权力结盟,都是市场经济的绝对发展规律。进入知识经济时代后,市场经济又有了全球化、无限外延、中产阶级两极分化的新特点。

在知识经济时代,社会生产力的双超(超高水平、超高速度)局面、非理性的疯狂需求、无止境的拉动消费,必然会使人类社会的发展遭遇刚性天花板,这说明现代市场经济已走到尽头。人类必须对现代市场经济进行理性思考:质疑现代市场经济,遏制急速发展的社会生产力,给市场经济套上社会效益的笼头,将市场经济画地为牢。而使人类最终摆脱困境的关键出路,是要突破国家分割的障碍,使全球化的市场经济基础与全球化的上层建筑相适应。

第三篇　社会问题思考

人类有历史记载以来，经历了农耕时代、工业文明时代与知识经济时代的三次浪潮洗礼。在知识经济的浪潮中，人类已预见到未来物种革命的第四次浪潮。

　　每次浪潮的洗礼，除了社会生产力的巨大变革，随之而来的就是社会生活方式的巨大变化，形成一个时代特殊的社会学现象。农耕时代的自然经济，形成与大自然和谐的弥散型田园生活方式；资本经济时代的集约化经济、社会化的大生产方式，形成城市化的工业文明生活方式；知识经济时代现代计算机全方位的知识革命，带来前所来有的革命，必然带来社会生活的激烈变化，从而引发诸多的社会问题。

　　知识经济时代，是人类知识分离性、集成性、非线性发展的极致化时代，是现代市场经济全球化发展的疯狂时代。这些时代特点带来许多前所未有的社会学问题，如知识分离性发展的傻瓜化进程、知识集成性发展的边缘化时代、知识非线性发展的社会动荡，以及现代市场经济无限外延与最大化利润追逐下的非理性生活方式。

　　知识经济时代巨大的科技成就与超高速度的社会生产力，并未给人类带来更大的幸福感。2006年7月4日斯蒂芬·霍金教授在网上的求解难题："在一个政治、社会、环境动荡的世界里，人类如何才能继续生存100年?"震撼了世人，表明了知识经济时代，人类必须认真思考的社会学问题。

第十三章　人类三次浪潮的巨大变革
——迎接第四次浪潮

　　知识的非线性发展,导致人类发展速度的指数式增长,社会形态的更迭周期不断缩短。人类经历了几万年的原始社会、几千年的封建社会、几百年的资本经济社会,如今的知识经济时代的历史将不到百年。

　　农耕时代的第一次浪潮经历了几千年,迎来了工业革命的第二次浪潮;工业革命第二次浪潮经历了几百年,产生了计算机知识革命的第三次浪潮;在不到百年的第三次浪潮的知识经济时代,人类又看到了第四次浪潮的变革前景。

13.1 人类社会的非线性进程

在本书第一篇"知识学基础"中指出,非线性发展为知识发展的三大规律之一,与知识相关的一切事物都遵循非线性的指数式发展规律,人类社会发展的历史进程也呈现非线性发展态势。

学过社会发展史的人都十分清楚这样一个事实,相对于人类诞生后几百万年的历史,人类社会的形成只是一个十分短暂的时期。在这个短暂的时期中,人们看到了明显的非线性发展史实,即几万年的原始社会、几千年的封建社会、几百年的资本经济社会,以及不到百年的知识经济时代。

阿尔文·托夫勒先生在《第三次浪潮》一书中,将人类社会概括为三次浪潮,也指出了非线性变化的史实,即几千年的农业革命浪潮、几百年的工业文明浪潮,以及如今只有几十年的知识经济浪潮。

在观察人类诞生后的进化历史中,也可以看出明显的非线性发展印记。人类学家与考古学家,一致同意将人类起源分为直立人与现代人两个起源阶段。直立人起源,可以追溯到300多万年以前的非洲大陆,直到近几十万年前才开始世界各地的现代人起源。然而,只到最近的十几万年间,才开始出现人类社会形态的明显进化。

在历史的长河中,人们观察社会现象时,都会有非线性变迁带来的时代局限性。

在史前社会,人类的发展进程似乎被冻结了;在几千年的封建社会,人类社会与自然生态的演化变迁,诞生了思想家、哲学家;在几百年的资本经济时代,社会经济、生活方式的变化,诞生了经济学、历史学、社会学。

由于历史的局限性,封建时代的学者可以从历史典籍中了解朝代的更迭,但却无法在现实中观察到时代的变迁。马克思经历了资本经济初级阶段,写出《资本论》,揭示了原始资本经济的罪恶;但遗憾的是,他没能看到走出初级阶段的现代资本主义社会。而当今知识经济时代的历史学家,则有幸能见证一个新兴历史时代的全貌,有可能对知识经济时代作出全面、细致、深入的理性分析。

在全面深入论述知识经济时代方面,阿尔文·托夫勒无疑是一个先知者。在30年前,托夫勒便敏感地意识到一个新时代正在到来,在《第三次浪潮》中,他把这个新时代定义为人类社会的第三次浪潮。在《财富的革命》中,他又将第三次浪潮定名为"知识经济"时代。遗憾的是,囿于传统的知识概念,托夫勒无法进一步诠释知识经济时代的深层原理。

13.2　敬畏大自然的农耕时代

衣食住行的安居时代
天地人和的自然生态
与大自然的和谐社会

农耕时代的社会形态主要是封建社会形态。相对稳定的社会环境，使人类进入衣食住行的安居时代，保持了天地人和的自然生态，构建了自然经济的和谐社会，人类开始稳定的生存、繁衍时代。社会生产力从满足生存需求，向满足生活需求发展。

▶ 衣食住行的安居时代

人类从狩猎时代进入农耕时代后，便有了稳定的社会生活环境。人们日出而作，日落而息；春耕夏忙，秋收冬藏；男耕女织，居有定所。农作物的耕种、手工业的加工、家畜的圈养，满足了人类衣食住行的基本生活需求，人类开始一个衣食住行的安居时代。

▶ 天地人和的自然生态

由于社会生产力低下，人类受制于大自然，又依赖于大自然的恩惠，对大自然充满敬畏与感恩之心。人类对自然生态的改造、社会生产力对自然生态的破坏，都处于可自然恢复的范围内，从而产生了"天地人和"的人文观念。人类将自然生态系统的山川、森林、河流、水源作为神灵敬拜，以求其保护人类衣食住行的安居环境。至今，在许多边远地区，还可以看到这种由于对山神、树神、水神等的敬畏而形成的自然生态保护现象。

▶ 与大自然的和谐社会

农耕时代是一种自给自足的自然经济时代。以家庭为单位的生产个体，从事满足家庭衣食住行需求的生产劳动。由于自然环境、个体生产能力的差异，出现产品的余缺交换行为，萌生了早期的商品交易，开始了农、工、商的分工。然而，在生产力低下的社会发展阶段，所有的专业化分工都呈现弥散状态，无数的小型生产体系仍以家庭为主。对大自然的依赖形成农耕时代与大自然的和谐社会。随着社会生产力的不断提高，产生的余钱剩米可以供养一部分人从事文化、艺术、科技、教育等工作，从而促进了封建时代的全面繁荣与发展。

13.3 工业文明的享乐时代

衣食住行的欲望时代
战天斗地的人工生态
市场经济的内耗因素

18世纪的产业革命使人类进入工业文明时代。高度发展的社会生产力,将人类社会从满足衣食住行的基本需求,推向满足欲望需求;产业革命所爆发出的改造客观世界的巨大能量,打破了自然生态环境对人类的束缚,迅速为人类营造了一个人工生态环境;市场经济对生产力的巨大拉动与人类改造世界对自然生态环境的破坏力量,使市场经济进入一个内耗时代。人类在享受物质文明的同时,开始对大自然的征服。

▶ 衣食住行的欲望时代

从农耕经济向社会化大生产的工业经济发展,使社会商品生产能力急剧上升,迅速地将人类社会从满足基本需求推向满足欲望需求。这种衣食住行的欲望需求,成为市场经济两极分化后财富与地位的标志。

工业文明时代是市场经济的成熟时代。社会生产力的发展、市场经济的非均衡性,导致出现区域性的社会剩余生产力。即在社会平均生产力尚不足以满足全体百姓温饱需求时,局部地区的生产力会十分发达,从而在该地区形成剩余生产力。在市场经济的利润追逐下,剩余生产力不会用来支援贫困地区,而是用于满足富裕地区、富裕人群的欲望需求,从而导致社会人群中的两极分化不断加剧。

为了满足衣食住行的欲望需求,衣食住行的基本物质需求被提升到衣食住行的文化层面,例如,从御寒到时装文化,从果腹到饮食文化,从寒舍到家居文化,从舟车到汽车文化。

在资本经济时代,市场经济的非均衡与两极分化日趋严重。因此,在研究工业革命带来的现代文明社会生活时,不可忘却地区发展的非均衡性与两极分化的社会生活状况。一部分人在满足奢侈欲望需求的同时,许多人还在为满足基本需求而挣扎。

▶ 战天斗地的人工生态

在农耕时代,人类弥散在一个自然生态环境中,其衣食住行依靠大自然的恩赐。标志着现代工业化文明的社会化大生产,使人类走出自然生态环境,开始以工业化为中心的城市化建设。城市化的生活方式取代了田园生活方式,城市成为社会政治、文化的中心。随着工业化社会的发展,城市的功能被不断强化。

工业化形成战天斗地的巨大物质力量,使人类远离自然生存条件,开始走上按照工业化社会特点,营造一个城市化人工生态环境的改造自然时代。

工业化的城市生活彻底改变了农耕时代日出而作、日落而息的生活方式;工业化的生产方式使社会生产力从个体走向集群,从以劳动者为中心转向以生产车间、生产线为中心;工业化巨大的科技生产力效应不断改变人类的生活方式,汽车文化、饮食文化、医疗保健的发展,为人类构筑了一个精心呵护的人工生态环境。

因此,工业时代最显著的特征,是人类走上一条建设人工生态环境以及依赖于此环境生活的不归路,即进入人们广为称道的"现代化文明生活时代"。

▶ 市场经济的内耗因素

工业化生产方式所具有的巨大社会生产力与集约化生产方式,形成对自然环境的高强度破坏力量。在局部地区,这种破坏已超出大自然自我化解的极限。工业革命早期的伦敦雾霾、日本工业时代汞污染的水俣病都是典型的事例。这些典型事例说明,工业文明给人类创造物质财富的同时,会对环境产生破坏作用;当这些破坏超出自然界可以承受的极限时,必须用一部分社会生产力来修复这些破坏,从而形成社会经济的一种内耗型特征。

内耗型经济诞生于工业经济时代,工业化急剧发展的巨大生产力,是产生内耗型经济的根本原因。然而,追逐最大化利润的市场经济,决不会主动投入环境治理,致使内耗型经济长期处于先生产、后治理的被动局面。这种被动治理的局面常常使人类付出惨重的代价。

内耗型经济与人工生态环境的呵护,是工业化社会形成的不归之路。随着社会生产力的发展,人工生态环境建设会不断加强。因此,人们在不断赞美现代文明社会时,不应忘记内耗型经济与人工生态环境对人类未来的潜在威胁。

13.4　知识经济时代的人类边缘化

人类边缘化发展进程
"世界末日"的症候群
走到尽头的市场经济

如果说,农耕时代是衣食住行的安居时代、天地人和的自然生态时代、与大自然和谐的社会时代,工业化时代是衣食住行的欲望时代、战天斗地的人工生态时代、市场经济的内耗时代,那么,知识经济时代便是一个拉动疯狂消费的时代、随心所欲的人工生态环境构建时代、走到尽头的市场经济时代。在这个时代里,人类在无所不能、无所不为、为所欲为的同时,也开始其边缘化进程。

▶ 人类边缘化发展进程

在本书第一篇"知识学基础"中,提到了人、知识、工具的同源性,人＋工具的智力结构,人、知识、工具的社会生产力体系,充分说明在人类的进化发展中,"人"、"知识"、"工具"都是重要的发展要素,人类虽然是主宰因素,但工具是人类进化发展中不可缺少的"伴侣"。在人类的进化发展中,人类不断创造知识,并不断将知识成果集成到工具中,形成人类的第三种知识形态。随着工具中集成的知识成果的不断增加,人类开始边缘化进程。当工具从知识集成发展到知识行为集成,形成第二种智力形态时,人类便迅速地进入边缘化时代。

（1）两次产业革命引发的人类边缘化进程

严格地说,人类诞生伊始,就形成了人、知识、工具的进化体系与生产力体系。在这个进化体系中,孕育了人类的边缘化因子。人类离不开工具,人类的知识成果会不断从其头脑中向工具中转移,工具中具有知识成果的遗传、积累效应。人类在进化的同时,必然会开启边缘化进程。近代史上的两次产业革命,是人类边缘化进程中的两次重大事件。

18世纪的产业革命是由蒸汽机引发的。从随后的内燃机、电动机以及石油、电力工业的巨大发展来看,这次产业革命的本质是动力机械的革命。动力机械的长足发展,不仅明显地提升了工具在社会生产力体系中的地位,而且由于其在社会生产、生活中的广泛普及,导致人类的体力劳动被工具广泛替代。从某种意义上讲,18世纪的产业革命成为改变人类发展、进化环境的一个重要因素。人类开始在一个机械化的人工生态环境中进化。在这样一个人工生态环境中,人类的肢体、感觉器官、生殖能力、免疫系统普遍退化,人类受到肥胖症等现代化疾病的不断困扰。

20世纪的现代计算机产业革命,本质上是知识行为革命,是使工具具有人类智力的革命。在计算机产业革命之前,虽然工具中不断集成人类的知识,但知识行为（即人类的智力行为）却是为人类所独有的（例如,算盘中集成有人类的数值计算成果,但是没有数值计算的知识行为;而带有计算机内核的电子计算器,却能够独立完成数值计算的全过程）。计算机产业革命之后,工具中的知识行为替代了人类的脑力劳动。如今,人们可以看到在社会生产、生活中普遍存在"不动脑筋"的现象,懒于动脑、依赖工具成为现代人的基本生活方式。

（2）知识分离性发展引发的人类边缘化进程

在本书第一篇"知识学基础"中，一开始便提到人类知识的二元化分离特征，即知与识、知与行的二元化分离。知与识的二元化分离是知识在"知其然"与"知其所以然"两个层次上的分离，许多人可以停留在"知其然"的层面上，而让少数精英们向"知其所以然"进军；知与行的二元化分离是"知识创新"与"创新知识应用"两个进程上的分离，以及"知识创新者"与"创新知识应用者"的分离，一些人将知识创新成果集成到工具之中，而另外一些人在这些工具基础上实现创新知识应用。

正是人类知识的二元化分离特征，使人类在发展进化的进程中，逐渐从知与识的"知其所以然"中退化，在知识应用上更加倚重工具，而不是自己头脑中的知识与知识行为。

（3）知识集成性发展引发的人类边缘化进程

人类知识的集成性发展规律，揭示了工具从知识集成到知识行为（智力）集成的普遍演化发展进程。

工具中集成的知识，与人类大脑中存储的知识有着本质的差异。人类大脑中存储的知识可以传承，但不能遗传、复制；工具中集成的知识可以复制，可以遗传，从而形成知识的积累效应。在知识爆炸式增长的情况下，人类在知识传承过程中，不得不抛弃原有的陈旧知识，而这些陈旧的知识成果却完好地保留在工具之中。例如，在集成电路的发展进程中，早期，人们将门电路知识成果，以晶体管电路的形式集成到半导体集成电路中；随后又不断将计数器、比较器、模拟/数字电路、数字/模拟电路的知识成果集成进去。

如今，在高等学校的教学中，门电路、基本数字电路的原理知识被逐渐淡化；使用集成电路的工程师们也不必懂得集成电路的原理知识。这些过期的原理知识虽然在人们的头脑中淡化，甚至消失，但却以物质形态方式牢固地存在于集成电路中。人类个体头脑中的知识贫乏，导致人类对工具的绝对依赖。如今，一个电子工程师在集成电路基础上，很容易设计出一个奥运会倒计时电子钟，却无法在晶体管基础上，设计出一个最简单的电子计数器。

工具的知识行为集成，将人类依赖的工具从知识化向智能化发展。工具的知识化可以使人类不断抛弃原有的知识成果，而工具的智能化将使人类向彻底边缘化迈出最后一步。如今有了计算器，人类在数值计算领域的作用被边缘化成键盘操作手；有了电子标签、电子收银机、电子秤，超市的员工便在计价、计数、商品识别领域被彻底边缘化，员工的工作岗位终将会因无人化超市的出现而消失。

▶ "世界末日"的症候群

在知识经济时代,知识的非线性发展与边缘化进程,使人类进入一个非理性的社会生活时代,即肥胖系列症、孤独系列症、疯狂消费系列症等带有"世界末日"色彩的社会症候群时代。

在人工生态环境的精心呵护下,人类非健康的生活方式,会导致人类肥胖人群增多、免疫系统退化、现代疾病丛生。即使这样,人们也不愿意去追根寻源,从源头上改变生活方式。现代人类出生伊始,便生活在一个电视、游戏机、汽车、网络、麦当劳、果汁、饮料等拉动消费的环境中,对体力活动的需求急剧下降。当这样的生活方式导致肥胖系列症时,人们很难退出这种生活方式,只能寻求各种减肥手段,从而促成庞大的减肥、健身产业。人类开始了一个恶性循环的生活方式时代。

对人工生态环境的过度呵护,导致人类免疫系统退化。人类在精心营造的环境中生活,自然生存能力不断下降。例如,过分洁净的生存环境,使人类的过敏性疾病增加;超市食品无严格科学依据的保质期,将人类视为弱不禁风的生物群体。人类在面临现代化生活方式的困扰时,没有力量从根本上消除这些外部因素,无法从人类自身的本能出发,调动、强化人类自身的免疫系统。人类深深地陷入过度呵护的人工生态环境之中不能自拔。

虚拟世界的虚拟生活方式,从根本上动摇了人类传统的群居与人际交互的生存方式;千百万年形成群居生活方式的人文、伦理、道德、习惯面临崩溃。人类开始一个虚拟世界的孤独化生活时代。

非均衡与两极分化的全球性社会剩余生产力,形成知识经济时代最疯狂的富人经济。人们可以在投机中一夜致富。疯狂的富人经济导致末日心态的疯狂消费:许多日常用品被疯狂化成炫富的工具,导致世界末日的病态消费心理。

肥胖系列症、孤独系列症、疯狂消费系列症,形成知识经济时代非理性的"世界末日"社会症候群。

▶ 走到尽头的市场经济

在本书第二篇"知识经济学基础"的 13.4 节中,笔者从经济学的角度阐述了一个走到尽头的现代市场经济。在这里,人们可以从社会学的角度,来审视市场经济对现代社会生活方式、社会心理的巨大影响。

人们在深入分析当代肥胖系列症、孤独系列症、疯狂消费系列症等"世界末日"症候群时,都会追溯到市场经济的罪恶源头。

肥胖系列症的最重要社会原因,是市场经济对人工生态环境的疯狂追逐。当人类生活在一个日益强化的人工生态环境中,不再依靠人类自身的能动作用来适应外部世界的刺激时,不断强化的人工生态环境就能够给市场经济带来巨大的商机与利润。例如,当现代化非理性的社会生活方式导致普遍的肥胖症候群时,市场经济决不会引导人们改变不健康的生活方式,而是迅速拉动巨大的减肥产业、健身产业、保健产业。市场经济不会从根本上清除人类不健康的生活方式,强化人工呵护只会导致人类陷入更深的肥胖系列症恶性循环之中。

孤独系列症,是人类从人际交互的一元化世界向人机交互的二元化世界发展时,不可避免出现的弊端。市场经济不断拉动虚拟世界的构建,并强化虚拟世界的工作、生活、消费环境。这种不断强化的人机交互生活方式,会大大地减少人际直面交互的机会。随着市场经济的发展,孤独系列症将会永远伴随人类。

当前市场经济从拉动欲望消费到拉动疯狂消费,进一步加剧了消费领域的两极分化,成为构建和谐社会的毒瘤。如果说市场经济满足基本社会需求的利润为1,拉动欲望消费的利润为10,那么拉动疯狂消费的利润将增长为100。一倍利润令人保持清醒、理智,十倍利润令人疯狂,百倍利润则令人丧失理智。在百倍利润的引诱下,市场经济会在拉动疯狂消费的道路上越走越远。

13.5　人类将迎来第四次浪潮

从改造世界到改造自己

物种革命的第四次浪潮

人类能否控制世界

从人类有史以来三次浪潮的发展历程可以清楚地看出,社会生产力的发展,都遵循人类知识的发展规律而勇往直前。

原始人类依靠知识的发展来不断改善生存环境,以满足人类的基本需求。因此,人们认为,人类认识世界只是为了改造世界以满足人类需求。然而人类的"知识怪兽"却具有自己独立的分离性、集成性、非线性发展规律,且一往无前,永无止境。知识发展的这种贪婪性不会考虑人类的现实需要,以及客观环境的承受能力。例如,人类不断探索宏观宇宙的起源、微观世界的物质结构尽头,并不是为了人类社会的需求。在社会生产力高度发达的知识经济时代,市场经济仍在无止境地推动社会生产力的发展。

农耕时代的第一次浪潮经历了几千年,迎来工业革命的第二次浪潮;工业革命的第二次浪潮经历了几百年,产生了计算机知识革命的第三次浪潮;在不到百年的第三次浪潮的知识经济时代,人类又看到第四次浪潮的曙光。

▶ 从改造世界到改造自己

人类在漫长的历史进程中,都是在不断地改造客观世界。古代人类所有的医疗技术,都是非外科手术的传统治疗手段。传说中华佗开创的外科手术并没有得到传承。直到近代西方科学在显微科学、人体解剖学上实现突破,诞生了外科手术,人类才开始认识自己、改造自己的历程。从此,人类在改造客观世界的同时,也进入改造自己的时代。

人类改造自己的初级阶段,是医学领域中的外科手术,以及基于外科手术基础上的器官移植,20 世纪初诞生的心脏移植具有划时代的意义。随后广泛的器官移植、变性、器官再造、试管婴儿、干细胞技术、人兽胚胎等技术,都突出了医学在改造人类自身方面的成就。

现代计算机技术基础上诞生的人工智能、智能机器人、生命机器人、人机生物体融合、人脑植入机器人等,则是从工程学角度探索人类的另一种发展途径。

基因理论的诞生,是人类改造自己的一个划时代的成就,使人类从解剖学角度认识自己变革到从根本上认识生命,并将引发人类社会第四次浪潮——物种革命的浪潮。

▶ 物种革命的第四次浪潮

基因是所有生命体的信息基础,人类在基因工程上的任何成果,都面向所有的生物物种;因此,在基因工程基础上的革命,是超出改造人类意义上的物种革命。

从基因理论到基因工程的飞跃,归功于现代计算机的技术支持。在现代计算机的帮助下,所有基因研究中的成果,都迅速构建起满足基因工程应用的软、硬件知识平台。软、硬件知识平台巨大的扇出效应,导致基因工程在各个领域中应用的爆炸式增长。例如,基因改造的农产品早已成为人类的普通商品。从 1997 年人类第一例克隆绵羊多莉诞生至今不过 10 多年的时间里,动物克隆已进入商业化运作,克隆的动物肉类已进入百姓的厨房。人类的干细胞器官繁育技术、定向器官培育技术,即将进入实用化阶段。

基因工程技术的发展不以人的意志为转移。在人类的伦理观念、法律制度都尚未有任何准备的情况下,基因工程的物种革命,仍将一往无前地给人类社会巨大的冲击。

人类对人造生命体的研究已经起步,《国际先驱导报》2004 年 3 月 18 日报道:美国洛斯阿拉莫斯国家实验室(世界上第一个制造出原子弹的机构)正在进行人造生命的研究,"计划在数年内制造出一种地球上前所未有的有机体,这种人造有机体比最小细菌还小 1000 万倍,它们可以充当构造自我修复系统的原材料,使所有的东西都可以自我修复,因为它们是活的,并且可以进化。""它们是人造物,却是活的,它们可以从周围环境中获取材料,构建起它们自身,并进行自我复制和取得进化。"

2008 年 1 月 25 日《北京晚报》的世界科技版,转载了美国媒体 24 日公布的一项最新研究:"美国科学家首次合成再造细菌 DNA,人造生命形态已接近诞生。""这项研究历经五年,由被称为'科学怪人'的克雷格·文特尔领导。该研究被看做是完全依据人造 DNA 基因组培育人造生命形态的最关键一步。"这是向物种革命跨出的最关键的一步。

据报道,英国纽卡斯尔大学的一个研究小组于 2008 年 4 月 1 日宣布,他们从胚胎干细胞应用研究出发,将人类皮肤细胞中提取的脱氧核糖核酸(DNA)注入来自母牛卵巢的卵子,成功地培育出人兽混合胚胎。从干细胞应用到新物种的创造,人类终于迈出第一步。

与用 DNA 基因组培育人造生命相比,其他所有的人类基因工程技术都相形见绌。因此,人类社会的第四次浪潮,将会是 DNA 基因组基础上的物种革命。

▶ 人类能否控制世界

由于现代科技的巨大力量,任何一个划时代的科技革命,以及任何一个重大的科技成果,都很难预料它对人类社会的潜在影响。然而,无论人们对这些科技成果持何种态度,人类的知识、科技都会永不停滞地发展下去。可以设想,人们可以谴责、限制人类的克隆,然而,动物克隆技术的普及,必然会消除人类克隆的技术障碍。从人兽混合胚胎到人兽混合生命,也没有什么不可逾越的障碍。

目前,人类正在跨越人造生命的最终障碍,物种的工厂化生产指日可待。这种人类前所未有的技术革命所创造出的,也许是人类再也无法控制的生命体。目前,有的科学家已经合成了人造病毒;而且人类即将拥有人造细菌的能力。与人造病毒不同的是,细菌可以在活体之外的环境中生存与繁衍。基于 DNA 片段的提取,人类还可以制造出极度危险的微生物。

与诱发细胞体内的基因变化这种物种改良不同的是,人造生物学在选择性基因组合基础上,可以创建无限多的全新人造生命体,人类很难控制人造生命体的自我繁殖。

物种革命是把双刃剑。在物种革命的初级阶段,初级人造生命可用做生物能源,可用于垃圾的生物化处理;也可能导致出现一些人类无法应对的危险微生物,从而引发生物生态危机。当物种革命到达高级阶段时,必然会出现人类的人工生命,基因的优选组合有可能形成优秀的生化人类。届时,人类将何去何从? 留给人类的理性思考时间毕竟不多了。

物种革命最终将打开人类社会的"潘多拉魔盒"。不同的是,潘多拉魔盒只是传说中的故事,而物种革命创建的"人造魔鬼",将会是一个真实的东西。

13.6　本章小结

人类社会至少已有几十万年的历史进程,而人类社会的三次浪潮历时不过几千年,象征人类现代文明的两次产业革命也只有 300 多年的历史。如今,人们尚未弄清第三次浪潮的来龙去脉,第四次浪潮的物种革命正悄悄地走来。

工业革命开启了人类的现代文明时代。人类在迅速进入知识经济时代,面对政治、社会、自然环境日益动荡、眼花缭乱的现象时,不禁会回忆农耕时代的田园生活,或者早期西方文学名著中描述的城市、乡镇的安逸生活。

在资本经济社会,人类开始构筑一个人工生态环境。在人工生态环境中享受现代化生活方式的同时,人类开始其边缘化进程。进入知识经济时代后,人类将人工生态环境发挥到极致,充分地感受到边缘化时代人类的无奈。在超高水平上超高速发展的科学技术,使人类社会动荡不安。人类被肥胖系列症、孤独系列症、末日疯狂消费症等症候群困扰着,看不到何时能够摆脱困境。

就在人们惊讶于计算机知识革命在人工智能、生命机器人领域取得的重大成果时,基因工程又在人工生命领域中取得重大的突破。物种革命即将进入人类生活领域,由此会带来人类社会巨大的社会学问题。人们不仅要应对眼前日益恶化的社会生态环境,还要面对人类第四次浪潮的冲击。是福? 是祸? 人类拭目以待。

第十四章　巨大变革引发的社会问题
——社会问题思考

在知识经济时代,人类知识发展与市场经济发展都进入顶峰时代,表明人类社会已进入一个极致化发展的时代。本章从回顾人类知识发展规律出发,引出知识经济时代由于知识极致化发展而引发的社会问题。

在漫长的人类历史进程中,知识的分离性、集成性、非线性发展,经历了不断的量变积累,最终在现代计算机时空量子化技术基础上,产生革命性的飞跃,从而形成知识经济时代的五大社会特征:人工精心呵护、二元化社会变革、数字化生存、虚拟世界生活、边缘化进程。

市场经济对人类知识发展起着巨大的推波助澜作用,是知识非线性发展的一个重要因素。人类知识的极致化发展与市场经济的极致化发展相结合,使人类进入一个疯狂时代。

14.1 回顾人类知识的发展规律

知识发展的客观规律性

知识发展的三大规律

三大规律的基因分析

知识极致化发展的社会特征

人、知识、工具的同源性,从某一角度反映了人类创造知识的同时,知识也在不断地改变人类。人类知识发展有其客观规律性,不以人们的意志为转移。人类知识发展的三大规律是分离性、集成性与非线性。知识经济时代是人类知识发展的顶峰时代,带有明显的极致化发展的时代特征。

▶ 知识发展的客观规律性

人们通常认为,知识只是人类头脑中存在的东西,因为知识的概念起源于人类对客观世界的了解。因此,人们认为知识只有两种形态,即头脑中的知识与文字记载的知识,不承认有第三种知识形态。阿尔文·托夫勒囿于这样的传统知识观,20多年前虽然预见了第三次浪潮的到来,并在20多年后明确地提出了知识经济的概念,然而,他在企图从知识的角度诠释知识经济时,却陷入"迷茫"。

除了头脑寄存、文字记述的两种知识形态外,工具中集成的知识是人类知识的第三种形态。人们对工具中的知识最为陌生;然而,工具中的第三种知识形态,对人类社会发展的影响最为重要,对人类的发展演化起着决定性的作用。

人们崇尚头脑中的知识,并认为它是正宗知识的重要原因,是人类只看到知识的原创作用,看不到工具对知识成果的积累与传承作用。人类必须正视这样一个残酷的事实:人类头脑中的知识是有限的,而且不能传承。人类创造任何新的知识时,都有赖于工具,有赖于工具中集成的知识。人们必须承认新知识的创造,是在前人知识成果的基础上实现的,前人的知识成果在哪里?就集成在工具中。所有无工具介入、口头世代相传的知识,都会消失或衰变,惟有工具中的知识会不断进化与永存。人类知识的发展进化,本质上是工具的发展进化。对三种知识形态的深入研究,会使人们对人类知识的发展有一个清醒的认识、理性的觉醒。

正是由于人类知识的第三种独立形态,褪去了人类知识发展的主观意志色彩,表明人类知识的发展不以人类意志而转移,有其独立的客观发展规律,即知识的分离性、集成性与非线性发展规律。

▶ 知识发展的三大规律

人、知识、工具的同源性,决定了三者不可分割的关系。至今无人能说清楚是知识、工具创造了人类,还是人类创造了知识、工具,"劳动创造人类"一语道出知识、工具在人类起源中的重要作用。因此,研究人类知识发展历程,必须跳出"人类创造知识"的狭隘观念,从人、知识、工具三者的互动关系中,总结人类知识的发展规律,从而真正地领会知识的分离性、集成性与非线性发展规律。

知识的分离性、集成性发展规律,与第三种知识形态的发展密切相关。第三种知识形态的极致化发展,使人类开始边缘化进程;知识的非线性发展规律,导致与知识相关的所有事物均呈现指数式增长态势,知识非线性发展规律的极致化发展,必然使人类最终进入一个全面动荡的社会发展阶段。

知识的分离性、集成性发展规律,从两个角度阐明人类头脑中的知识、知识行为如何与人类分离,分离后又怎样被集成到工具之中。正是由于知识的分离性、集成性发展,致使人类知识在无法依靠遗传性传承时,可以在工具中得以传承与发展。传统电子电路知识可以从后人的头脑中淘汰,是因为有集成电路的知识集成;市场交易人员不必具有数值计算的知识能力,是因为有计算器、收银机、电子标签。

知识的分离性、集成性发展规律揭示了知识发展的内在规律,即知识在人、知识、工具发展结构内部的演变规律;知识的非线性发展规律揭示了人类知识发展的外部规律。无论是内部演变规律,还是外部的非线性发展进程,都深深地影响着人类的经济发展与社会生活。

▶ 三大规律的基因分析

在研究知识发展如何深刻地影响人类社会的方方面面时,人们不禁会问:为什么人类知识发展有其独立、顽固的发展规律,不以人的意志为转移?而且呈现三种知识存在方式?答案是:知识诞生时就孕育了这些发展规律的基因。这些基因是:知识发展的三元化体系结构、二元化知识特征与自举效应。

人、知识、工具这一人类知识发展的三元化体系结构,表明知识的独立性基因特征。如果把知识看做是人类对客观事物规律性的认识,那么知识首先呈现在人们的头脑里,也可以寄存在某些介质上(如以文字形式记录在纸上,以语音方式记录在磁带上)。人们利用知识成果制成工具,则工具中即集成人类的知识成果。知识的独立性基因特征表明,知识可以在人的头脑、介质和工具中以不同的方式存在。

知识的二元化基因特征，是知识深度上的"知"与"识"、知识应用上的"知"与"行"。知识的二元化基因特征是知识分离性发展的基础。

"知"与"识"，即"知其然"与"知其所以然"可以分离，成为知识进程上的两种独立状态。例如，对于众多的人群，只要了解水加热时会汽化、冷却时会结冰的"知其然"即可；对于一些研究人员来说，则应该追究水汽化与结冰的各种物理、化学原因的"知其所以然"。

知识应用上"知"与"行"的二元化基因特征，表明"知识"与"知识应用"是两个独立的概念，知识与知识应用可以分离。即，没有知识，或没有对知识的深层理解，就能实现知识应用。例如，没有任何数值计算知识的人，可以进行数值计算。

知识发展的自举效应，是人类知识非线性发展的基因。人们总是在前人知识成果的基础上发展新的知识，形成知识发展的自举效应。由于人类知识不具有遗传性，知识发展的自举效应，体现在知识成果向外部转移中的不断积累，以至于人们可以站在"巨人的肩上"探索新的知识。这个"巨人"是存在于工具中的人类共同的知识成果。

▶ 知识极致化发展的社会特征

从人、知识、工具系统诞生伊始，人类知识就是按照分离性、集成性与非线性的规律不断发展，从量变到质变。知识经济时代是人类知识发展的顶峰时代。在知识经济时代，人们必须了解知识发展怎样从量变发展到质变。

知识分离性的极致化发展，导致人类在生产、生活中普遍的傻瓜化进程。

知识集成性的极致化发展，导致工具从知识集成到知识行为集成的变革。在工具广泛地替代人类的脑力劳动后，人类开始边缘化进程。

知识非线性的极致化发展，导致人类对客观世界的疯狂改造，使人类社会发展遭遇自然生态的刚性天花板。人类开始进入消耗多个地球的动荡时代。

14.2 知识分离性发展引发的人类傻瓜化

知识的分离性发展进程
知识分离性发展的依托
分离性发展的傻瓜化时代

知识的二元化基因特征，使人类知识一直沿着知、识分离与知、用分离的方向发展。知与识的分离,导致知识成果不断向工具中转移;知与用的分离,使人类进入"傻瓜化"时代。

▶ 知识的分离性发展进程

人类知识发展史上出现过两次重大的知识分离,一次是知识阶层诞生引起知识发展的社会分工;另一次是知识研究领域中基础学科与技术学科研究的分工。基础学科与技术学科分工后的飞速发展,诞生了人类现代史上的两次产业革命,人类迅速进入知识经济时代。

在远古时代,人类对客观世界的了解处于原始状态,生产力极其低下的原始人没有精力从事知识研究,他们在与恶劣生存环境斗争中认识世界、改造世界。这体现出原始知识阶段,人类知识发展的普遍性、实践性与统一性特征。即人人参与知识发展,在实践中认识世界;认识世界与改造世界统一在原始人类每个个体的思想、行为之中。

知识阶层的诞生,是人类社会知识发展史上第一次分离。这次分离体现为知识发展的社会化分工,其中一部分人可专门从事知识原理的研究,不必从事知识的应用。

基础知识与技术知识的分工,是人类社会知识发展史上的第二次分离。客观世界的无限奥秘吸引了众多知识阶层;低下的社会生产力急需知识阶层的参与发展。这次分离就是在这样的背景下诞生的。知识阶层中的一部分人专门从事远离现实生产力发展需要的基础知识研究,另一部分人专门从事将知识转化为现实生产力的技术服务。基础知识与技术知识在发展方向上的分工,形成现代社会中基础学科与技术学科的分工格局。

知识阶层的诞生、基础学科与技术学科的分工,使人类知识进入高速发展阶段,导致出现现代史上人类社会的两次产业革命,即18世纪的动力机械产业革命与20世纪的现代计算机产业革命。如今又在孕育人类社会的第三次产业革命。

▶ 知识分离性发展的依托

在研究知识分离性的发展现象后,人们必然会关心,知识的分离性发展对实现人类认识世界、改造世界的总体目标会产生什么样的影响。知识阶层不从事生产劳动,基础学科脱离现实生产力的转化,这是否会影响社会生产力的发展?事实证明,知识的分离性发展不仅不会影响社会生产力的发展,相反还会极大地推动人类社会的发展进程。人们还要追问,既然知识阶层不从事生产劳动,基础学科脱离现实生产力的转化,为什么会产生社会生产力的高速发展势头?答案是:工具介入了人类认识世界、改造世界的进程。所有从事知识研究的人群并不直接从事知识应用,而是将知识成果转化成工具形态；另一部分人则在工具基础上，从事知识应用的生产劳动，从而形成人＋工具的社会生产力基本架构，知识则隐含其中。

知识的分离性发展，引出人＋工具的社会生产力基本架构，隐含其中的知识成果不断从人类向工具中转移。从某种意义上讲，人类知识的发展体现在工具的发展与进化上。人类知识成果向工具中转移，体现知识发展的另一个客观规律，即工具中知识成果的集成性发展规律。

▶ 分离性发展的傻瓜化时代

由于知识发展的分离性，社会生产力可以在"一部分人认识世界，另一部分人改造世界"的模式下进行。同时，借助于工具，人类可以在不了解知识原理的情况下，实现知识的应用。例如，在食品加工领域，一部分人从事食品科技、营养学、加工工艺、加工机械、电子技术、计算机管理技术等的研究，并将这些研究成果转化成食品加工生产线；另外一些人则在食品加工生产线上，从事食品加工工作，且并不需要了解食品科技、营养学等知识；又如，在摄影领域，一部分人从事光学成像原理、摄影原理、影像传感技术、感光材料、半导体集成电路、电子技术等的研究，并将这些知识成果转化成数码相机；而众多从事摄影的人，则不必了解这些知识原理，手持数码相机就能从事摄影工作。

随着知识原理与知识应用的不断分离，人们认识世界的深度与广度不断加大，改造世界的能力也空前提高；与此同时，知识应用也日趋傻瓜化。随着知识成果全球化共享程度的不断提高，从事知识原理研究的人数日益减少，其中一部分人转而从事知识成果的工具化研究。整个社会人群的傻瓜化工作、傻瓜化生活的程度不断提高，人类开始进入傻瓜化时代。

在傻瓜化时代，人类以工具为手段，以傻瓜化方式改造世界。在改造世界的过程中，许多人只会使用工具，而并不了解工具中的知识成果。

14.3　知识集成性发展引发的人类边缘化

人类工具的知识集成

知识行为的工具集成

集成性发展的人类边缘化时代

知识的集成性发展规律，是指随着知识的发展，人类的知识成果会不断集成到工具中。知识的集成性革命,是现代计算机技术基础上的知识行为集成。工具中从知识集成到知识行为集成,是工具的智能化变革。智能化工具的普遍应用,会使人类社会进入边缘化时代。

▶ 人类工具的知识集成

在劳动创造人类的过程中,工具无疑起着重要的作用。考古学家以"石器时代"来描述远古的文明,石器的出现开始了人类的万里长征。"石器"与"石块"的本质差异,是它的知识内涵。"石刀"、"石斧"是人类按照尖劈形状有利于砍、削、刮的道理打造的工具。这样的工具中便集成有原始的尖劈知识。

与头脑中的知识相比较,工具中集成的知识具有明显的确定性、真实性与积累性。任何石刀、石斧中的知识真实存在,永远不变,以至于一万年以后,考古学家把"人工打造"、"尖劈"形状作为鉴定石刀、石斧的唯一依据。如果说我们对工具知识集成的特点还不甚了解,那么2400多年前曾候乙楚墓中出土的编钟,为我们提供了最好的佐证。编钟中集成了世界上最早的音乐理论与器乐知识成果。在经历2000多年后,人类从编钟中重新发现这些知识成果,并且根据这些知识成果复制出编钟,并演奏出编钟古乐。

工具中知识的发展变化,成为人类文明进化的重要标志。考古学家以工具中的知识含量,来断定人类社会的进步程度,如旧石器时代、新石器时代、青铜时代、铁器时代。人类在描述农耕时代、工业化时代、知识经济时代时,分别突出了犁、锄、牛车,拖拉机、汽车、轮船,集成电路、计算机、嵌入式系统等的时代工具特点;人类在描述产业革命时,使用的是"蒸汽机"、"动力机械"等工具的字眼。这些工具中的知识真实存在,长期不变。

可以说,人类文明就是工具知识集成带来的文明,是石器、青铜器、铁器、犁、锄、牛车、拖拉机、汽车、轮船、集成电路、计算机、嵌入式系统等带来的文明。从石器中的力学知识,青铜器、铁器中的采矿、冶炼、煅、铸、金属工艺等知识,拖拉机、汽车、轮船中的材料学、机械学、机构学、动力学、焊接工艺学等知识,直到集成电路、微处理器、计算机中的电子技术、计算机技术、微电子技术等知识,人类经历成千上万年的知识积累,才有了21世纪的超级文明。

当人们认真分析人类头脑中的知识与工具中集成的知识时,便会发现巨大的差异。人类个体头脑中知识的不确定性、非完全真实性、无遗传性,无法独立承担改造客观世界的重任。人类将认识世界的知识成果转化成工具,依靠工具的力量来改造世界。

▶ 知识行为的工具集成

仅就知识而言,人类个体头脑中的知识远逊于工具中集成的知识。人类世代变迁,创造出无数知识成果。当将这些知识成果集成到工具中以后,人类又去开拓新的知识领域,丢弃原有的知识成果,后人也不必再学习陈旧的知识内容。然而,人类最大的功绩,是将创造出的知识成果转化成工具。人与工具组成一个认识世界、改造世界的完整体系。

人类在认识世界、改造世界这个完整体系中,之所以起着主宰作用,是因为人类具有知识行为能力。知识行为是人类所具有的智力行为。当工具中没有知识行为能力时,认识世界、改造世界的行为体现在人类使用工具中。例如,在农耕时代,农民用犁锄耕种土地,用镰刀收割庄稼,用牛车运输货物;在工业化时代,工人用机器生产商品,用汽车、轮船运输货物;在知识经济时代,人类则用集成电路、计算机开辟了现代文明新时代等。

一般而言,人有知识行为能力,工具有人类的知识成果积累,人+工具成为认识世界、改造世界的最佳组合。然而,现代计算机的诞生,打破了这一组合的结构平衡,使这一结构的主宰力量从人向工具倾斜。

现代计算机的产业革命,是全方位的知识革命,它本质上是智力革命。现代计算机的智力平台与智力嵌入,使工具从知识集成发展到知识行为集成,完成了从手工工具、机械工具、自动工具,到智能化工具的最终转变。例如,从独轮车、牛车到汽车的变迁过程中,始终保持了人+工具的完整体系结构,而且人在这个体系中始终居主宰地位;当利用现代计算机技术将汽车进一步发展到智能化时,智能化汽车将具有人类驾驶汽车的知识行为能力,可以取代驾驶人员来驾驶汽车。这样一来,就会从根本上动摇人类在人+工具体系中的主宰地位。

▶ 集成性发展的人类边缘化时代

人类工具从知识集成发展到知识行为集成,是知识集成性发展的重大革命。随着知识集成的发展,工具在改造世界中的作用日显重要(这可以从独轮车、牛车、汽车的变迁中看出),但人类仍然保持了在改造世界中的主宰作用(独轮车、牛车、汽车离开人类无法运行)。但是,当工具中集成有人类的知识行为能力时,人在人+工具体系中便会失去主宰地位。例如,当汽车实现智能化而能够自动驾驶时,人类个体便从人+汽车体系中被边缘化。正如计算工具从纸、笔、计算尺、算盘、手摇计算机发展到电子计算器时,数值计算的知识行为从人类主宰转变成工具主宰,人类在数值计算领域被边缘化。

知识发展的集成性革命,是从知识集成发展到知识行为集成的革命。知识行为在工具中的集成,使工具具有人类的知识行为能力,从而取代人类在改造世界中的主宰作用。知识行为集成是知识集成性发展从量变到质变的变异阶段。现代计算机的时、空量子化技术,是知识行为集成的基础。因此,现代计算机产业革命,是人类工具的智能化革命。由现代计算机产业革命催生的知识经济时代,开启了人类的边缘化时代。

14.4 知识非线性发展引发的社会动荡

> 非线性社会的发展史
> 非线性发展的知识根源
> 非线性发展的动荡时代

人类知识总量呈现非线性发展态势,因此,人类社会所有与知识相关的事物,都呈现非线性的指数式增长趋势。在知识经济时代,知识非线性发展到达极致阶段,会使人类社会进入一个全面的动荡时代。

▶ 非线性社会的发展史

1965 年,戈登·摩尔博士在集成电路研究中,发现了集成电路芯片上晶体管数量的指数式增长规律。他预测:在未来 10 年内,集成电路芯片上的晶体管数量,将每年以倍增的速度发展。20 多年前,阿尔文·托夫勒在《第三次浪潮》一书中,将历史记载以来的人类社会划分为三次浪潮,即几千年农业革命的第一次浪潮,几百年工业文明的第二次浪潮,将在几十年内结束的当前第三次浪潮。如果回溯人类社会的更迭周期,我们可以看到几万年的原始社会、几千年的封建社会、几百年的资本经济社会,以及预计不到百年的知识经济时代。所有这些都从各个角度,见证了人类社会进化发展的非线性特征。

在漫长的历史阶段中,人类并没有感受到非线性发展的社会影响。这是因为,在人类个体的生命周期中,感觉到的变化微乎其微。在远古时期,人类的一切变化似乎都被冻结;在封建社会,人们只是从文字记载中感受时代的变迁;马克思、恩格斯、列宁只能感受到资本主义初级阶段残酷的阶级矛盾。而今天,超高速度的发展,使许多人都能亲历一个时代的变迁:摩尔博士在自己的工作中,就能亲自体验到科技发展的倍增变化;托夫勒预期第三次浪潮会在几十年内结束。社会生活中的"代沟"周期也呈现非线性特征,我们的祖辈遵循其先辈的生活方式与意识行为;我们与父辈有代沟的概念;在子孙辈中,则出现了 50 后、70 后、80 后的代沟现象。

▶ 非线性发展的知识根源

在今天,人们处处可以体会到社会生活中形形色色的非线性发展现象,所有非线性发展的根源,都是人类知识的非线性发展。所有与知识相关联的事物,都会呈现非线性的发展态势。

人类知识非线性发展的根本原因,是知识发展中的自举效应,即所有创新知识,都是在前人知识成果(体现为工具中的积累)上的再创造,从而形成非线性的叠加效应。

除了知识发展的自举效应外,市场经济的利润原则成为知识发展的助推器。人类在进入商品经济时代后,其知识发展的速度迅速加大,近代史上两次伟大的产业革命,产生了巨大的加速效应。

18 世纪的动力机械产业革命,以动力机械方式替代了人类生产劳动与社会生活中的体力劳动;20 世纪的现代计算机产业革命,则以通用计算机的"智力平台"与嵌入式计算机的"智力嵌入"方式,替代了人类生产劳动与社会生活中的脑力劳动。至此,人们感觉到周围的一切都在剧烈地变化。

▶ 非线性发展的动荡时代

任何非线性事物都不可能永远保持非线性增长的势头,非线性事物的最终出路只有两条:崩溃或在阻尼作用下进入稳定发展阶段。例如,坠入大气层的太空舱,其下落的速度越来越快,呈现非线性态势;但在降落伞的阻尼作用下,其下落速度不断降低,最后以平稳的速度降落地面。如果太空舱失去降落伞的阻尼作用,便会在大气层中迅速焚毁。同样,一辆下山的汽车必须不断地刹车,才能保持在安全速度下行驶;一旦刹车失灵,它就会粉身碎骨。

回顾人类知识发展史,几乎所有内外部因素都在促进知识的加速发展。内部因素有人类日益增长的欲望需求,外部因素有市场经济的利润追逐与不断出现的产业革命。所有这些因素,都将人类知识发展推进到一个极致化发展阶段,即知识发展从量变到质变的时代。知识分离性极致化发展,使人类进入傻瓜化时代;集成性极致化发展,使人类进入边缘化时代;非线性极致化发展,则使人类社会进入一个全面动荡的时代。在这个全面动荡的时代里,人人都处于动荡感、不安定感的包围之中。

14.5 市场经济的最后疯狂

拉动非理性的疯狂消费
推动生产力的超速发展
无限扩展的万恶之源
批判市场经济的当务之急

伴随人类知识极致化发展的另一个社会因素,是市场经济的极致化发展。利润原则是市场经济的原罪。在生产力低下的时代,利润原则是发展社会生产力的进步因素;在知识经济时代,市场经济领域的无限扩展与最大化的利润追逐,使市场经济进入疯狂时代。市场经济的疯狂,表现为拉动非理性的疯狂消费、推动生产力的超速发展、市场经济的无限扩展。批判市场经济是当前的一项重要任务。

▶ 拉动非理性的疯狂消费

非均衡性与两极分化,是市场经济永恒的发展规律。市场经济的非均衡性发展,会导致局部地区出现剩余生产力。在最大化利润追逐下,社会剩余生产力会用于拉动富人集团的疯狂消费。可以看到这样一个现象:在任何一个市场经济国家,随着社会生产力水平的不断提高,两极分化都会不断加剧,社会消费总是向富人集团倾斜,从满足欲望需求到满足毫无理性的疯狂需求。疯狂需求是一种以挥霍为中心的需求,用财富的挥霍来显示富人的权力与地位;而市场经济则从财富挥霍中赚取最大化利润。

▶ 推动生产力的超速发展

在本书 13.5 节"现代市场经济的理性思考"中曾指出,知识经济时代是在社会生产力超高水平上超高速度(双超)发展的时代;在知识经济时代,人类社会发展正在遭遇刚性天花板,发展社会生产力已经不是人类社会发展的第一需要;人类应该控制社会生产力的发展,否则,人类就会进入一个全面动荡的时代。

当人类社会进入全面动荡的时代后,市场经济仍不会减缓其发展脚步。在最大化利润追逐下,市场经济会动员一切力量加速人类社会的全面动荡。

▶ 无限扩展的万恶之源

市场经济是商品生产、流通领域中的经济运行模式。在利润原则的指挥下,商品经济迅速发展,形成无往不胜的态势。在任何经济落后的国家或地区,只要引入市场经济,社会生产力就会迅速增长。社会主义阵营在计划经济走投无路时,都会寻求市场经济的出路。

受利润原则驱使,市场经济决不会自动地停留在商品生产、流通领域,也不会局限于经济领域。所有经历过中国大陆社会主义市场经济初级阶段大潮洗礼的人,都会被市场经济的无孔不入所惊呆。这正好说明,放任市场经济必然会形成泛滥之势。市场经济在公共媒体、公共医疗、教育体系的全面渗透,造成这些领域的腐败,使两极分化空前加剧。让市场经济机制退出非商品经济领域,是社会主义市场经济走出初级阶段的重要良方。

▶ 批判市场经济的当务之急

我们必须从历史的角度来看市场经济。市场经济的利润原则规范了商品生产、流通的经济运行秩序,有效地刺激了落后的社会生产力。至今,在经济领域中,市场经济仍然充满活力,实现了相对公平的发展环境。批判市场经济不是否定市场经济,而是在知识经济时代背景下,对市场经济实行理性约束。

在知识经济时代,批判市场经济是基于以下因素:社会生产力发展已进入双超时代,发展社会生产力已不是社会第一需要,市场经济巨大的推动力只会加剧社会的全面动荡;市场经济的非均衡与两极分化空前加剧,这成为构建和谐社会的最大障碍;在知识经济时代,市场经济已进入一个在最大化利润追逐下,拉动疯狂消费的时代,在疯狂消费的拉动下,人类正在向消费第二个地球进军(当全球平均消费到达美国的水平时,需要有五个地球的资源)。

批判市场经济的目的,就是要使市场经济回归理性。

14.6 知识经济的社会学特征

人工生态环境的呵护

数字化的生活方式

人十工具体系的变革

虚实交互的社会生活

被边缘化的人类个体

知识经济时代是人类知识发展的顶峰时代,是知识发展从量变到质变的时代。

在知识经济时代,知识发展的变异对人类社会生活的影响是空前的。知识经济时代的社会学特征有:精心呵护的人工生态环境、傻瓜化的生活方式、数字化的生存时代、二元化的社会变革、虚拟世界的生活方式以及人类的边缘化进程。

▶ 人工生态环境的呵护

人类从诞生开始,便制定了认识世界、改造世界的宏伟目标。从此,人类退出自然竞争领域,进入人工生态环境建设与生活的时代。因此,人类的历史是一个不断构建人工生态环境,并且在此环境中不断"进化"的历史。

在远古时代,人类改造客观世界的能力有限,且对大自然怀有敬畏之情,因此,其构建人工生态环境的思想基础是"天地人和"、神灵敬畏。与大自然和谐相处、感谢大自然的恩赐,成为人类社会生活的主旋律。

18世纪的第一次产业革命,是人类对自然生态环境的第一次挑战。工业化大生产、城市化建设、西方医学体系的诞生,使人类过于自信,认为人类完全能够按照自己的意志来改造世界,为自己构建一个完全的人工生态环境,将自己看做是大自然的主宰力量。"现代化文明建设"就是人工生态环境建设。动力机械工具的不断完善,使人类从体力劳动中解放出来;现代化文明建设打破了自然生态系统的平衡,使人类开始遭遇大自然的报复。工业化生产与城市化建设破坏了自然生态环境,早期工业革命中心伦敦的环境污染,就是大自然对人类提出的警告。

21世纪的现代计算机产业革命,使人类进入对自然生态体系全面挑战的时代。从工具的机械化、自动化到智能化,开始人类脑力劳动的工具替代历程;从器官移植、试管婴儿到基因工程,开始人类对自己的生态改造。

人工生态环境的构建与完善,极大地改变了人类的生存环境与生活方式,人类陶醉在自己构建的人工生态环境中,享受着人工生态环境的精心呵护。

▶ 数字化的生活方式

人类的社会生活可以概括为:生老病死、衣食住行、工作学习、娱乐休闲、人际交互。人类的基本生活方式,是人＋工具的人工生态环境下的生活方式。人类生活离不开工具,因此,人类的生活方式与工具的发展密切相关。对于人类社会,犁、锄、牛车带来的是田园生活方式;工业机械带来的是城市化文明生活方式;现代计算机智力革命带来的则是数字化生活方式。

现代计算机是一个纯数字系统,其构建的智力平台与智力嵌入成为工具智能化的基本形式。工具的普遍数字化,使人类进入数字化生活时代,在社会生活中实现了普遍的数字化描述以及数字信息的存储、处理与传输等。例如,数码相机出现后,数码相片不再是一个固定的纸质载体,而是一个数字化文件,即数码相片是以数字化文件形式来描述客观事物,以数字化文件形式将客观事物存储在各种介质(如存储卡、优盘、硬盘、光盘)上;可以在计算机上对数码相片进行深度处理;可以通过互联网将数码相片传递到任何地方。同样,我们可以将文字资料、科技著作、个人信息、商品信息等转化成数字文件,实现归一化的数字化描述,以及数字信息的存储、处理和传输等。

当人们用数字化文件描述一个客观事物时,这一客观事物便以数字化文件形式永存,且永不损坏。阿波罗登月时所拍摄的高清晰图片,用的是传统相机的感光胶片,如今已损坏严重;而现在探测火星时用数码相机所拍摄的数字化文件,可以实现远距离无误差传送。数码照片可能损坏,数码照片的数字化文件却可以永远存在,永不磨损。

▶ 人＋工具体系的变革

人、知识、工具的同源性,决定人类社会生活中人＋工具的二元化体系。人类离不开工具,并不断将其知识成果转移到工具中,使工具从原始形态、手工形态,向机械化、自动化、智能化形态转变。与此同时,人类在人＋工具体系中的主导作用不断弱化。

人类社会经历了三次浪潮的重大变革。这些变革充分体现了人类社会在二元化体系中的变革,即在人＋工具体系中,由人类主宰向工具主宰的变革。

在原始社会向农耕时代变迁的第一次浪潮中,人＋工具体系从原始社会时期的不稳定形态,进入农耕时代的稳固形态,构筑了一个稳定的衣食住行的安定时代。

在农耕时代向工业时代变迁的第二次浪潮中,以动力机械为核心的产业革命,将农耕时代的手工工具变革为机械化工具,并以机械化工具为中心,构筑了紧耦合的人＋工具体系。在这个体系中,机械化工具代替了人类的体力劳动,从此开始了工具的主宰地位。

在工业时代向知识经济时代变迁的第三次浪潮中,现代计算机产业革命是社会变革的核心力量。这次革命将原先的机械化工具变革为智能化工具。智能化工具出现后,人类在人＋工具体系中的体力与脑力劳动都可以由工具替代,从而开始了人类在人＋工具体系中的边缘化进程。

从社会生产力的角度观察,人＋工具体系的三次巨大变革,与劳动生产力、资本生产力与知识生产力的三个发展阶段相对应。劳动生产力对应于劳动者主宰下的"劳动者＋手工工具"体系时代;资本生产力对应于资本整合下的"工人＋机械化工具"体系时代;知识生产力对应于知识平台主宰下的"人＋智能化工具"体系虚实交互的知识经济时代。

▶ 虚实交互的社会生活

在知识经济时代,数字化工具、互联网与计算机软硬件技术的诞生,为人类构建了一个虚拟化的世界。人们通过互联网与个人计算机终端,构成一个人－机－人交互的虚拟世界。在这个世界里,人与人可以用虚拟的方式交友、聊天、谈情说爱、交流信息;可以开设网上银行,进行网上购物、网上交易等。

虚拟世界的诞生,极大地改变了传统的以人际交互为中心的社会化生活方式。真实世界是一个时空有限的世界,在真实世界中,人际交互在有限的时空中进行。虚拟世界则突破了时空的限制,网上银行可随时使用,可实现全球范围的实时交易。虚拟世界的出现极大地冲击了真实世界中传统的生活方式。

虚拟世界的无限拓展,使人类可以远离真实世界,远离群体,在虚拟世界里工作、学习、娱乐与生活。人类将面临孤独化的挑战。

虚拟世界使传统的呈透明状态的人际交互,变成不透明状态下人－机－人的间接交互。在透明的人际交互中,人们会遵守共同的道德约束与行为规范,并接受舆论监督;而在虚拟世界不透明状态下人－机－人的间接交互中,人们可以随心所欲。虚拟世界的无限拓展将面临传统道德、法律的挑战。

▶ 被边缘化的人类个体

可以用最简单的语言来描述两次产业革命对人类社会生活的巨大影响:18世纪的产业革命,以动力机械替代了人类的体力劳动,使人类开始懒惰化的生活方式;20世纪的计算机产业革命,以智能化工具替代了人类的脑力劳动,使人类进入傻瓜化的生活时代。

两次产业革命都是人类工具进化的飞跃。在人＋工具的人类进化体系中,工具进化的飞跃,必然导致人类自然生存能力的退化;而这一退化又使人类越来越离不开工具,越来越精心打造工具。精心打造工具成为人类的中心任务。

在农耕时代,家家要种地,人人要劳动;在工业时代,人人要做工,劳动是人类神圣的权力;在知识经济时代,工具全面代替了人类的脑力劳动、体力劳动,导致劳动岗位急剧萎缩,服务领域也不例外,无就业(股民、网民、闲民)的生活方式正在悄然兴起。

在探讨人类边缘化进程时,不可回避的一个问题是,在人＋工具系统中,虽然人类逐渐丧失其主宰地位,但是其创造工具的历史局面尚未改变。如何来理解人类的边缘化进程?如果我们承认18世纪产业革命的体力劳动替代、20世纪计算机产业革命的脑力劳动替代、未来智能机器人在服务领域的广泛替代,以及知识成果平台化与平台的无限扇出能力导致知识创新岗位不断减少等诸多现象，人们就不得不承认边缘化进程的现实。随着全球化产业、科技、生活方式的拓展，一个社会精英或精英集团所创造的工具、知识成果可供全球范围使用，以往群众性的知识创新逐渐变成少数精英或精英集团的行为，大多数人则在工具（知识平台）的基础上实现创新知识的傻瓜化应用。

14.7　本章小结

知识经济时代，是人类知识发展到高级阶段与市场经济极致化发展的变异时代。在知识经济时代，人类知识的分离性、集成性、非线性发展从量变到质变；市场经济进入全球化超高水平、超高速度的现代市场经济时代。知识经济时代的这些重大变异，必然会产生重大的社会问题。

在知识经济时代，知识分离性发展产生的变异，使人类普遍进入一个无所不能的傻瓜化时代；知识集成性发展产生的变异，使人类社会进入一个工具普遍智能化的知识生产力阶段，劳动者在社会生产力领域被边缘化；知识非线性极致化发展，最大化利润追逐与超高水平、超高速度发展，给人类社会带来全面动荡。

人类知识的极致化发展带来的数字化生活方式、人＋工具体系的变革、精心呵护的人工生态环境、虚实交互的社会生活与人类的边缘化进程等，都是知识经济时代人类面临的社会学问题。

第十五章　市场经济引发的社会问题
——市场经济思考

　　知识经济时代，是超高水平、超高速度、超商品经济领域的现代市场经济时代。现代市场经济时代出现暴利追逐下，背离社会效益原则的非理性现象；市场经济在社会生活中的无限渗透，使其成为万恶之源；两极分化、社会不公，成为现代市场经济中的主要社会学问题。因此，批判市场经济的最大化利润追逐、为社会效益原则立法，是使社会回归理性的重要途径。

15.1 现代市场经济的新特点

从微利时代到巨利时代
市场经济浸透社会生活
两极分化空前严重

现代市场经济，是超高水平、超高速度、超商品经济领域的市场经济。现代市场经济已逐渐进入巨利时代；市场经济在社会生活中的广泛渗透，使其成为万恶之源；现代市场经济下的两极分化日趋严重。

▶ 从微利时代到巨利时代

在市场经济初期的手工业经济时代，无论是商品生产还是商品流通，都是微利经营。众多的商品生产者、经营者均匀分布在整个社会中，每个生产者都获取微利，整个社会财富呈现宏观均匀分布态势。

在资本经济时代，以资本为中心，购置厂房、机器设备、原料，雇佣工人，实现了商品的社会化大生产。依靠机器实现了集约化的生产方式后，每个劳动者都能生产大量的商品，单个劳动者生产的商品数量远远高出其消费的商品数量，劳动者的人均商品生产量急剧上升。商品生产量的急剧上升，并没有带来劳动者财富占有的相应增长。社会财富从手工业时代的均匀分布，开始进入资本经济的集中分布。当社会财富集中分布在大工业生产方式中，而且将从事商品生产的劳动者等同于生产设备时，财富急剧地向资本集中，形成社会财富占有的两极分化。

在知识经济时代，劳动者在社会生产力中被逐步边缘化；生产工具从知识集成走上知识行为集成，突显了知识的独立生产力效应，使社会生产力从资本生产力过渡到知识生产力。随着社会服务业的崛起，出现了知识在服务业中独立的财富增殖效益，使知识经济时代进入社会财富急剧增长的"巨利"时代。这种巨利主要是依靠知识生产效率的急剧上升和知识平台商品的扇出效应而获取的。相比之下，单件商品的价格远低于手工业时代生产的同类型商品，形成一种巨大扇出下的巨利效应。

随着知识经济时代知识生产力的急剧上升，知识平台商品普遍化的扇型产业结构，使得在企业数量不断减少的情况下，出现全球化的巨型企业，从而导致全球社会财富分配的两极分化空前加剧。

在知识经济时代，市场经济由巨利进入巨富。从美国《福布斯》杂志每年公布的富豪榜上，我们可以清楚地看到巨富时代下个人财富的增殖形式，以及世界财富两极分化的严重局面。

▶ 市场经济浸透社会生活

市场经济起源于商品生产，市场经济的驱动力是最朴素的按劳付酬的利益原则，是被普遍认可的利润分配原则。在市场经济尚未涉足的领域，则依靠微弱的道德力量、社会效益责任、政府行政干预来推动社会进步。

在自由经济社会里，由于利润原则的驱动，市场经济总是不断扩大其领域，企图浸透到社会生活的各个方面。

最早的市场经济局限于商品生产与商品流通领域，形成市场经济的商品生产与商品流通两大体系。随着商品生产与商品流通的产、供、销环节的专业化发展，迅速地兴起直接服务于商品经济的服务行业。从此，市场经济形成一个完整的社会经济体系。

市场经济向服务业的纵深扩展，是现代文明社会的重要特点。服务业的完善有效地满足了为改善生活品质的社会需求。

社会生产力的发展，使社会财富急剧增加。在社会财富急剧增加的同时，两极分化急剧加大，形成富人阶层。为富人服务的特殊服务业，如美容、宠物、减肥、健身、休闲等，成为市场经济最大化利润的增长点，并在满足富人消费中得以迅速发展。

在最大化利润的吸引下，服务产业进一步向赌博、毒品、色情等黑色产业发展，推动了两极分化下非理性的疯狂消费。

市场经济巨大的利润吸引力形成黑洞效应，力图将社会生活中的一切领域拖入市场经济范畴。中国大陆在社会主义市场经济初期，一度放任市场经济发展，导致市场经济领域无限扩大的非理性发展就是明证。

▶ 两极分化空前严重

在手工业生产方式中，原始的市场经济遵循按劳付酬的公平原则。然而，随着生产力的发展，按劳付酬转化为普遍的利润追逐。市场经济的非均衡发展本质，必然导致两极分化。这是一种"钱能生钱"的两极分化。随着市场经济的发展，社会财富占有的两极分化必然会不断加剧。

两极分化的经济基础，必然导致与其相适应的上层建筑。从某种角度而言，两极分化是市场经济的兴奋剂。当人类社会分化出富人集团与穷人集团后，"恭喜发财"则成为社会价值的普遍取向。

当两极分化成为市场经济的兴奋剂、追求财富成为社会价值的普遍取向后，为经济基础服务的上层建筑,必然要保护并推动市场经济的利润原则。相应的法律制度、文化、教育等向富人集团倾斜。私有财产的强化保护、政治地位的金钱基础以及法律保护的高昂成本,使富人集团成为社会强势群体,穷人阶层成为社会弱势群体。

市场经济发展的历史证明,两极分化是市场经济发展的普遍规律。随着市场经济的发展,两极分化会愈演愈烈。当前,白领阶层中的两极分化成为知识经济时代又一道风景线。

15.2 巨利追逐下的非理性经济

市场经济衍生的黑色产业
从满足消费到拉动疯狂消费
疯狂消费下的生态环境

市场经济利润原则的演化,必然会从原始的"按劳付酬"走上"利润追逐"。盲目的利润追逐,必然导致社会经济的非理性发展。社会的暴富心理、暴富族的非理性消费、从满足消费到拉动疯狂消费,以及拉动疯狂消费下的非理性生活,都与理性社会的社会效益原则相对抗。

▶ 市场经济衍生的黑色产业

随着市场经济的发展,服务业迅速扩展,资本迅速走出单纯的商品生产、流通领域,以寻找最大化的利润发展空间。资本在金融、期货、房地产等短期经济行为中的疯狂增殖,引发资本的直接投资增殖。大量的资本投机暴富案例、最大化的利润追逐,使市场经济进入一个浮躁时代。"一夜致富"、"一本万利"、"最大产出"等价值观念,不断侵蚀传统的社会道德。人们可以从近年来世界富豪排行榜的变迁中看到这一现象,2006年《福布斯》公布的美国400强富豪排行榜前三名分别是:知识产业富豪比尔·盖茨、股神富豪沃伦·巴菲特、赌王富豪谢尔登·阿德尔森。股神、赌王的资产迅速攀升。

在暴富观念的侵蚀下,一部分人铤而走险,以暴力为手段寻求利益回报,形成现代社会中有黑社会背景的黑色产业。这些黑色产业大多集中在为富人消费的服务业中。其中一部分黑色产业依靠强大的暴力组织,不惜铤而走险,形成毒品、走私、暴力服务、赌场、色情等社会毒瘤产业。

市场经济的两极分化、社会价值观念的非理性化,给黑色产业提供了巨大的消费市场。不断加大的社会剩余生产力,会不断扩大黑色产业的市场需求,从而形成病态化的市场经济。

▶ 从满足消费到拉动疯狂消费

社会生产力的发展应以满足社会需求为根本,这种社会需求是百姓大众的消费需求。从这一观念出发,商品经济应该最大化地满足百姓大众的消费需求。对于生产厂家来说,就是在满足消费者要求的基础上,有最低的成本附加。对于消费者来说,就是物尽其用。因为超出消费者要求的任何附加,都会形成资源浪费;所有无法消费完毕的部分都会成为垃圾,从而影响人类的生存环境。

为了追求最大化的利润,剩余社会生产力绝对不会用来满足贫困者的社会需求,而会用来追逐富人集团的欲望需求。这时的市场经济便从满足消费转化为拉动消费。

拉动消费形成商品的高成本附加。这些高成本附加从各个角度、以各种形式强加给消费者,形成现代社会特有的暴利消费文化,其中具有典型性的是名牌消费、豪华包装、广告吹嘘等。

在早期,商品的名牌化战略主要是通过优异的品质与服务来追逐利润,高成本附加在品质与服务上。随着生产力的发展,不少名牌厂家以降低成本来追逐最大化利润,因而出现名牌商品外包形式的贴牌生产,使名牌价值大大偏离商品的品质。名牌消费文化的蔓延、名牌的暴利行为,引发名牌商品的仿冒产业与仿冒消费。

豪华包装是最大化利润追逐下的包装异化。包装是商品从生产者到消费者手中所必需的组成部分。豪华包装首先出现在礼品类商品中,是早期理性的包装需求;随后则是为了迎合奢侈消费观念,其中出现不少在豪华包装掩盖下的低劣商品。豪华包装不仅加大了消费者的无谓消费支出,更主要的是恶化了自然生态环境与人文生态环境。

广告本来是商品生产、流通中的一个附加行为。"广而告之"、"酒香不怕巷子深"为这种附加行为做了最好的诠释。但是,在拉动消费时代,广告业成为一项独立的重要产业,并且从"广而告之"异化成另类的豪华包装、媒体炒作产业。其中不少广告媒体成为投机者欺诈消费者的忠实帮凶与合伙人。

▶ 疯狂消费下的生态环境

拉动消费下的生态环境恶化,包括自然生态恶化与人文生态恶化。

在商品生产中,包装是商品进入流通领域中的一个正常环节。当包装的成本附加能带来可观利润时,包装业便成为商品经济中一个重要服务产业。包装业的独立发展,使包装在商品成本构成中不断扩展。包装业是一种本质浪费型产业,它的不断扩展会导致商品的使用价值异化,使商品中使用价值的比例不断下降。包装业的产业化,使人类社会从节俭型异化成浪费型。

在浪费型社会,人类首先面对的是自然资源极度浪费的消费观念,以及包装物丢弃带来的自然生态恶化。包装形成巨大利润回报的市场经济基础,必然会向上层建筑扩展,形成包装文化,使人类社会的人文生态环境急剧恶化。

自然资源极度浪费下的自然生态恶化,直接导致自然生态修复的内耗型经济(如垃圾处理、水源净化等环保产业经济)的增长;人文生态环境的恶化,导致在拉动欲望消费、疯狂消费等包装文化下的非理性生活。

15.3 两极分化下的社会生态环境

市场经济下两极分化的普遍性
上层建筑漠视两极分化
社会生活中的两极分化

自然生态、经济生态、人文生态,是人类赖以生存的三个重要生态环境。在知识经济时代,超高水平下超高速度发展的社会生产力、无限扩展的市场经济,造成自然生态、经济生态与人文生态体系的严重恶化。因此,在知识经济时代研究社会生态环境,必须综合研究自然生态环境、经济生态环境、人文生态环境的社会影响。

▶ 市场经济下两极分化的普遍性

在利润追逐下,市场经济所到之处,无不呈现两极分化的趋势。在知识经济时代,市场经济的全球化加剧了国家或地区间经济的两极分化、生态的两极分化与财富分配的两极分化。

从早期商品生产、流通领域的手工业生产方式,到资本经济的大工业生产方式,出现了商品生产、流通领域从弥散状态到向大型工业城市的聚集过程。大型工业城市的出现、商品生产的大规模聚集,导致商品流通业的发展;大规模专业化生产的低成本效应,形成资本经济对手工业经济的摧毁力量。因此,从手工业时代到资本经济时代,出现了城乡之间、城市之间、地区之间的两极分化。

随着资本经济的发展,经济发达的资本经济国家必然要开拓海外市场,实施经济殖民主义。大量低廉的商品倾销,摧毁了当地的民族工业,形成国家发展中第一世界与第三世界的两极分化格局。这种格局一旦形成,则很难逆转,因为市场经济从来不支持弱者。

第一世界与第三世界两极分化格局形成后,第三世界成为重要的原材料与能源供应基地。第三世界经济是一种资源开发型经济,这种经济(森林业、矿产业)是以生态环境恶化为代价。第一世界为了保护本国的生态环境,在强化第三世界资源开发型经济的同时,会弱化本国的资源开发,从而形成国家间生态环境的两极分化。

在知识经济时代,第一世界向第三世界的制造业输出,会进一步加剧国家间生态环境与财富分配的两极分化。制造业是原材料与能源消耗性产业,原材料取自第三世界,大量能源在第三世界消耗,导致第三世界生态环境急剧恶化;制造业向低工资水平的第三世界输出后,生产的商品又返销到第一世界,为第一世界赚取更多的利润。例如,"一双中国工厂生产的皮鞋,工厂以 13.5 美元价格出售,赚取税前利润 65 美分;美国零售商以 49.99 美元售出,按税前利润 7％的标准计,每双鞋赚取 3.46 美元。即第一世界制造业输出后,第三世界获取的每一个美元,都会为第一世界创造五个美元的财富。10 年前,制造业尚未转移到中国时,中国制鞋和制衣厂的利润约为 10％,现在则不到 5％。"("'中国造'肥了西方销售者",《作家文摘》,2006 年 8 月22 日)

▶ 上层建筑漠视两极分化

上层建筑为经济基础服务。在市场经济社会,上层建筑必然要为市场经济服务,为两极分化的市场经济基础服务。

在市场经济中,用法律制度来严格维持市场经济的秩序,保护私有财产,却漠视私有财产对公有财产的侵蚀。例如,人人都应有享受优异自然环境的平等权利;然而,城市高档房地产的发展,导致大量环境优美的公共地段被侵蚀。

生活环境的两极分化,必然导致商业、文化、教育资源分布的两极分化。城市中富人区与贫民区的形成,是市场经济社会城市化的一道永恒的风景线。城市中富人区、贫民区的格局一旦形成,便会进入恶性循环。贫民区的购买力低,商家不愿进驻,繁荣无望;教育资源落后导致其居民知识水平低下,就业困难;高失业率、恶劣的教育环境,导致高犯罪率等。

法律制度向财富力量倾斜,是上层建筑漠视两极分化的典型事例。律师制度、保释制度、罚金制度,使得在法律面前,占有社会财富的强势群体更加强势,社会弱势群体更加弱势。"有钱人不怕打官司",是市场经济社会中的一个普遍现象。

在市场经济社会,上层建筑漠视两极分化的根本原因,在于要保障市场经济的快速运行。因为市场经济运行一旦受阻,社会生产力便会急速下降。社会生产力一旦下降,便会导致一系列社会问题,不仅涉及富人,也涉及穷人。市场经济两极分化的本质,决定在保障市场经济正常运行的同时,不可避免地产生两极分化。

均富主义不利于市场经济的发展,但过分迁就市场经济最大化利润的追逐,会加大社会不安因素。政府对市场经济的驾驭艺术表现在两者之间的调控能力。现代资本主义的税收调控政策,就是减少两极分化的成功之举。然而,这种调控并不能阻止市场经济社会的两极分化;而且,这种调控对减少知识经济时代全球化国家之间的两极分化没有任何效果。国家利益保护主义的盛行,只会加大国家间的两极分化。

▶ 社会生活中的两极分化

财富分配不均,城乡之间、城市地区之间社会资源的分布不均,形成社会生活的两极分化。

在两极分化的社会生活环境中,大量贫困人口为市场经济运行、为富人生活服务提供廉价的社会劳动力。社会生活两极分化的恶性循环,使这些廉价的劳动力形成"永续供应"的特点。现代资本主义国家的税收调控政策,降低了其国内两极分化的趋势,导致其廉价劳动力的短缺,不得不寻求海外的劳动力市场,或把需要大量劳动力的制造业向国外输出。

社会生活的两极分化,使穷人愈穷、富人愈富。穷人贫穷的根源在于社会不公,国家贫困的根源在于经济殖民主义。因此,富人集团、第一世界,是两极分化导致社会不安定状态的主要矛盾方面,有责任、有义务承担消除社会不公的责任。

15.4 两极分化下的意识形态冲突

人权的意识形态冲突

人道主义与宠物主义

现代文明与原生态保护

两极分化与国家平等

恐怖主义与反恐斗争

人类社会长期存在财富占有、资源分配、生活环境的两极分化。不同国家、不同地区的人群,生活在不同的环境中,这必然会产生意识形态上的差异,甚至出现差异

上的冲突与对抗。然而,在人类社会两极分化的今天,对这些差异根源的解释权利,以及解决这些差异冲突的手段、方法,都掌控在"强者"的意识形态之中。

▶ 人权的意识形态冲突

（1）人权观念的完整性

人权是社会生活中,作为自然人所具有的生存权、生活权与民主权。生存权、生活权是自然人诞生后的基本权利,与生俱来,与经济基础相关;而民主权则是上层建筑领域中的权利意识,与上层建筑相适应。人权是社会生活中每个自然人普遍享有的平等权利。然而,在人类社会发展的不同阶段,人们对人权的理解有所不同。对于处于生存挣扎境地的人群来说,最重要的是生存权与生活权。当人们有了基本的生存权与生活权后,才会有政治民主的权利诉求。

生存权是每个自然人出生后的生命存续权利。社会应保障每个自然人都有能够维持生命的基本生活条件。

生活权是每个自然人平等地享用社会生活环境、平等地享用社会公共设施、平等地享受公共的自然环境与自然资源的权利。

民主权是社会生活的介入权利,即"当家做主"的权利。民主权不是生而有之的权利。不同社会的上层建筑有不同的民主权。在封建时代的帝王制度下,百姓没有民主权;资本主义的民主权是选举权,以及宪法赋予的各种参政权利;社会主义的民主权是人民民主制度,是在政党政府指导、管理下的民主。

自然人只有当其成为有正确社会意识的责任人时,才会具有民主权。因此,未成年人或丧失正确社会意识的精神病患者、植物人等,不具有民主权,但有生存权与生活权。

（2）人权是自然人的权利

自然人是指进入社会生活的人类个体,是脱离母体后的生命体。人权是自然人在社会生活中享有的权利,是自然人介入社会生活后才具有的权利,它体现人权的社会性。如果将人的生命从受精卵的发育开始算起,那么在母体中的发育阶段,作为胎儿期的生命不具有外界意识、社会意识,与社会生活无关,不享有社会生活中的人权。

胎儿期的生命体与出生后的社会自然人具有本质的差别。当自然人脱离母体后,社会给予其出生证明,表示承认其享有社会法律地位,享有神圣不可侵犯的生存、生活权利。人类在社会生活中享有的堕胎权利,正是这种人权关系的反映,因为社会生活中自然人的生活权中包含生殖权利,即有权利中止妊娠。胎儿期的生命体尚未成为自然人,没有独立的生存权,其生存权从属于母体的生存权。西方某些人权主义者以"人权"为借口反对堕胎,反对人类对生殖进行控制,这混淆了胚胎人与自然人的本质差别。

（3）人权的社会形态特性

人权的基本特性是它的社会性、普遍性与平等性。

人权的社会性表明人权与社会形态有关,与人类社会的发展阶段有关。在早期,人权属于社会道德领域,随后被逐渐纳入社会法律范围。"人权"一词始于资产阶级革命时期,是为摆脱封建桎梏、发展资本主义而提出的口号。例如,英国1679年颁布的《人身保护法》、1688年颁布的《权利法案》,美国1776年颁布的《独立宣言》,法国1789年颁布的《人权宣言》等,这些先进的人权观念带有明显的资产阶级革命的政治色彩,突出了保护资产阶级利益的自由、平等权利。

鉴于二次世界大战中,轴心国德、意、日法西斯对人类生存权利的威胁,战后1948年联合国大会通过的《世界人权宣言》中,关于社会、经济和文化的权利,特别是关于社会保障和工作权利的规定,在一定程度上超越了西方传统的人权观念。

在资本主义市场经济的初级阶段,充满资产阶级对无产阶级的人权侵害。马克思在《资本论》中指出:"平等地剥夺劳动者,是资本的首要人权。"恩格斯在《反杜林论》中指出:"被宣布为最主要人权之一的是资产阶级的所有权。"进入现代资本主义后,普遍实现"劫富济贫"的全民福利政策,无疑是资本主义在人权方面的重大进步。

中国大陆社会主义市场经济改革,则采取以发展经济为中心,先经济体制改革、后政治体制改革的渐进方式,在迅速地改善人民的生存权、生活权的基础上,可望不断改革政治体制。这是经济基础与上层建筑相适应的人权发展观。资本主义国家如此,亚洲四小龙如此,中国大陆在社会主义市场经济改革过程中亦如此。

（4）当人权成为斗争工具

人权是人类社会的进步表现,它体现生存权利、生活权利与政治权利的全面内涵,同时又呈现不同发展阶段的特点。从某种角度而言,各个国家、各个社会,都会有自己的人权发展观念与现状,同时以实现全面的人权内涵为最终目标。

人权属于上层建筑范畴,与社会发展阶段相关,它不能脱离社会的经济基础。在不同的发展阶段,人权的侧重点会有所不同。从这一观念出发,人权是一个国家内部的发展进程。应当允许各个国家走自己的人权发展道路,特别是宗教、信仰介入后,会使人权观念具有许多异化色彩。

目前,人权已成为国家间意识形态斗争的工具。霸权主义总是抹杀人权的社会形态属性,抹杀人权的经济基础属性,抹杀人权的发展阶段性,使人权变成其手中任意挥舞的政治斗争工具。

▶ 人道主义与宠物主义

现代社会两极分化后,出现了为富人服务的宠物产业,并形成与宠物产业相适应的宠物至上的意识形态。从宠物与人类关系的变迁,可以看出宠物产业出现后,人道主义与宠物主义的意识形态冲突。

狗是人类的朋友,与人类朝夕相伴,看家护院,帮助人类。狗是较早介入人类社会生活的动物。只是到了现代资本经济时代,伴随剩余生产力与富人集团的出现,为满足富人集团的欲望需求,才将大量的社会财富用于宠物。在市场经济的推动下,形成一个愈来愈庞大的宠物产业与宠物文化。

当人类社会两极分化日趋剧烈,得不到社会救助的大量贫困人口,与日益繁荣的宠物产业、宠物文化形成巨大反差时,就会导致社会生活中,人道主义与宠物主义的观念相冲突。当狗从人类的朋友被异化成人类的宠物,并且分享可用于救助贫困人口的物质财富与精神财富时,引起了人们的关注。人道主义者希望社会对贫困人群给予更多的关爱和帮助。2006 年 7 月,在贵州省某地一个贫穷落后地区,由于狂犬病的流行,在 3 天内捕杀了 5 万条狗,这引起网上的讨伐。这样一种在当地具体社会生态环境中,被百姓充分理解的人道主义行为,却遭到千里之外宠物主义者的激烈抨击。

▶ 现代文明与原生态保护

原生态是指未经外部人工改造的生态环境,它包括自然生态与人文生态两个部分。市场经济的非均衡发展导致国家或地区间的两极分化,使现代文明建设与原生态保护呈现生态观念上的意识形态冲突。

市场经济的利润原则对自然生态的绝对破坏是不言而喻的,因为商品生产对自然资源的利用符合利润增殖要求;但对自然生态修复的巨大投入,违犯了市场经济的利润追逐。可以看出,随着市场经济的发展,人类对自然生态的破坏日益加剧。对于市场经济发达国家来说,在本国自然生态出现恶化后,必然会进行资源的供求转移,首先是保护本国的自然环境不受破坏,大力从国外进口原材料、能源、矿产。

社会经济发展的不平衡,必然导致人文生态环境的巨大差异。这些差异会导致社会发展观念上的冲突。先进入现代文明建设的地区,往往会要求后进入现代文明建设的地区,保持原生态的自然环境与人文环境。人们常常会遇到这种情况:现代人居环境下的人们,在进入一个原生态的自然环境与人文环境时,常会感叹自然环境的优美与文化氛围的朴实,对于任何环境改造之举都会痛斥。然而,许多人心里并不认为这里是他们可以久居之地,因为这里没有良好的医疗、娱乐、购物环境,以及方便的生活设施。

建立在现代经济基础上的现代社会的文明建设,显然标志着人类的社会进步。人类创造了伟大的现代文明,同时也付出了自然环境的代价。人类在创造舒适的现代文明生活环境时,往往破坏了原有的自然环境与人文环境。一些人在认识到保护自然环境、人文环境的重要意义后,就会单纯地要求处于原生态自然环境与人文环境中的人们,保护其原有的环境。这样就造成现代文明生活环境建设与原生态环境保护的冲突。这种冲突的解决应该依靠社会力量的投入,在保障不断改善原生态环境居民利益的前提下来实现,其中一个重要出路就是建设巨型化城市。

▶ 两极分化与国家平等

经济发达国家或地区与经济落后国家或地区的巨大差异,是市场经济造成的国家或地区发展阶段上的两极分化,其本质上是经济发达的国家或地区对经济落后的国家或地区进行各种形式经济殖民主义(包括殖民战争)的结果。因此,经济发达的国家或地区,有责任帮助经济落后的国家或地区摆脱贫困与落后。这是一种赎罪行动。

在知识经济时代,全球范围内的社会生产力已超出社会需求。巨大的剩余生产力,应该用来解决国家或地区间的两极分化与社会不公。但国家或地区间的利益冲突,使得这项人类在全球范围内的重大任务无法实施。随着社会的进步,一个国家或地区内部的两极分化,有可能通过政府调控得到缓解;但由于利益的冲突,国家或地区之间的两极分化趋势无法得到缓解,并有继续扩大的趋势,从而成为全球动荡不安的一个重要因素。

在市场经济条件下,国家一天不消亡,国家间的两极分化趋势就一天也不会消减,国家间的公平与平等就无法实现,人类社会便会继续动荡不安。

▶ 恐怖主义与反恐斗争

在两极分化的社会中,政府在两极分化趋势面前长期的不作为,会导致贫困人群产生仇富心理。在社会不公、法律无助的情况下,会显现弱者无奈的原始反抗,即对强者的恐怖行为。因此,当社会生活中出现恐怖行为时,应认真分析其社会原因,从根本上消除恐怖根源,一味地打击、镇压只会激化社会矛盾。从这一角度,可以充分看出现代资本主义在处理国内两极分化的高明之举,全民福利政策轻易地化解了被马克思主义者称之为不可调和的资产阶级与无产阶级的阶级矛盾,创造了国家内部安定的社会环境。

在现代社会中,还有一种黑帮形式的恐怖行为。这种恐怖行为与两极分化、社会不公基础上的恐怖行为有本质的差异。前者是市场经济社会最大化利润追逐异化下的暴力诉求与非法产业（如毒品、走私、色情产业）行为，企图通过暴力与非法手段跻身于富人集团。黑帮势力一旦进入富人集团，成为既得利益者，往往会与富人集团相勾结；同时，在利用暴力致富后，往往会寻求"正当化"转型。

出现在国际社会的恐怖行为，其根源之一是国家或地区间的两极分化、社会财富的分配不公。经济发达国家或地区长期的经济殖民主义，加上意识形态的歧视，挑起了经济落后国家或地区的民族主义反抗。在这种情况下，霸权主义国家以为可以通过武力镇压来消除恐怖主义，结果适得其反。恐怖主义根源不除，暴力镇压不止，恐怖行径就不会消亡。

15.5 利润原则与社会效益的较量

市场经济的功过分析
社会主义的市场经济责任

利润原则是市场经济的原罪，它使市场经济呈现两面性。在促进社会生产力发展的同时，最大化的利润追逐会导致社会经济发展丧失理性，甚至走向疯狂。当市场经济延伸到非经济领域时，它便成为万恶之源。

知识经济时代，是一个社会生产力超高水平与超高速度发展的时代。科学发展观与和谐社会构建，都要求对市场经济进行反思，并迅速实现社会效益的法制建设。

▶ 市场经济的功过分析

市场经济是社会生产力的巨大推动力量；市场经济的过错是它的两极分化、社会不公与社会责任缺失。这些是市场经济与生俱来的特点。因此，在实施市场经济的社会中，政府的工作重心应放在对市场经济的实时监管与调控上，因为两极分化、社会不公与社会责任缺失，会造成社会动荡不安。

在市场经济社会中，政府实时监管与调控的责任表现在：对两极分化采取二次分配的"劫富济贫"；防止市场经济扩大化，避免将市场经济扩大到非经济领域；限制社会非理性的欲望消费与疯狂消费。

社会经济发展会推动公共事业（如医疗、教育、文化、传媒等）的发展。发展全民公共事业，体现了社会的公正、平等以及社会效益的理性原则。人人享有基本教育权利与医疗保证，是现代文明社会的共同特点。这些公共事业与市场经济的利润原则水火不容,一旦被市场经济污染,必然会失去社会公正、平等以及社会效益责任。中国大陆在社会主义市场经济改革探索的初级阶段,疏于对市场经济领域的监管,盲目地将市场经济扩大到非经济的公共事业领域,造成医疗、教育改革的失败,以及文化、传媒的社会责任缺失。

▶ 社会主义的市场经济责任

市场经济是一个十分成熟的经济形态。市场经济的成熟,突出地表现为它的鲜明性与执著性。市场经济鲜明地表现出它的推动力效应、非均衡性效应、两极分化效应与唯利是图效应;市场经济执著地表现为,任何国家,只要引入市场经济,都不可避免地会出现完全相同的市场经济效应。

社会主义对财富极大丰富的需求与市场经济的执著动力,是社会主义与市场经济的交集。社会主义与市场经济的矛盾,体现为社会主义理想与市场经济非均衡性、两极分化和唯利是图效应的互不相容。在坚持社会主义方向的国家中,引入市场经济后,政府都不可避免地要承担巨大的社会效益责任。

15.6　政府的社会效益责任

不可缺少的道德原则

社会道德与社会效益原则

政府的社会效益作为

经济效益是人类物质文明的基础,社会效益则是人类精神文明的保障。人类社会的进步必须体现出经济效益与社会效益齐飞。

人类活动的社会效益表现为,人类社会安定、和谐、健康的生活方式,高尚的社会道德水平,以及人们友好的交往等。社会效益具体体现在百姓的幸福感中。

经济效益有"知识发展"与"市场经济"强大的自然驱动力,知识发展在高级阶段的异化、市场经济的非均衡发展,都会给社会效益带来负面影响。因此,在知识经济时代,强化社会效益是政府不可推卸的责任。

▶ 不可缺少的道德原则

人类社会是一个群体性社会,每一个人都无法脱离社会。社会群体中的集体利益高于一切,每个社会成员都必须遵守社会化生活的行为规范,其中一部分成为法律规范,另一部分则成为道德约束。社会法律本质上是一个框架范围内的"堵漏工程",永远不会有一个一劳永逸的法律体系。因此,道德约束应成为法律之外重要的社会安定因素。

在人类社会中,道德总是先于法律,因为在人类群居社会中,首先会出现个人利益、他人利益、集体利益的碰撞,在碰撞中形成公认的个人行为规范要求。当个人行为不能满足规范要求,并严重影响社会安定时,便会实行社会强制。这种社会强制便是法律手段。人类并不希望诉诸法律,中国古代文学著作中对"君子国"的描述,便是人们对道德原则下理想社会的向往。

道德是社会安定的基础因素,法律是社会安定的震慑力量。在法律、道德的天平上,可以衡量一个社会的文明、进步程度。当一个社会能依靠道德力量重于依靠法律的震慑力量来保障社会的安定、祥和时,这个社会便是文明、进步的社会。

当人类无法脱离社会生活时,个人利益服从集体利益便是最基本的道德诉求,一切个性解放、个性自由、人权、民主,都应在集体利益框架下解决。

▶ **社会道德与社会效益原则**

社会道德是社会成员在社会生活中的行为规范,这些行为规范可保证社会的和谐与安定。社会效益原则用来衡量社会活动(经济、文化、艺术、教育等)是否有利于提升社会道德,是否有利于社会的和谐与安定。

社会道德不具有强制性,它是社会文化、教育、宗教、艺术、传媒等上层建筑氛围下的社会行为。因此,社会效益原则首先是社会文化、教育、宗教、艺术、传媒等领域必须承担的社会责任。从这一角度出发,没有任何社会活动(包括娱乐活动)可以缺失社会效益责任。

社会效益的道德责任不具有法律约束力,只具有舆论压力。因此,社会效益原则是弱势原则。

市场经济的利润原则是强势原则,不仅表现在经济活动中利润追逐的疯狂上,还表现在上层建筑的法律(如私有财产、知识产权等)保护上。社会效益原则的弱势,表现为它的法律无助性。在社会活动(包括经济活动)中,没有对社会效益的法律界定与法律处罚。因此,在市场经济社会里,当市场经济与社会效益发生冲突时,社会效益往往会败下阵来。

在市场经济社会中,必须给商品经济的利润原则带上社会效益的紧箍咒。并且随着市场经济的发展,社会效益的紧箍咒日益重要,它是"科学发展"与"和谐社会"的重要保证。给市场经济带上社会效益的紧箍咒,是国家权力机关的责任。资本主义国家针对初级阶段中两极分化后出现的不安定因素,采取高累进税收下的全民福利政策,是政府采取法律手段使市场经济利润原则向社会效益原则作出的某种妥协。

▶ 政府的社会效益作为

（1）政府应承担社会效益责任

当今,无论是资本主义的民主国家、社会主义国家,还是部族集权国家,都标榜自己是全民的国家,政府代表全体人民的利益。因此,政府部门必须承担社会效益的监管责任。由于社会效益的弱势地位,政府必须下大力气来保证社会生活各个领域中的社会效益,以保证全社会的和谐与科学发展。

政府部门必须采取切实措施来监管社会活动(包括经济活动),并且给这些活动贴上社会效益的警示标签,以显示这些活动对于推动社会和谐与科学发展的有益及有害程度。政府还应逐步制定法律体系,来约束有害于社会和谐与科学发展的社会活动,增强社会活动的社会效益责任。在知识经济时代,特别要对市场经济实施有效的社会效益监管与法律约束。

对于市场经济利润原则的强势地位与社会效益的弱势地位,除了市场经济的效益原因外,政府部门的经济利益与市场经济紧密相关则是一个根本原因。

政府的社会利益(税收、就业、社会繁荣等)取决于市场经济的发展,政府的主流政策必然要大力发展市场经济。当市场经济的利润原则与社会效益原则出现矛盾时,往往首先得到支持的是市场经济。只有当市场经济严重地损害社会效益原则时,才会对其实施政府干预。在中国大陆社会主义市场经济改革中,医疗体系在市场经济中的进退则是一个典型事例。

（2）给市场经济领域画地为牢

在社会生活的非经济领域中,有众多的社会服务(如教育、文化、艺术)、社会保障(如医疗)体系。这些体系没有赢利机制,只有社会责任,是社会生产力发展到一定程度时的社会贡献,也是商品经济的社会效益责任,需要政府的公共投入与支持。

当社会服务与社会保障体系进入市场经济领域时,盲目的利润追逐会使其丧失社会责任。在市场经济时代,从商品经济领域的巨额利润中分割出一部分,用于社会服务与社会保障是天经地义的事情,是构建和谐社会的保障。在中国大陆社会主义市场经济改革中,教育、医疗产业化决策失误的根本原因,是将非经济领域部门推向市场经济的战略失误。因此,在任何时期,在任何情况下,都不能把市场经济无限扩大到非经济领域。

（3）两极分化下的"劫富济贫"责任

"劫富济贫"是"劫"市场经济之富,"济"社会服务、社会保障之贫,是市场经济社会中政府的主要任务与不可推卸的责任,是市场经济下的社会公平。

政府的另外一个社会责任,是给市场经济下达社会效益指标,防止市场经济最大化利润追逐下的盲目性。政府应要求市场经济在追逐利润时,必须考虑社会效益,即"君子爱财、取之有道",将市场经济的利润追逐尽可能控制在社会效益的理性范围内。对于"十倍利润令人丧失理智、百倍利润令人疯狂"的行为,应采取严格的法律手段。

15.7 本章小结

在知识经济时代,人类知识的分离性、集成性、非线性发展到达最高阶段。知识经济时代的市场经济,是超高水平、超高速度、超商品经济领域的现代市场经济,具有鲜明的时代特点。

在鲜明的富人经济背景下,现代市场经济陷入利润追逐的泥潭。盲目的利润追逐,必然导致社会经济的非理性发展。社会的暴富心理、暴富族的非理性消费、从满足消费到拉动疯狂消费,以及拉动疯狂消费下的非理性生活,都与理性社会的社会效益原则相对抗。

在知识经济时代,超高水平下超高速度发展的社会生产力、无限扩展的市场经济,造成自然生态、经济生态与人文生态体系的严重恶化。日益严重的两极分化,导致意识形态冲突,形成市场经济利润原则与社会效益原则的严重较量。在这一较量面前,政府必然要承担社会效益责任,给市场经济带上社会效益原则的紧箍咒。

第十六章　不断强化的人工生态环境
——人类的另类进化

人类诞生后,告别了生物界自然进化的历史,并以知识发展为武器,以自我服务为中心,开始了漫长的改造客观世界的历程。

以人类为中心的改造世界进程,与自然进化相悖,使人类从诞生伊始就进入一个营造人工环境并在人工环境中进化的时代。

在人工环境的精心呵护下,人类迅速地退出自然进化时代,人类的生理机能都处于退行性发展状态。

人类的退行性发展加重了其对人工环境的依赖。这种依赖的强化,使人类发展进入一个恶性循环阶段。人类在被人工环境呵护到体力依赖、智力依赖、生殖依赖、繁衍依赖时,便进入一个自我否定的时代。

16.1　自我完善的自然生态系统

生物自然进化的多样性
天衣无缝的自然生态系统
自然生态系统的自适应调节

人类在仔细观察外部世界时,无不感叹造物主的鬼斧神工,以至于人类把自己的最高崇敬奉献给造物主。只有达尔文创建的进化论学说,才真正揭示生物进化的真实面目。

经过亿万年的进化,自然界的生物群体形成一个十分完善的生态系统。在这个生态系统中,呈现大自然的生物多样性、天衣无缝的生存链,以及自然生态系统的自适应调节。

▶ 生物自然进化的多样性

地球诞生后,经历几十亿年的不断演变,逐渐形成有机物的生存环境,并在有机物的基础上诞生了最初的生命形态。生命体诞生后,便开始漫长的生物发展、进化的历史。

在生物自然进化的历程中,最显著的特点便是生物的多样性与互利性发展。生物的多样性发展与自然形态的多样性有关。地球上有海洋、陆地,海洋里有深海、浅海、滩涂,还有热带海洋、亚热带海洋、极地海洋之分;陆地上有平原、丘陵、崇山峻岭、湍急河流,还有热带、亚热带、温带、寒带之分。所有这些自然条件的多样性,都伴随着自然物种的多样性。

生物的多样性发展、进化呈现树状分支。这种树状分支既可避免同一物种进化中的碰撞,又能充分利用地球上所有的自然资源,使地球上几乎所有的空间都充满生命体。在某一种生命体难以生存的空间里,会活跃着另一种生命体。

生物的多样性发展结果,使地球上呈现生命的繁荣景象。生物的互利性发展,可保证每个生物群体的发展繁荣。

例如,在生物进化的动物、植物两个分支中,植物在其生长过程中通过光合作用,吸收二氧化碳,放出氧气;而动物在其生命活动中,吸收氧气,吐出二氧化碳。这就形成动、植物共存互利的进化环境。

▶ 天衣无缝的自然生态系统

在生物多样性进化的树状分支中,形成天衣无缝的自然生态系统。自然生态系统包括生态系统环境与生态系统生物链。

生态系统环境,是指生态系统中生物体赖以生存、发展的自然环境。生物体与自然环境构成一个共兴衰系统。例如,在深海火山口周围存在某个生物群体,它们与深海火山口周边极端高压、高温、无光照的自然环境极为适应。当这些自然环境条件消失后,相应的生物群体也会消失。

生态系统生物链,是指在一个自然生态系统中,存在食物链状的生存关系。例如,在一个自然水系中,有大鱼吃小鱼、小鱼吃虾米、虾米吃浮游生物的生存关系;在大草原上,有狼吃食草动物、食草动物吃草的生态系统生物链。在生物链中每个链上生命体的兴衰,都会影响整个生态系统的兴衰。

良好的生态环境保证了整个生态系统的繁荣与兴旺。例如,气温、雨、日照等自然生态环境,决定了草原上牧草的生长状态,从而影响整个草原生态系统的繁荣与兴旺。和谐、均衡发展的生物链,保证了生态系统发展的稳定性。在生态系统生物链中任一环节产生变故,都会造成对整个生物链的破坏,从而导致相应生态系统的崩溃。

▶ 自然生态系统的自适应调节

从上面分析可以看出,经过亿万年的演化,自然界已形成一个十分完善的地球大生态系统以及众多的局部生态系统。

在地球大生态系统中,每一个生物群体都遵循生物链生态系统的生存规律,在"集体主义"规范的约束下发展、进化。达尔文考察了在自然生态环境约束下,每个生物群体如何在适应自然生态环境下,自适应地改造自己,使生物链生态系统达到最佳的平衡、和谐状态。达尔文进化论的伟大之处,在于它揭示了一个确定的地球自然生态环境中,所有生物体共同繁荣、发展、进化的自然规律。这些自然规律的核心,是它的顺应性、均衡性与渐进性。

"顺应性"表示生物群体在自然进化中,受到不可抗拒的自然生态环境约束。任何生物群体的进化,都要顺应自然生态环境的演化,不能顺应者则会被淘汰,即遵循适者生存的进化规律。

"均衡性"表示生物链生态系统是一个均衡、和谐的系统,每一个生物链上生物群体的消长,都会影响整个系统的均衡、和谐,使整个生物链生态系统出现振荡,最后调整到一个新的均衡状态。

"渐进性"表示生物群体的自然进化,是一个漫长和渐变的适应、调整、演化过程。

任何急剧的变化都会导致自然生态系统的灾变。在地球生命进化史中,任何生命体的突然消失,都与自然生态环境或生物链生态系统出现的突变因素有关。不少科学家从"灾变说"入手来探索恐龙灭绝之谜。

中国古代哲学家充满原始的生态观念,儒家、道家都力图摆正人类与自然界的关系,创建了"天、地、人"的和谐、统一观念,并使这一观念深入千家万户。古代帝王被称为天子,要祭天拜地,祈求风调雨顺。所有这些崇拜,都反映了原始生态观念中人类对自然界的顺应性要求。

在人类改造客观世界的斗争中,儒家的中庸之道,天、地、人的统一观念及和谐思想,都体现人类在自然生态体系中顺应性、均衡性和渐进性的理性思维。

16.2　人类挑战自然生态系统

认识客观世界的误区

客观世界中的另类进化

改造客观世界的风险性

人类的另类进化环境

人类从诞生伊始,就给自己规定了一个认识世界、改造世界并挑战自然生态系统的伟大目标。人类在认识世界、改造世界的历史进程中,以自我为中心,以主宰万物为目标,狂妄自大地陶醉于"战天斗地"中,使自然生态系统遭受极大的破坏。如今,人类正面对一个人为干预下不稳定的生态环境与不稳定的生态系统生物链。

▶ 认识客观世界的误区

迄今为止,没有人能说清楚人类起源的"最初一击"。但是,可以用"挑战自然"的说法,明显地区分始祖猿与其他灵长类动物。面对更加恶劣的生存环境,众多的始祖猿倒下了,而少部分始祖猿精英在改变生存环境中得以生存、繁衍,成为始祖人。因此,人类从诞生伊始便信奉与崇尚挑战自然。

在恶劣的生存环境中,在信奉挑战自然的改造客观世界的过程中,始祖猿寻求"知识"的帮助,从认识世界入手来改造世界。因此,从某种意义上讲,在恶劣的环境下,用知识的力量挑战自然生态环境才创造了人类。

改造世界就要了解自然界客观事物的规律。客观事物的规律包含两大类,一类是个别事物发生、发展、变化的"个别事物演化规律";另一类是个别事物发生、发展、演化后,对其他相关事物影响的"群体事物生态规律"。

原始人低下的社会生产力对个别事物的改造力量,不足以挑战自然生态的自我调节能力,不会造成对自然生态系统的破坏。这种状况导致人类对客观世界认识上的一个重大失误,即只限于对个别事物演化规律的认识,并以此来改造客观世界,而忽视对群体事物生态规律的了解。

自然生态系统的自适应调节能力,可不断修复原始人类在改造客观世界中,对自然生态系统的破坏。大自然的宽容被人类误以为其可以主宰一切、改造一切,而不会受到大自然的惩罚。因此,人类在几十万年的进化中,一直崇尚改造世界,只研究个别事物的演化规律,不去了解群体事物的生态规律,从而导致人类知识发展史上的严重失误。

当社会生产力高度发展、客观世界遭到疯狂改造后,人类对个别事物的改造力量,远远超出了自然生态的自我调节能力,出现了对群体生态环境不可恢复性的破坏。当人类不得不去修复其赖以生存的自然生态环境时,社会生产力便出现内耗性成分。

▶ 客观世界中的另类进化

在自然进化规律要求下,为了大自然的和谐,每个生物体都要抛弃个体利益,服从群体的生态利益。这就是大自然中个体生物的"宿命论"。

人类则运用知识的力量挑战大自然的宿命论。人类诞生的关键一步,是从"顺应自然"到"挑战自然"。

人类用改造客观世界的手段挑战自然。人类挑战自然的最重要结果,是给自己营造一个人工环境。这个人工环境以人类为中心,具有排他性。而且人类在构建人工环境时,往往只从认识个别事物的规律出发,没有考虑群体生态的规律,从而在构建人工环境中与自然生态环境发生冲突。在生产力低下时,这种冲突对自然生态环境的影响微乎其微。而当人类进入文明社会后,这种冲突就演变成不可调和的矛盾,引起人们的注意。进入知识经济时代,人工环境发展到极致时,对自然生态环境产生了不可逆转的破坏力量。在遭遇自然界的报复后,人类才开始反思。

人类的另类进化呈现与自然进化相反的特点,即它的抗逆性、非均衡性与快速性。

人类的"抗逆性"进化,是一种对自然进化的顺应性规律的挑战,即以人类为中心,反对宿命论,不断强化人类改造客观世界的能力,使客观世界不断满足人类单一物种的私利性需求。

"非均衡性"则表现为人类进化中,人工环境对自然生态环境的非均衡影响。人类按照自己的需要来改造世界,这是一种向人类倾斜的非均衡改造,必然会造成自然生态系统的失衡。

"快速性"是指与其他生物群体相比,人类进化具有超常的速度。与人类的进化速度相比,其他生物群体的进化似乎被冻结了。这是因为人类知识的非线性发展规律,使人工环境的营造速度也呈现非线性增长态势。在迅速强化的人工环境中,人类明显地加快了进化速度。

▶ 改造客观世界的风险性

改造客观世界的风险性,在于人类对自然生态环境挑战的盲目性。

亿万年的鬼斧神工,造就了一个天衣无缝的自然生态系统。在这个自然生态系统中,所有生命体都为自然生态系统的不断完善作出贡献,并且接受自然生态系统的恩惠,共同发展与进化。

人类借助知识武器来挑战自然生态系统,利用改造客观世界的知识力量,使自然生态系统为单一的人类社会发展服务,在改造客观世界中寻求人类独立的发展道路。

人类在相当长的发展历程中,战天、斗地,取得了辉煌的成果,为自身的生存、发展创造了良好的人工环境,基本上摆脱了生存威胁;大自然也给予人类最大恩惠,不断弥补人类活动对自然生态的不利影响。然而,自然生态的自修复力量是有限的。随着社会生产力的不断发展,以及人类改造客观世界力量的不断增强,总有一天,自然生态的自修复能力会无法抵挡人类活动对它的破坏力量。当这一天到来的时候,人类或许还意识不到这一问题的严重性。当经济发达的现代化文明国家的平均消费水平已到达数个地球的承受能力时,这些国家却成为其他国家羡慕与追求的榜样。

▶ 人类的另类进化环境

人类的另类进化特点,是它的抗逆性、非均衡性与快速性。人类的另类进化环境,则是人、知识、工具的共生体系。

人、知识、工具的同源性,确立了人类区别于所有其他生命体的另类进化环境。所有其他生命体的进化都是依靠自己的适应能力,在自然竞争环境中进化。唯独人类是依靠知识的力量,在劳动创造世界的口号下,在改造世界的进程中得以发展。

长期以来,在"人类创造知识"、"人类使用工具"表象的掩盖下,人类不承认知识、工具在人类社会发展中的独特地位,以至于人类在进入被人、知识、工具体系边缘化的知识经济时代,对知识、工具的了解仍停留在原始阶段。

在人类另类进化的历史长河中,知识、工具是独立的发展因素。知识有其本身的发展规律,并不为人类大脑所专有。人类向外太空传递其文明信息使用的不是活生生的人,而是工具。

16.3 改天换地的人工生态环境

主观决策对抗客观规律

从隐性破坏到显性破坏

非线性发展的破坏力量

改造客观世界是人类诞生后,寻求生存、发展的唯一选择。改天换地的人工生态环境,无疑是人类给予大自然的"慢性灾变",它既破坏了自然生态的进化环境,也导致人类社会的畸形发展。

▶ 主观决策对抗客观规律

人类在改造客观世界时,总是强调要从认识客观世界入手。但是,人类对客观规律的认识是一个由表及里、由此及彼、不断穷尽的漫长过程。人类有时对某些知识认知的正确程度尚未作出判断,就将其用于改造客观世界,便会出现改造客观世界的主观意志。

随着人类社会活动的不断集中(从分散的部落群体到国家政权的建立,从小国分割到权威大国的确立),人类主观决策的权力不断扩大。随着人类知识的不断发展,人类改造客观世界的能力急剧膨胀,导致现代社会主观决策给人类社会带来重大的影响。人类可以迅速修建大型工程,改造河流,砍伐原始森林;可以迅速实现星球战略、核武威慑、军备竞赛;可以迅速实现极地(南极、北极、深海)开发。在这些重大活动中,人类都不计后果。

▶ 从隐性破坏到显性破坏

人类对自然生态的破坏,都是从隐性到显性的发展过程,并受两个因素影响:一是自然生态的自修复能力,二是人类对自然生态的破坏力量。

人类对自然生态的破坏力量呈现非线性增长态势,而自然生态的自修复能力基本不变。当人类改造客观世界的能力小于自然生态的自修复能力时,对自然生态的破坏为隐性破坏;反之,对自然生态的破坏为显性破坏。可以看出,人类活动的隐性破坏,尚属于一种良性的生态变化效应。

一般而言,人类对生态的破坏都具有滞后效应。较短期的滞后效应常见于自然生态链系统中,某一环节的突变会导致相关环节上的生物灾难;较长期的滞后效应常见于对大规模的自然生态环境的影响,例如,热带雨林被破坏后的沙漠化,能源过度消耗、二氧化碳浓度上升导致的全球气温上升,人类活动扩展后野生动物的消失等。隐性破坏不易被人们重视,而其一旦转化成显性破坏,便会成为生态灾难。人类为恢复原来的生态系统要付出沉重的代价。

▶ 非线性发展的破坏力量

从某种意义上讲,所有改造客观世界的行为,都是对自然生态环境的破坏。自然生态环境的自修复功能,反映了自然生态环境的抗灾变能力。但是,自然生态环境的自修复能力是有限、缓慢的。

如果人类改造客观世界的力量超出自然生态环境的自修复能力,自然生态环境便会遭受永续性破坏。例如,在自然经济时代,农民世代在土地上耕作,牧民世代在草原上游牧,渔民世代在江河湖海上捕鱼,好一派人间生活美景、田园风光。然而,到了现代社会,集约化农业的大规模开荒造成水土流失;过度放牧造成草场退化;大规模机械化捕捞使渔类资源枯竭。

因此,社会生产力非线性发展到一定阶段后,人类对客观世界的改造就会导致对自然生态环境的永续性破坏。人类在市场经济利润原则的驱使下,不计后果地改造客观世界,更使自然生态雪上加霜。

第一次产业革命,使人类社会从自然经济迅速过渡到产业经济,人类改造世界的力量骤升。人类社会开始失去日出而作、日落而息、与大自然和谐相处的田园生活。人们在机器旁紧张工作,工厂吐出浓烟、排出污水,人类感受到其活动对自然生态系统的显性破坏力量。

计算机的产业革命,使人类迅速进入知识经济时代。知识平台替代人类的智力劳动,使人类进入一个全面改造客观世界的时代。人类不仅改造自然生态环境,还要改造自然生态环境中的物种命运,甚至改造人类自身。基因工程的实用化,现代生物学、医学的发展,都表明这一时代的到来。

现代社会的两次产业革命,加上市场经济的利润追逐,使人类改造客观世界进入一个疯狂、非理性时代。

可以说,人类近代史上的两次产业革命,是自然生态系统的两次灾难。如今,人类在数十年时间里对自然生态的破坏,已超出人类历史的总和。

16.4　人工生态环境与人类进化

从自然环境到人工环境

人工环境的极端化发展

人工环境下的人类进化特征

人类是否还在进化？如何进化？这是社会学家、生物学家十分关注的课题。生物学家从基因变异角度，社会学家则从人类社会行为角度，来解读这一时髦问题。人们讨论"进化"问题时，总是带着自然生态学背景。然而，人类对客观世界的改造，在营造出一个人工环境后，便完全脱离自然进化轨道，进入一个人工环境中的另类进化阶段。

▶ 从自然环境到人工环境

人类诞生伊始，人工环境的营造便开始萌芽。中国古代描述的燧人氏钻木取火、有巢氏伐木筑屋、神农氏尝百草医治病人，构建了一个原始人生存、生活的人工环境。从此，人类完全脱离动物式的自然生存方式，进入人工环境呵护下的社会生活。

从自然环境到人工环境，人类经历了用工具武装起来的原始社会、自然经济时代的农业社会，直到资本经济社会，人类开始了城市化进程。与城市化进程相呼应的是国家机构的强化。因此，从自然环境到人工环境的社会学基础，是国家机构的强化与城市化进程；而其生态学基础，是人类知识发展的人工环境呵护。例如，远古人类集群生活，使用石器工具，构筑房屋，钻木取火，形成一个原始群居的人工环境；随着集群生活的强化，产生氏族部落，人们在氏族首领的管理下，有序地从事各种生产劳动与祭祀活动，形成原始的经济基础与上层建筑；人类进入农耕社会后，有了稳定的生产力基础，这种稳定的生产力不仅能满足人类的生存需求，还能供养一部分人专门从事文化、艺术及知识的发展，为了保护部落及部落首领的利益，形成部落联盟的国家形态。

可以看出，人类的人工环境，是从原始状态的人工生存环境，不断发展到现代的社会生活环境。现代的人工生活环境包含两大部分，即上层建筑与经济基础。这两部分的关系遵循传统经济学的规律，即上层建筑与经济基础相适应的规律。

▶ 人工环境的极端化发展

"宿命论"是自然生态系统的本质特征。在自然生态系统中，所有生命体的诞生、发展、消亡，都由自然生态规律所主宰，服从于自然生态系统的均衡、和谐的发展要求，在自然生态系统的"集体主义"中，寻求个体的"竞争性优化"。

"集体主义"是自然生态系统中，所有生命体都必须遵循的自然生态规律，自然生态系统给所有的生命体以平等的待遇与发展空间。个体的"竞争性优化"，是指每个生命体在自然生态系统中的适应性竞争，即适者生存，适者壮大。

人类通过认识世界、改造世界，来营造人工生态环境。因此，人类知识发展进程与知识发展规律，决定人工环境发展的内容与速度。在知识经济时代，人类知识发展已进入最高阶段。知识的极致化发展，必然导致人类人工生态环境的极端化发展。对这种极端化发展的态势，人类必须足够重视。

▶ 人工环境下的人类进化特征

人工环境下人类的进化，与自然生态体系中生命体的自然进化有着本质的不同。

自然生态体系中生命体的进化，是一种"野性进化"，遵循残酷的"优胜劣汰"的自然法则。自然进化保证了整个自然生态体系的进步与完善。

在人工生态体系中，人类的进化是一种"文明进化"。首先，人类要抛弃自然进化环境，创建文明社会，即创建人类社会的经济基础与上层建筑。经济基础提供精心呵护人类的人工环境，上层建筑则提供人类进化的人工干预。

自然生态体系中优胜劣汰的自然进化法则，强化了生命体"内因"在进化中的作用，只有健壮、智慧、敏捷、免疫系统优异者得以生存。因此，自然生态体系中生命体的进化，突现个体"生物性优化"的进化本质。

人工生态体系中人类的文明进化，反对优胜劣汰的野性竞争，强调生的权利，突出外在因素、知识发展对人类进化的作用。因此，人类在人工生态体系中的进化，凸现了知识、能力的进化；而作为生命体的生物学特征，则出现退化迹象。

16.5 人工生态环境对人类的挑战

无法逆转的自然生态破坏
国家利益延误生态修复
人类对人工环境的绝对依赖

人工生态环境下人类面临三种生存挑战：一是超高生产力下无法逆转的生态破坏；二是市场经济对生态破坏的雪上加霜；三是精心呵护下人类生物学特征的加速退化。

依靠人类的智慧和科技力量,有可能缓和人类对自然生态的破坏。然而,市场经济与国家保护主义,往往会使生态恶化失控,延误生态修复的时机。

如果说,自然生态环境下的生存原则是自然淘汰下的适者生存,那么人工生态环境的生存原则是精心呵护、普度众生。在普度众生的原则下,人类个体逃避了自然选择;在精心呵护的原则下,人类个体产生了对人工生态环境的绝对依赖。

▶ 无法逆转的自然生态破坏

人类的发展史是一篇战天斗地的历史。人类在战天斗地中不断改造自然,营造一个人工生态环境。在几十万年漫长的历史阶段中,人类一直享受着大自然的呵护,直到人类的第一次产业革命。

18世纪第一次产业革命出现后,人类战天斗地的力量发生本质性变化,即人类开始依靠动力机械来改造世界。人类集中精力,致力于机器学、动力学、能源学的研究。从蒸汽机、内燃机到电动机,从蒸汽动力、石油动力到电动力,形成巨大的改造客观世界的力量,代替了人类在战天斗地中的体力劳动,开始了人类"机械化"改造客观世界的进程。人类改造客观世界的巨大力量,超出自然界的自我修复能力,从此,人类开始破坏自然生态环境的进程。

20世纪的计算机产业革命,给动力机械加装上了智力,开始了从机械化迈向智能化的历程。智能化机械的出现,大大地提高了社会生产力。巨大的社会生产力将社会需求引向欲望需求、疯狂需求,形成社会商品生产与消费的极大浪费。过度的资源消耗,使自然生态环境急剧恶化。

可以说,两次产业革命的到来,使人类进入一个文明与超文明时代。然而,从自然生态系统的角度来看,人类历史进入的是一个野蛮与超野蛮时代。

▶ 国家利益延误生态修复

超高水平下、超高速度发展的社会生产力,使人类改造客观世界的力量空前壮大。能源的过度消耗,使二氧化碳的排放空前加剧,导致全球气温上升;森林的过度砍伐,特别是热带雨林的迅速减少,导致水土流失日益严重,沙漠化进程加剧。全球性的生态恶化已经超越国界,任何国家都无法独善其身,急需动员全球力量应对人类危机。

由于历史原因,形成了国家或地区间资源消费与生态环境的差异与矛盾。经济发达国家或地区,在大量地消费地球资源的同时,自身却保有良好的生态环境;而经济落后国家或地区的生态环境却不断恶化。特别是在知识经济时代,制造业的转移伴随生态恶化的转移,形成国家或地区间新的生态环境矛盾。在知识经济时代,保留知识经济、输出制造业,有利于优化第一世界的生态环境。

全球化的生态危机,是经济全球化下的普遍危机,需要动员全球的力量来统一应对。在国家利益至上的原则下,经济全球化与国家分割的矛盾,必然会延误人类对日益恶化生存状态的遏制与修复。

▶ 人类对人工环境的绝对依赖

动物园的动物在人工饲养环境下,会迅速丧失回归自然环境的生存能力。人类从诞生之日就开始在人工环境下的异化,也开始对人工环境的绝对依赖。

在人工生态环境中,人人生而平等,人人有婚育的平等生殖权利,人人有生存的绝对权利。当人类开始对人工生态环境产生绝对依赖后,便从野性的内因性生存,异化到外因下的呵护生存。

最明显的例子是人类免疫系统的普遍退化。生物体自身的免疫系统,是在长期自然选择中不断形成与强化的。生物体在受到外部侵害时,能够依靠自身的免疫系统抵御侵害,或自动修复被侵害的机体。人类的许多疾病可以依靠自身的免疫系统自愈;然而,在长期的医药精心呵护下,人类连一些小病几乎都难以抵挡。经济发达地区人们的过敏性疾病普遍多于经济落后地区。

人类对人工环境绝对依赖的另一个异化现象,是人类生存、生活适应能力的退化。人类在长期的人工生态环境与人文生态环境下生活、繁衍,已失去野性的生存、生活能力。

16.6　从改造客观世界到改造自己

> 从自然繁衍到人工生殖
> 从机器人到仿真人的进化
> 基于干细胞的人体改造
> 基因工程下的人类克隆

人类从改造客观世界开始,最终必然走上改造自己的道路。如果说人类在长期的人工生态环境与人文生态环境中生活、繁衍,被动地走上改变自己的道路,那么进入知识经济时代,借助于现代计算机技术、基因工程、生物工程、医学工程等先进科技,人类则主动走上了改造自己的道路。

▶ 从自然繁衍到人工生殖

自然选择的生殖、繁衍是生物种群赖以进化的重要手段。人类在退出自然选择的生殖、繁衍后,生殖观念便发生异化,繁衍能力也发生退化。

动物的生殖观念是单纯的种群繁衍,动物的交配行为完全是为了种群的繁衍需要,因此,动物普遍具有发情期的自然繁衍控制。当人类脱离动物界后,其交配行为逐渐异化为性爱行为,形成人类生殖、繁衍的独特人文生态环境。

另外,在现代化生活方式下,人类大量的体力劳动被机器替代,人工生态环境的精心呵护,造成人类繁衍能力的退化。这种退化与现代化生活方式有明显的相关性。在白领人群中,这种退化尤为明显。

为了应对自然生殖能力的退化,从人工受孕开始,人类开创了人工生殖工程。无论是人工受孕、试管婴儿,还是各种代孕、代育,都属于人类的人工辅助生殖手段。而未来基因工程基础上的人类克隆技术,将会使人类进入无性繁衍的人工生殖阶段。人类是否会走向生殖克隆时代,取决于人类社会的理性而非技术。

▶ 从机器人到仿真人的进化

早期的机器人模拟人类的机械动作,代替人类在生产劳动中的简单体力劳动。计算机在机器人中的嵌入,实现了机器人的智能化革命。生产线上的智能机器人,完全替代了劳动者的体力劳动与脑力劳动。

目前,智能机器人已具备人类知识学的基本特征,但不具备人类的生物学特征,如形体、肌肤、体态、情感等。当智能机器人具备人类生物学特征后,这样的机器人便是仿真人。

从机器人到智能机器人,是机器人在人类知识学基本特征上的进化;从智能机器人到仿真人,则是机器人在人类生物学特征上的进化。

仿真人是机器人发展的高级阶段,是智能化电子(嵌入式计算机)技术与材料科学、机械科学、生物科学的综合成果。仿真人是应服务业需求而发展起来的。有限的知识学特征与生物学特征,使仿真人基本具备真人的使用价值与外观。但从本质上讲,仿真人仍然是一种高级机器,没有生命,没有"灵魂"。

未来,超过人类个体智力的机器人会有多种形式。被誉为"人工大脑之父"的雨果·德·加里斯教授,于2007年6月21日在清华大学的一次演讲中指出:"人工大脑"迟早会超过人类。人脑的转换能力是 10^{16} 次/s;而人工智能的运算速度高达 10^{40} 次/s,是人脑的 10^{24} 倍。在20年、30年后,人工智能机器人可以与人做朋友;但50年后,人工智能机器人将会成为人类的最大威胁。

▶ 基于干细胞的人体改造

人类对人体的最原始改造,当属外科手术的医疗、整形与美容。外科手术包括一般疾病手术、再植技术、器官移植及变性手术等。

基于干细胞的人工改造,是一种基于人体"零件"不断更新的改造工程。干细胞中具有人类整体的基因成分,可以定向培育出人类的所有器官。这样的器官用于器官移植,可以彻底解决异体器官移植的排异反应。也可以利用干细胞的注入方式,来修复受损害的器官。

基于干细胞的人工改造是"器官级"的人工改造,没有人工生殖与克隆技术带来的社会伦理问题与遗传混乱问题。从器官异体移植到器官克隆移植,再到干细胞的器官修复与再造,人类群体的健康生活品质得到不断改善。然而,未来干细胞技术的普及与傻瓜化应用,会通过器官的不断更新、改造,导致人类的另类延寿方式。器官的无止境改造会带来什么样的社会学问题,为许多人所关注。

▶ 基因工程下的人类克隆

基因科学的形成与发展,使人类进入认识自己的高级境界,有可能使人类进入改造自己的最终阶段,即从根本上改变人类的生殖观念与生殖方式,从有性生殖到无性生殖,从随机生殖到基因干预生殖。

基因工程在医疗领域的实用化,使人类从疾病的被动治疗转变为主动治疗,如基因疾病的早期诊断、基因修复治疗,以及基因缺陷的健康检查等。

在基因科学基础上,人类对自身的认识进入一个量子化阶段。量子化的数字表达方式,使人类进入对自身微观状态的全面数字化描述时代。

当前,基因工程中最引人注目与争议的问题是人类的克隆。尽管当前人类克隆还存在诸多技术问题,但这些问题迟早都会解决。从世界上第一例动物克隆的"多莉"羊至今,动物克隆技术已逐渐普及。同样,人类克隆时代总会到来,人类知识发展不会以人的主观意志为转移。人类必须面对"克隆人"带来的严重社会伦理、道德问题。

当前,基因科学的发展着重于人类的"肉体"解析。近代生物医学研究证明,人类个体的精神状态、性格、行为意识常常带有先天性特征。这种先天性特征必然会反映在基因的个体差异上。因此,基因科学未来的发展必然有"软件"、"硬件"两个内容,即基因的"肉体"解析与"精神"解析。

随着基因科学的发展,对基因肉体解析与精神解析最终完成后,是否会出现基因优化配方下的克隆"完人",完成人类的最终改造?当人类进入这个阶段后,世界又会怎样？这是当代人类社会学的最大困惑之一。

16.7 本章小结

人、知识、工具的同源性，决定了人类的历史是对大自然战天斗地的发展史。人类通过战天斗地，为自己营造一个不断强化的人工生态环境，并且在这样的生态环境中开始另类进化。

人类在构建人工生态环境时，必然与自然生态环境产生冲突。这种冲突会随着人类社会的发展而不断加剧，即从和谐到内耗，从内耗到灾难。当人类对自然生态环境的破坏，没有超越其自修复能力时，人类与自然生态环境会和谐相处；而当人类对自然生态环境的破坏，超越了其自修复能力时，人类必须为修复自然生态环境而消耗一部分社会生产力。当人类无法修复被破坏的自然生态环境时，便会出现生态灾难。近代史上的两次产业革命与市场经济的极致化发展，使人类社会迅速从内耗性生态向灾难性生态转化。

人类长期在人工生态环境下发展、演化，形成人类进化的另类特点，即人类对人工生态环境的无限依赖，以及在人工生态环境精心呵护下，人类生物学的退行性发展。

人类的历史性任务是认识世界、改造世界。人类在改造世界的能力到达极致阶段时，必然会从改造客观世界扩展到改造人类自己，并且会在短期内取得惊人的成果。对此，人类并未做好充分的思想准备、心理准备以及法律和道德准备。

第十七章　智力替代后的人类边缘化进程
——手指化生活时代

人类智力的知识行为本质,表明人类与其他动物智力的根本差异。人类在一个知识与工具的环境中诞生,并此环境中开始另类进化,形成原始人类智力在知识基础上的进化变异。

知识由人类创造。人类创造的知识,既存在于人类个体的头脑里,也集成在工具中。当工具从知识集成演化到知识行为集成时,便出现智能化工具,开始人类个体智力的工具替代。

在知识经济时代,借助于半导体集成电路,人类工具从知识集成变革到知识行为集成后,便出现形形色色的知识平台工具。知识平台的普遍应用与普遍的人机对话方式,使人类社会进入手指化生活时代。

17.1 人类智力替代的原始基因

原始人类的两种知识形态
寻找智力替代的原始基因
微处理器智力内核的突破

在本书第二章中,以整章篇幅论述过人类智力的知识行为本质。知识行为的知识相关性,隐含人类智力工具替代的原始基因。当工具从知识集成变异到知识行为集成后,出现智能化工具。智能化工具的普遍使用,实现了人类个体智力的普遍替代。

▶ 原始人类的两种知识形态

传统观念认为,人类社会中只存在两种知识形态,即储存在人类头脑中的知识形态与文字记述的知识形态。笔者在本书中,提出了第三种知识形态,即普遍存在于工具中的集成知识形态。

如果仔细分析这三种知识形态,便会发现,文字记述的知识形态,是在人类进化后期且文字发明后才出现的一种知识形态。工具中的集成知识与人类个体头脑中的知识,伴随人类诞生,是最早出现的两种知识形态。

人类个体与人类工具的独特个性,形成人类知识发展中两种原始知识形态缺一不可的依赖状态。人类知识的可持续发展条件,包括知识的创造与知识的传承与积累。人类个体没有知识的遗传性状,虽然可以创造知识,却不能传承知识,不能将人类个体知识积累成人类知识;工具不能创造知识,却能通过知识集成的方法,积累与传承人类的知识成果。两种知识形态,形成人类知识发展不可或缺的互补效应。

承认第三种知识形态,深刻理解两种原始知识形态在人类知识发展中的互补效应,才能了解第三种知识形态隐含的智力替代基因。

▶ 寻找智力替代的原始基因

人类诞生伊始,便有原始知识与原始知识行为。原始工具中有原始知识,没有原始知识行为,却有知识行为的原始基因。

人类智力的本质是知识行为,知识行为的基础是知识。人类智力与知识的相关性表明,人与工具都可能出现知识行为能力。当工具出现知识行为能力时,便可以用工具的知识行为来代替人类个体的知识行为。

人类智力起源于感觉基础上的思考变异。人类个体在占有知识的时候，便显示出其知识行为能力，体现人类知识与知识行为的同步性。传统工具中虽然有集成的成果知识，却很难出现知识行为。

在人类发展相当长的历史阶段，人类个体的知识行为，一部分表现在其独立的思考、分析与语言表述上，大部分则表现在人类个体使用工具的社会生产、社会生活的活动中。

人类在创造与改进工具的同时，也不断追求在知识集成的基础上，实现工具独立的知识行为能力。人类对自动化工具的追求便是最好的证明。18世纪，聪明的钟表工匠制造出自动走时的钟表，在其中集成时间计量原理知识的同时，构造了精巧的运动机构与弹簧驱动源。这样的自动化工具便具有知识行为能力。旋紧钟表弹簧，钟表便独立地出现计时的知识行为。然而，钟表的计时知识行为是单纯的一维知识行为，与人类智力的多维性、交互性、应急中断性知识行为具有本质差异。自动化工具中的一维知识行为，无法实现人类个体的智力替代。

▶ 微处理器智力内核的突破

自动化工具中的一维知识行为集成，虽然无法实现人类智力替代，却表明工具不仅可以集成知识成果，还可以集成知识行为。

自动化工具中的知识行为，是一种十分原始的知识行为，具有一维进程和泛性的知识行为结构，即不同的自动化工具，其知识行为结构不同，不能相互兼容或移植。如自动水车的知识行为结构，是水力驱动下的叶片机构；风车磨房的知识行为结构，是风车驱动的磨盘机构；八音盒与钟表的知识行为结构虽然都是利用弹簧作为驱动源，但前者是弹簧驱动的琴键机构，后者是弹簧驱动的钟摆齿轮擒纵机构。

半导体集成电路诞生后，归一化的知识与知识行为集成，给人类带来新的希望。所有集成电路都以相同的半导体材料和晶体管器件实现电路知识成果集成，都以晶体管开关状态的转换进程实现一维知识行为集成。

当半导体集成电路发展到微处理器时代时，出现微处理器基础上的多维性、交互性、应急中断性的知识行为集成变异，半导体微处理器便成为实现工具智能化的智力内核。在微处理器智力内核基础上构建的通用计算机与嵌入式计算机，开始了现代计算机的知识革命。微处理器智力内核以知识平台方式，最终会完成人类智力的工具替代，以智能化工具代替人类的脑力劳动。

17.2 知识平台的人类智力替代

智能化工具的知识平台化
知识平台的两种类型
知识平台的智力特点

由于微处理器的集成电路的归一化特性、现代计算机的结构基础、软件化的知识行为特点,本书把微处理器智力内核基础上实现人类知识行为集成的广义智能化工具,定义为"知识平台"。知识平台有智力平台与智力嵌入两种类型。知识平台的专业化知识行为集成,可以用来替代专家的智力行为。

▶ 智能化工具的知识平台化

自动化工具止步于一维泛性知识行为集成。半导体集成电路诞生后,开始工具的归一化知识行为集成。微处理器诞生之前,集成电路的归一化知识行为集成,止步于一维知识集成;微处理器诞生之后,才真正地开始人类工具的智能化变异。

人类工具的智能化变异,包括传统工具的智能化改造与智能化工具的创新。前者是将半导体微处理器做成嵌入式微处理器,嵌入到传统工具中,实现传统工具的智能化控制;后者是将半导体微处理器做成通用处理器,用以构成通用计算机,在通用计算机上开发各种智能化软件。无论是用于传统工具智能化改造的嵌入式微处理器,还是通用计算机上的智能化软件,都有别于传统工具的概念,它们都以知识行为集成的平台方式,实现人类智力的替代,故称之为"知识平台"。

▶ 知识平台的两种类型

知识平台的基础是半导体微处理器。半导体微处理器为人类知识行为仿真提供了必要条件,即半导体集成电路时空量子化基础上的多维知识行为进程选择、快速信息处理能力、中断应急处理系统、输入/输出的外部交互行为。由微处理器构建的通用计算机与嵌入式计算机,为人类知识行为仿真提供了充分条件。通用计算机与嵌入式计算机的平台特性,形成微处理器智力内核的两种知识平台。

通用计算机的知识平台,是在通用计算机上运行的各种操作系统与应用软件。操作系统是计算机的管理软件;应用软件是形形色色的办公自动化、文案管理、工程设计、工程管理、工程仿真、数据分析、科学计算、专家系统、诊断系统、咨询系统等软件工具。

嵌入式计算机的知识平台,是由嵌入式微处理器构成的微控制器系统,简称"嵌入式系统"。嵌入式系统嵌入到工具对象中,用以实现对象系统的智能化控制,或形成独立的智能化产品。前者包括众多的家用电器、仪器仪表、工控单元、机器人、汽车、飞机、生产线等的智能化控制;后者大多是一些新兴工具,如手机、PDA、电子辞典、MP3、电子书等。由嵌入式系统知识平台构成的工具、设备,被百姓俗称为"带电脑的"东西。

▶ 知识平台的智力特点

人类个体头脑中的知识,是一种泛性知识。因此,人类个体的智力,是在泛性知识基础上的泛性知识行为。这种泛性知识行为带有许多不确定、不可靠因素,而且与个体的生理、心理状态有关。

知识平台中集成的知识,是与平台功能相关的专项知识成果。例如,在知识平台上构建的电子计算器中,集成的是数值计算的知识成果;手机中集成的是语音通信的知识成果;深蓝计算机上"国际象棋大师"集成的是国际象棋的知识成果。

知识平台中的专项知识成果,是专家集体的知识成果,并且经过不断实践、不断完善,其知识行为能力远远超出人类个体。例如,深蓝计算机上"国际象棋大师"的能力,超越了世界上顶级的国际象棋大师;许多数学家进行数值计算时,都要依靠电子计算器。

知识平台中的知识行为,是在平台硬件基础上由计算机软件实现的。计算机软件的可扩展性,保证了平台硬件体系不变的情况下,平台知识行为能力的不断扩展与升级。例如,许多IT产品可以通过软件升级来提升产品的功能。由于计算机软件设计与硬件的相关性,软件扩展能力会受到平台硬件条件的约束。若软件扩展能力受阻,则应迅速使硬件升级。

17.3 知识平台的全球化扇出效应

知识平台的扇出特性

知识平台的全球化扇出效应

知识平台全球扇出下的群愚

人类个体的知识行为能力专属于人类个体,任何人都无法享有他人的知识行为能力,这是人类个体知识行为能力的专属性。与此相反,任何人都可以拥有知识平台,共享平台中的知识行为能力,这是知识平台的共享性。一个知识平台可以为多数人享用,体现知识平台的扇出特性。知识平台的知用分离、傻瓜化应用界面与商品化行为,导致知识平台的全球化扇出效应。在知识平台的全球化扩展下,会迅速地出现群愚现象。

▶ 知识平台的扇出特性

一个知识平台可以被无限制地复制,以供大家使用,这就是知识平台的扇出特性。知识平台的扇出特性与知识平台的知识分离性、傻瓜化应用界面、商品化行为直接相关。知识平台中知识创新与创新知识应用的彻底分离,是扇出特性的基础,它保证所有使用知识平台的人,不必介入知识平台的构建,不需要了解知识平台中的知识成果;傻瓜化应用界面,是知识平台创建者为知识平台应用构建的一个与知识成果无关的最简化应用界面;商品化行为,是知识平台应用、推广的最佳模式。商品化形式形成知识平台创建者与应用者的契约关系。在商品巨大的扇出利润驱使下,知识平台创建者不敢掉以轻心,必须不断地改进与更新原有的知识平台;知识平台使用者可以大胆地依赖于知识平台,即使出现问题,也可以获得消费者的权益保护。

▶ 知识平台的全球化扇出效应

知识平台的全球化扇出效应,是指知识平台在全球范围内的无限通达性。托马斯·弗里德曼在《世界是平的》一书中,讲述了一个软件外包、服务业无限通达的世界,一个工作岗位在全球顺畅流动的世界,一个人人都有平等机遇的世界。而所有这些平坦化因素,都源自于各种类型的知识平台商品。

知识平台中知识成果的屏蔽性,保证知识平台在全球范围内流通时,平台中的知识成果不会流失。知识平台的傻瓜化应用界面,保证人人都可以使用知识平台。弗里德曼在《世界是平的》一书中指出,原来美国医院中的许多电脑录入工作是由美国本土医院完成的。有了计算机的数字化文档、数字化流程软件及互联网后,这部分工作便以外包方式转移到低工资成本的印度、加勒比海地区,随后又转移到工资成本更低的柬埔寨。所有医疗档案录入工作的扩散与转移,都依赖一个相同的数字化流程软件知识平台。这充分体现了知识平台的全球化扇出效应。

▶ 知识平台全球扇出下的群愚

理论上讲,世界上只要有一个知识平台,就可供无数人使用。在知识平台构建时,巨大的技术难度与巨大的资金投入,以及长期的维护与升级,使许多人望而却步。

因此,构建知识平台是少数精英团队与精英企业的任务。知识平台在全球的扇出,以及人们对各种知识平台的长期依赖,形成知识经济时代知识平台全球化扇出下的群愚现象。

群愚现象与知识平台应用相关。在知识经济时代,知识平台普遍的傻瓜化应用,形成各个领域中普遍的群愚现象。知识平台诞生以前,高科技领域中的科学研究,是在前人知识成果基础上的创造性劳动,包括对前人知识成果的原理分析、消化吸收、实验验证等。

有了知识平台后,人们可以直接利用这些知识成果,而不必弄懂它。例如,20世纪中期,在工程结构设计中出现了先进的有限元强度分析方法,掌握这种计算方法的人都是强度计算专家,高等院校还为工程专业开设了有限元强度计算课程。20世纪末,出现有限元分析软件后,结构工程师有了这套软件,不必掌握有限元的强度计算原理与方法,就能进行工程构件的有限元强度计算。在工程图学领域,过去的机械工程师必须具备画法几何基础,以及零件装配图的组配原理知识。如今有了工程设计软件、三维动画的图形设计软件,只要了解这些软件的使用方法,工程师们就能轻易地实现机械设备零、组件的绘制与设计。在IT产品设计中,基于软、硬件的集成开发环境,将产品设计推向基于软、硬件IP(知识产权)内核基础上的整合性设计,将最终产品生产推向组装化生产。在未来医疗领域,基于知识平台的外科手术机器人的不断完善,也会使外科手术领域出现群愚现象。

虽然所有基于知识平台的知识应用领域都会出现群愚现象,但人类借助知识平台的力量,会显示出前所未有的智慧和力量。

17.4　知识平台的全球化智力结构

从工具到平台的智力变迁
知识平台扇出的智力共享
平台的先进智力共享模式

知识平台的全球化扇出与无限通达的转移,形成以知识平台为中心的全球化的开放型智力结构。与资本经济时代的封闭型智力结构相比,这种开放型智力结构,实现了智力资源的最大化节约与最大化利用。知识平台商品化的巨大扇出能力,形成低价位、总体收入的巨大垄断利润,保证了知识平台成为稳定的全球化智力结构。

▶ 从工具到平台的智力变迁

人类智力本质上都是知识基础上的行为能力。除了纯粹的思考、分析，其他所有知识行为都与工具有关。农民用农耕工具显示出农业耕作的智力，工人用机器设备显示出产品生产的智力，木匠用木工工具显示出制造家具的智力，象棋大师下棋的智力体现在棋子、棋盘上，因而形成了人＋工具的人类智力结构。

人＋工具的智力结构，是一个不平衡与不稳定的结构。随着工具的进化发展，知识行为比重不断地从人类个体向工具倾斜，从量变到质变，终于在知识经济时代，出现知识平台独立的知识行为，人＋工具的智力结构变异成人机交互下的知识平台。以人类数值计算的知识行为能力的变迁为例，早先，数学家借助纸、笔进行数值计算，数值计算的知识行为能力完全体现在数学家身上；算盘出现后，数值计算的知识行为能力体现在账房先生与算盘的结构中；电子计算器诞生后，数值计算的知识行为能力完全体现在电子计算器中。电子计算器就是由知识平台的智力嵌入方式构成、用于数值计算的智能化工具。人类工具从原始工具、手工工具、机械化工具、自动化工具，到最终的智能化工具，莫不演示了人类智力结构中，知识行为从人类个体不断向工具转移的过程；最后在智能化工具时代产生智力结构的变异，使人类个体在人＋工具的智力结构中被边缘化。

▶ 知识平台扇出的智力共享

人类个体的智力表现为知识行为能力，一个人的知识行为能力无法转移给他人，这样的知识行为能力不具有共享性。知识平台出现后，微处理器普遍的智力革命，造就了形形色色的智能化工具。这些智能化工具中都有独立的知识行为能力。人人都可以购买这样的智能化工具，依靠这些工具来实现相应的知识行为，从而出现智力的共享。智能化工具中的知识行为能力，都是专门的专家级知识行为能力，这种智力共享带有明显的专家知识行为大众共享特征。

人类社会出现智力共享后，最明显的效应是降低了工作岗位对人类个体的智力水平要求。早先，商店招收售货员时，要求有物品价格辨识、物价计算、货款收付等快速应对能力；如今，有了收银机，这些知识行为能力就转移到收银机上，超市在招收收银员时，不再注重对这些知识行为能力的要求。

▶ 平台的先进智力共享模式

依靠智能化工具的智力共享，是一种先进的智力共享模式。这种智力共享具有稳定的共享结构，可实现最广泛的全球化共享，专家智力共享，低价位、高可靠共享。

（1）全球化共享

智能化工具的商品属性，决定了它的全球化流通诉求。智能化工具中智力内核的知识平台特点，使知识产业不必顾虑智能化工具在流通中的核心技术流失。

知识平台智力内核的黑箱性，屏蔽了智能化工具中的知识成果；通过智力内核的智力行为，可实现智能化工具中知识成果的自我保护。

（2）专家智力共享

专家智力共享是一种超智力的共享。智能化工具中除了有专家级的知识成果外，还有一个傻瓜化的应用界面。只要了解其应用界面，就可以在智能化工具基础上，实现专家的知识行为。有了外科手术机器人，普通的外科医生就能进行复杂的外科手术；有了汽车故障诊断系统，普通修车工就能迅速诊断出原先必须依靠技师才能诊断的汽车故障。最有说服力的事例是电子计算器的使用，它使人人都有了数学家的数值计算知识行为能力。

（3）低价位、高可靠共享

智能化工具具有无限扇出能力。一个智能化工具研制或功后，可以不断复制出许许多多的商品化智能工具，在全球销售。傻瓜化的应用会带来全球化的众多用户，使智能化工具的成本降到最低。智能化工具的商品交易契约，使智能化工具厂家对产品品质无法掉以轻心。这样一来，用户可以轻易地获得智能化工具低价位、高可靠、优质服务下的智力共享。

（4）稳定的共享结构

依靠智能化工具实现全球化智力共享的智力结构，是一种十分稳定的共享结构。

首先，这种共享结构符合知识分离性发展的客观规律。在知识创新与创新知识应用彻底分离后，知识平台成为知识创新与创新知识应用的桥梁。在知识平台基础上形成知识经济时代的两大产业，即知识产业与制造产业。知识产业创建智能化工具，为智力共享创造条件；制造产业在智能化工具基础上实现智力共享，从而形成稳定的智力共享产业结构。

其次，知识平台的全球化扇出，保证了知识平台相关产业的垄断与驾驭地位，并获取垄断利润。在巨大的利润收入基础上，可以组建庞大的研发队伍，以保证平台的不断更新与优化，从而进入知识平台产业发展的良性循环。例如，20世纪80年代初，在通用计算机领域由 Intel 公司通用微处理器与微软公司通用操作系统构建的PC机扇形产业链，历经20多年，仍处于稳定的发展态势。

最后，与原先专利型知识成果单纯的专利法保护相比，知识平台智力内核的智能性、独立的商品形态与知识成果内核的屏蔽效应,大大提升了知识平台知识成果有效的自我保护能力。

17.5　人类进入手指化生活时代

知识平台的最广泛渗透
知识平台的人机交互界面
人—机—人交互的生活方式

如今,由知识平台构建的智能化工具,已广泛地渗透到社会生活的各个方面。知识平台的人机交互方式,形成智能化工具的归一化人机交互界面。普遍的键盘式人机交互,使人类进入手指化生活时代。

▶ 知识平台的最广泛渗透

环顾我们周围的世界,人人都处于计算机、网络、智能化工具包围之中。以计算机、网络、智能化工具为中心,形成人类社会最广泛、最普通、最直接的工作方式、学习方式与生活方式。办公室停电导致计算机无法使用,只能回家休息;超市收银机出现故障,会立即停止营业;银行的网络系统瘫痪,不仅无法进行网上交易,连柜台交易也无法进行。当人们过度依赖手机的通信、记忆、生活管理、网络交互功能时,一旦手机丢失,便会失去正常的工作、生活能力。

▶ 知识平台的人机交互界面

知识平台的微处理器智力内核,实现了人类智力的完全仿真。这种完全仿真,将人类知识行为与人类个体分离,使人类个体成为人＋工具智力结构中的知识行为激励者。例如,在人＋电子计算器的数值计算智力结构中,数值计算知识行为与使用者分离,电子计算器具有独立的知识行为能力,使用者只要输入计算要求,就能激励电子计算器的数值计算知识行为。

目前,所有的计算机、网络终端、智能化工具,都采用键盘交互方式。这是微处理器智力内核通过外部总线、输入/输出端口,与外部世界最直接的交互方式,它形成知识平台归一化的人机交互界面。在知识平台基础上的计算机、网络、智能化工具,普遍地采用键盘(包括触摸式键盘)式的人机交互界面。

知识平台的广泛渗透,使原先唯一的人际交互,转变为人机交互或人—机—人交互。由于智能化工具的中介作用与智力附加,通过人—机—人实现的人际交互,会带来众多的非真实因素。

▶ 人—机—人交互的生活方式

在知识平台、智能化工具无限渗透,人机交互、人—机—人交互普遍替代人际交互的知识经济时代,人类普遍进入手指化生活方式之中,精英们也不可能避免。在科学技术的许多新兴领域,知识创新者决不会满足于原创性知识成果的专利化。他们会将原创性知识成果转化成软硬件平台,为知识应用者构建一个创新知识应用的傻瓜化知识平台。

近10多年来,基因工程在各种相关领域应用成果的爆炸式增长便是明证。目前,在高等院校的科研团队中,人们已习惯于在规范、标准、集成开发环境、软硬件平台基础上的科学研究方法。在这种科学研究方法下,手指化的人机对话是一种基本的工作方式。

知识平台、智能化工具智力替代的手指化生活方式,具有普遍性、傻瓜性、同质性的特点。普遍性是指,知识平台、智能化工具作为商品能为所有人类个体使用,形成最广泛的智力共享模式;傻瓜性是指,知识平台、智能化工具将知识行为能力转移到工具中以后,人们可以基于简单的人机对话方式,实现原本依靠传统工具无法实现的知识行为;同质性是指,同样一个知识平台或智能化工具,在专家或普通百姓手中,会呈现相同水平的知识行为能力。

17.6 手指化时代与人类边缘化

普罗大众的边缘化

科技精英的边缘化

不必担忧边缘化进程

所有的智力平台与智能化工具,都有归一化的人机对话界面。人类个体以手指化的键操作方式,激活知识平台与智能化工具的知识行为。在这种普遍的智力平台与智能化工具时代,无论是普罗大众,还是科技精英,都被边缘化了。然而人类不必担忧这样的边缘化进程,因为,在数字化时代,无论是智力平台还是智能化工具,都能以数字化文件形式永存。

▶ 普罗大众的边缘化

人、知识、工具同源,人类在知识与工具的环境中进化。在人类进化的历史长河中,知识、知识行为在人＋工具体系中不断转移。首先,人类知识不断在工具中积累,依靠工具传承人类知识;其次,在自动化工具时代,开启了工具的知识行为集成探索;最终,在知识经济时代,依靠半导体微处理器智力内核,彻底地实现了人类知识行为在工具中的集成。从此,人类进入全面的智能化时代。

在智能化时代,人类改造客观世界的人＋工具体系被具体化为人＋智能工具。人类改造客观世界的知识行为,集中表现为智能工具的知识行为,人类个体则在改造客观世界中被边缘化。例如,超市中,收银员利用收款机实现与顾客的商品交易,交易中的所有知识行为,如识别商品价格、商品计价、告知交易金额、顾客付款后计算余款等,皆由收银机完成。在这样的工作岗位上,收银员的所有工作,只是有限的肢体动作与有限的手指化操作。经济危机到来时,超市无法裁减收银机,可以裁减的是收银员。同样的情况比比皆是,如智能化生产线上的生产工人、设有电子导游器的博物馆解说员、现代化银行中的普通雇员、未来智能化汽车的驾驶员等。

▶ 科技精英的边缘化

在普罗大众被边缘化的同时,科技精英也开始被边缘化的进程。如今,只要环顾科技精英周围遍布的各种知识平台与智能化工具设备,就能充分理解科技精英的边缘化进程。例如,早期基于版图的集成电路设计,是集成电路专业领域中专家的高科技岗位。如今,随着各种集成电路设计工具的普及,集成电路设计也从基于版图设计,转向基于 IP 核的配置性设计,或者在半定制的可编程逻辑器件与集成开发环境基础上的用户设计。这样一来,微电子领域的集成电路设计专家便被逐渐边缘化。在基因工程应用领域,随着基因工程工具、设备、探针、分析软件等的不断完善,基因工程应用逐步大众化。外科手术机器人及其相关设备实现智能化后,对外科医生手术能力的要求不断降低。这样一来,高科技领域中的科技精英也无法避免在其专业领域的边缘化。

科技精英的边缘化,是知识经济时代中产阶级两极分化的结构性因素。

▶ 不必担忧边缘化进程

我们会惊异地发现,无论是普罗大众,还是科技精英们被无情地边缘化时,人类认识世界、改造世界的力量却空前巨大;人类知识仍在高水平基础上以超高速度发展。

人们也许有理由相信,超市的收款机一旦消失,超市便无法生存;基因工程仪器、设备、探针一旦失效,基因工程应用便会停顿;客户数据库一旦毁坏,银行便会彻底垮台。只要出现上述情况,人类个体无力回天。然而,这些都是杞人忧天。因为,即使收款机、计算器、基因工程仪器、数据库遭受损坏,构建这些工具的知识平台依然存在。依靠相关的知识平台,人们能迅速地制造与修复这些工具。当了解到智能化工具、软硬件知识平台对人类生存至关重要时,人类会像保护生命那样来保护人类创建的知识平台。

另外,在数字化时代,人类的所有文明不可能依靠人类个体的大脑来保存,却可以数字化文件永存。当某一种知识、科技、工具、文明消失后,可以从数字化文件的海洋中,搜索出相关的知识平台,在这些知识平台基础上,依靠知识平台的超级智力加以恢复或重建。

17.7 本章小结

人类诞生伊始,便存在两种知识形态。人类个体无法积累与传承人类知识,只有依靠工具的知识集成来实现。当工具从知识集成异化到知识行为集成时,工具便有了人类的知识行为能力,成为智化化工具。这样的工具可以替代人类个体的智力。

20 世纪中叶出现的半导体微处理器集成电路,是一个归一化的智力内核,在此基础上形成以通用计算机和嵌入式计算机为中心的两类知识平台。在这两类知识平台基础上衍生出众多的软、硬件智能化工具。

知识平台的全球化扇出特性,形成智能化工具的全球化智力共享结构。这是一种专家智力、百姓共享、低价位、高可靠的稳定共享结构。在社会生活中,智能化工具的广泛渗透、归一化的人机交互界面,使人们进入一个手指化生活时代。

人类在人+工具环境中诞生、发展、进化。当工具中的知识不断积累,并且具有人类的知识行为能力后,人类在改造世界的斗争中,将主要依靠智能化工具的智慧与力量,人类个体便在现实的社会生产力中被边缘化。

第十八章　试解霍金教授难题

——敲响世纪警钟

英国《卫报》2006年8月3日报道的"霍金的新难题"中,介绍了斯蒂芬·霍金教授在网上提出的一个求解难题:"在一个政治、社会、环境动荡的世界里,人类如何才能继续生存100年?"(《参考消息》2006年8月4日,第2版)这显示了伟大科学家的智慧与勇气。霍金教授的"难题求解",将唤醒众多的科学家走出象牙塔,集合在拯救人类的大旗下,使人类有可能走出"黑暗"时期。

本章中,笔者试图从知识学、知识经济学、知识社会学角度,来求解斯蒂芬·霍金教授的难题。

18.1　一个科学家的责任感

宇宙学家面对的困境
回到现实的霍金教授
人人都来关心"霍金难题"

斯蒂芬·霍金教授是一个宇宙学家,从事宇宙起源研究,而宇宙起源研究很容易堕入宗教的陷阱之中。在宇宙学的研究中,霍金教授保持了清醒的头脑,着力于宇宙现象的研究,避免陷入宇宙起源的悖论之中;与此同时,霍金教授没有躲入象牙塔中,现实世界的动荡不安唤起了一个科学家的责任感。在一个如此动荡的世界里,已经无法容纳一张宁静的书桌。

▶ 宇宙学家面对的困境

在现代科学研究中,宇宙起源是一个无限求解、历程冗长、曲高和寡的科学探索命题。

科学家们必须了解:人类是在无限宇宙时空中的有限存在瞬间探索客观世界,只能在一个有限时空领域中探索客观世界的过去,为人类的现在与未来服务。"有限领域"与"过去、现在与未来的统一观",是科学研究的灵魂。

研究有限领域中的问题是科学研究的理性选择。在人类瞬间的有限历史阶段中,任何科学研究都不可能在无限的领域中求解,科学家只有在过去、现在与未来的有限范围内找到相对的客观真理。科学家可以研究人类起源,可以探索月球、火星,可以研究基因、超导、克隆、干细胞技术。人们在研究生命起源时,必须先确定"生命"的定义。当生命的定义确定以后,生命起源的研究便成为一个"无限过去"中的"有限领域"问题。科学家在研究物质结构时,摒弃"物质能否分割无穷"的命题,不断探索微小粒子。同样,宇宙学可以研究宇宙现象,将宇宙现象确定在有限时空范围内求解。

宇宙起源命题的悖论,在于人们无法给宇宙以确切的定义,通常都认为宇宙是无限的时空。在这种情况下,将宇宙大爆炸理论假设为宇宙起源的论据,便会落入一个追索宇宙大爆炸之前的宇宙起源的陷阱中。面对宇宙起源的悖论,罗马教皇把宇宙大爆炸作为上帝创造宇宙的时刻,而霍金教授则摒弃宇宙起源的命题,着重于宇宙大爆炸理论基础上的宇宙现象研究,就如同在物质结构研究中摒弃"物质能否分割穷尽"的命题,而致力于基本粒子研究一样。

宇宙学面对的另一个困境是"高处不胜寒"。一般的知识阶层都熟知牛顿的三个力学基本定律,而很难理解爱因斯坦的广义相对论;霍金教授关于宇宙学的科普读物《时间简史》,尽管在全球销售 1000 万册,但能真正看懂它的人并不多。与宇宙学的"深奥"相伴的,是它与人类现实社会的隔离状态,人们无法知道宇宙学研究对人类社会的影响有多大,连宇宙学家自己也不清楚。在一个人类长期存续、理想的稳定世界里,人类有足够的时间来等待宇宙学家给人类作出的回应。然而在一个政治、社会、环境动荡的现实世界中,人类没有时间耐心等待。

▶ 回到现实的霍金教授

也许霍金教授是众多宇宙学家中,唯一能在宇宙学作出贡献后,又能跳出宇宙学来观察世界的伟大学者。为了普及宇宙学,霍金教授写出《时间简史》。人们在《时间简史》中,看到一个企图回到现实世界中的宇宙学家。

霍金教授在《时间简史》的前言中,提出自认为是人们具有广泛兴趣的两个重大问题:"我们从何而来? 宇宙为何是这样的?"然而,当你读到最后一章"结论"时,就会发现,作者本人对于这两个重大问题也是处于茫然之中。作者在"结论"的最后一段写到:"如果我们确实发现了一套完整的理论,它应该在一般的原理上及时让所有人所理解。那时所有的人,包括哲学家、科学家以及普普通通的人,都能参加我们是谁(?)与宇宙存在的问题讨论。如果我们对此找到了答案,则将是人类理智的终极胜利。"全书在"如果……"中结束,使我们看到霍金教授对宇宙学的反思。

如果说作者在 1988 年 46 岁时出版的《时间简史》中,显示出其回到现实世界中的强烈愿望,那么,作者在 2006 年迈入 64 岁人生时提出的"霍金难题"中,完全展现了现实世界中一个伟大科学家的社会责任。

▶ 人人都来关心"霍金难题"

相信读者在读完本书之后,会充分了解人类社会当前面临的困境,会为解决人类困境而充满时间紧迫感。

关心人类未来,是所有科学家的现实责任。当人类从原理知识阶段进化到技术科学/基础科学阶段时,作为技术科学后盾的基础科学,对技术科学的发展起到巨大的推动作用。核能利用、航空航天、基因工程、集成电路、生物医学、干细胞应用等,都是在基础科学成果的基础上实现的。科学家创造了人类改造客观世界的空前力量,市场经济充分利用了这些力量。前者带有较多的纯科学色彩,只求认识的完美与穷尽;后者则追求最大利润的转化。在知识经济时代,科技发展的极致与市场经济拉动消费的极致相结合,形成动荡不安的现实世界。

当前,世界的动荡已展现在各个领域,并超越国界,成为全球化的政治、社会、环境生态灾难。所有的科学家(自然科学、社会科学、哲学)、政治家、社会工作者、百姓大众,都要关心"霍金难题",投身到拯救人类的斗争中来。

18.2　"霍金难题"思考

人类已进入本质动荡的时代

政治社会环境的全面动荡

拯救人类的时间紧迫性

霍金教授在"难题求解"中,给人们提出三个必须认真思考的问题,即人类是否已进入一个动荡世界? 这种动荡是否是政治、社会、环境的全面动荡? 拯救人类为何如此紧迫?

▶ 人类已进入本质动荡的时代

从原始社会、奴隶社会、封建社会,直到资本经济社会,人类不断摆脱贫困、发展生产力、创造财富,不断享受财富带来的幸福与文明。尽管其中有战争、瘟疫、自然灾害等因素困扰人类社会,人类依然对未来充满希望。然而,当人类社会进入知识经济时代,人类知识、社会财富、社会生产力、人类改造客观世界的能力到达极致状态时,人们却普遍地感到动荡不安。这说明人类已进入一个本质动荡的时代。

过去人类社会在遭受战争、瘟疫、自然灾害时,总认为,这是对平静的社会主流生活的一阵扰动,扰动过后,社会生活依然会是平静、安详、幸福的。连在空前规模的二次世界大战中,人类也没有失去对未来的希望,在二次世界大战的废墟上重建了人类的辉煌。然而,在高度发展的知识经济时代,人类对自己的前途却失去信心。战争演化成无处不在、无时不在的恐怖主义与霸权主义;瘟疫少了,但人类对健康却普遍担扰,对医疗、保健、药品产生无止境的依赖;人类战胜自然灾害的能力增强了,但自然灾害却变得空前频繁与剧烈。

除了战争、瘟疫、自然灾害变异而产生的客观世界的动荡外,在人类社会的主观世界,即人文社会中,人类古老文明积淀出的传统道德观念、行为准则等,遭遇现代市场经济、虚拟世界的沉重打击。东方文化在"人之初、性本善"的信念下,西方文化在"仁爱"、"真善美"的感召下,不断诱导人类的良知,塑造了人类的现代精神文明。然而,所有这些文明在遭遇知识经济时代的"高度文明"时,都变得不堪一击。知识经济时代出现的自闭症、忧郁症、孤独症,吞噬着人类的灵魂;肥胖症、心血管疾病、免疫系统下降等现代化疾病,吞噬着人类的肉体。然而,现代科技在面对这些人类主观世界的灾难时,却没有采取正确的观念与方法,而是"病急乱投医,头痛医头,脚痛医脚"。

▶ 政治社会环境的全面动荡

霍金教授深刻指出,人类面临的动荡是最全面的动荡,即政治、社会与环境的全面动荡。

(1) 政治动荡

政治动荡表现为国家或地区间的冲突不断,意识形态矛盾被诉诸武力。二次世界大战之前,国家或地区间政治矛盾的最高表现,为间歇式的战争。二次世界大战之后,出现政治制度、意识形态决然不同的两大阵营,政治制度、意识形态的矛盾,上升为两大阵营的斗争。社会正义阵营的瓦解,导致单一的美国霸权主义,美国力图将自己的政治制度、意识形态强加给其他国家,这必然会遭遇反抗。与此同时,全球化的市场经济,形成全球范围的两极分化与社会不公。霸权主义在处理国家或地区关系的矛盾上,以武力相威胁。当遭遇恐怖主义时,非理性的反恐战争成为当今政治动荡的社会根源。霸权主义将全球的国家或地区拖入非对称的恐怖战争之中,使人类深陷于政治动荡的泥潭。国家关系中,以武力相威胁、以暴制暴、霸权主义、国家利益至上、意识形态输出,是当今政治动荡的基本现象。

(2) 社会动荡

社会动荡源于知识经济时代市场经济与现代科技的极致发展。人类进入资本经济时代后,社会生产力迅速攀升,市场经济开始突显它的两极分化原罪。资本经济初级阶段出现严重的两极分化,形成早期资本主义的社会动荡根源。聪明的资本主义面对社会动荡,迅速采取"全民福利"政策,缓解了社会矛盾,取得了现代资本主义的繁荣与社会安定。然而,进入知识经济时代后,全球化的市场经济,带来空前规模的全球范围的两极分化与社会不公,全球化的国家分割状态无法实施"全人类福利"政策,形成全球化社会动荡的根源。

另外,在市场经济条件下,知识经济时代科技的超高速度发展,超出人类的社会需求,会形成另一个社会动荡的根源,在市场经济从满足社会需求转向拉动社会需求的情况下,科技愈发展,人类社会的动荡就愈激烈。这是因为急剧的科技发展导致商品更新周期空前缩短;计算机知识革命出现的虚拟世界、网络世界对传统生活方式、传统社会道德的冲击与破坏,形成社会动荡。

(3) 环境动荡

人类社会的生存环境,包括人文生存环境与自然生存环境。生存环境的动荡表现为,人类改造世界的能力,以及欲望需求的消费水平,已经超出地球所能承受的极限;然而社会生产力依然迅猛增长,造成自然环境的极度恶化。但在近期内,人类看不到有缓解的希望。

在经济领域,环境动荡表现在全球 GDP 增长中内耗型经济的结构性恶化。即在人类国民经济活动中,出现了不可逆转的自然环境破坏。为了修复被破坏的生存环境,就要抵消一部分原有国民经济的增长。这种全球化的内耗型经济结构出现在知识经济时代,并且随着知识经济时代市场经济的发展,这种经济的内耗还会不断加剧。

▶ 拯救人类的时间紧迫性

霍金教授提出"人类如何才能继续生存 100 年?"这一骇人听闻的问题,可能会让许多人感到不可思议。在人类社会的非线性发展历程中,有几万年的原始社会、几千年的封建社会、几百年的资本经济社会,显而易见,留给知识经济时代的时间只有几十年。阿尔文·托夫勒在《第三次浪潮》中,以三次浪潮描述了人类社会的非线性发展历程:"……今天历史的速度更快,很可能第三次浪潮将会横扫过历史,在几十年内结束。生存在这个爆炸时刻的我们会感受到第三次浪潮对这个时代的全面影响。"而这几十年的时间里,人类正处于社会形态、知识发展的顶峰时代,知识的分离性、集成性与非线性发展,正从量变转向质变的变异时代。这种变异带来社会的急剧动荡,留给人类思考与解决的时间不到百年。人类社会面临的政治动荡、社会动荡、环境动荡并非一日之寒,而人类至今还陶醉在现代化的物质生活中,对这些动荡熟视无睹,或无可奈何。

18.3 是谁惹的祸?

非线性发展带来的结构性动荡
市场经济引起的本质性动荡

知识经济时代的两个重要特征是:"一日千里"的眩目性变化与全球性剩余生产力的出现。

"一日千里",是指知识的指数式非线性发展已到达发散阶段,形成整个社会的结构性动荡。

全球性剩余生产力的出现,是知识经济时代超高水平、超高速度发展的必然结果。在人类进入现代资本经济时代后,社会生产力的平均增长速度,已超出人类社会平均需求的增长速度。当全球的社会生产力总量超出全球社会的总需求时,便会形成全球性剩余生产力。然而,市场经济的最大化利润追逐,只会使社会财富用于发展富人消费经济,从而引起社会的动荡不安。

知识非线性发展的结构性动荡与市场经济原罪引发的本质性动荡,是当今社会全面动荡的根本原因。

▶ 非线性发展带来的结构性动荡

人类知识指数式的非线性发展,导致社会形态、社会生产力、科学技术、社会财富积累的指数式飞跃性发展。当今,人类社会几十年的变化已超出人类历史变化的总和。人类在知识巅峰上的非线性发展已进入发散阶段,犹如一辆载满人类社会的大篷车,被一架高速飞行的喷气式飞机拖曳着,在崎岖的山路上飞奔。大篷车内的人们分辨不清车外飞驰而过的景色,也来不及思考未来面临的绝境,还在纵情欢乐。

(1)生产力极致发展引发的内耗型动荡

在知识经济时代,出现了全球化的内耗型经济,形成全球经济的内耗型动荡。

内耗型经济,是指在国民经济中出现相互抵消的虚假增长因素。即一部分国民经济总量中的增长出现消极因素,必须要有相当一部分国民经济总量来修补这些消极因素,从而造成社会生产力的极大浪费。这种浪费的代价,是资源过度消耗导致自然生态系统与人文生态系统的破坏。例如,食品、饮食业的畸形发展,以及人工环境的过度呵护,导致全球范围大量的肥胖人群,形成庞大的减肥产业与肥胖衍生的现代疾病医疗产业。

(2)科技极致发展引发的法律道德动荡

在人类漫长的历史阶段中,科学技术的发展一直服务于改造客观世界。然而,经历两次产业革命后,人类逐渐从改造客观世界转变到改造人类自己。18世纪的动力机械产业革命,以动力机械替代人类的体力劳动;20世纪的计算机产业革命,以智能化工具替代人类的脑力劳动。特别是进入21世纪,生物工程、基因工程、现代医学、人工生殖、克隆技术、干细胞技术等科技领域的巨大进展,使人类进入一个改造自己的历史阶段。与此同时,集成电路、计算机仿真、机器人工程、仿生材料等领域的巨大成就,使人类迅速地从单纯自然人的世界,进入一个自然人与人工生殖人、移植人、克隆人、生命机器人、仿真人等共同生存的世界。在这样一个混合型世界中,人类面临法律、道德、伦理观念的社会动荡。

(3)虚拟世界影响带来的人文动荡

现代计算机知识革命、信息革命、数字化革命诞生的网络技术与智能化终端,构建了一个前所未有的虚拟世界。人类从原先真实世界中单纯人际交互的生活方式，进入一个真实世界与虚拟世界并存，模拟世界与数字化世界并存，人际交互与人－机、人－机－人交互并存的时代。

千百年来，人类在真实世界的人际交互中，形成了严格的道德观念、行为准则、法律制度。虚拟世界的黑箱性以及人际交互的间接性，形成法律、道德的真空地带。虚拟世界的巨大影响，使人类社会生活深陷其中。法律、道德的缺失，是当今人类社会动荡的一个十分重要的根源。

虚拟世界技术与虚拟技术应用的飞速发展，导致法律、制度的严重缺失。虚拟世界黑色产业的飞速增长与法律建设的严重滞后，导致社会严重动荡不安。

（4）个人财富急剧增长引发的社会动荡

在知识经济时代，社会财富的个人占有速度空前增长。在资本经济时代，依靠几代人才能积累的家族财富，在知识经济时代，依靠个人的努力，不到10年时间就能获得。这是因为，在知识经济时代，社会生产力已进入知识生产力阶段。知识生产力依靠知识平台的商品化效应，将知识成果直接转化成现实生产力效益。同时，知识平台的扇形产业结构，保证了知识成果能迅速形成巨大的产业效能，从而获得前所未有的超额垄断利润回报。知识生产力显示了知识的巨大财富效应。

在知识生产力创造巨大社会财富的同时，迅速形成一个少数人口的富人财富集团，使知识经济时代呈现浓厚的富人经济色彩。富人经济出现后，上层建筑、社会公共资源必然向富人集团倾斜，从而加大了社会不公、两极分化带来的社会动荡。

由此可见，在人类社会全面的非线性变化下，所有的法律、制度、道德观念的建设，都赶不上客观世界的剧烈变化。这成为知识经济时代结构性动荡的根源。

▶ 市场经济引起的本质性动荡

市场经济的利润原则，是知识经济时代的本质性动荡因素。知识经济时代，在最大化利润追逐下，市场经济将全球化剩余生产力引向富人消费经济，造成严重的社会动荡、环境动荡、政治动荡。

（1）什么是市场经济的原罪

"一切为了利润"是市场经济的原罪。市场经济是为利润而生产，为利润而流通，为利润而服务，在消费中获取利润回报。当"一切为了利润"转化成最大化利润追逐的唯一目标后，市场经济的原罪便异化成万恶之源。

利润原则的原罪，体现在市场经济的非均衡性与两极分化。在利润原则驱使下，遵循"钱能生钱"的法则，导致国家或地区发展的不平衡与两极分化。

在生产力低下的社会中，发展生产力是社会的第一需要，市场经济是社会发展的积极、进步因素。人类社会步入高级阶段后,在社会财富的急剧膨胀下,当发展社会生产力不再是第一需要时,人类必须遏制市场经济的罪恶因素;否则,两极分化的急剧发展会形成日益严重的社会动荡。

(2) 市场经济将剩余生产力引向富人消费经济

剩余生产力,是指社会生产力满足社会需求所剩余的部分。由于市场经济的非均衡发展本质,剩余生产力总是伴随市场经济到处游荡。到了知识经济时代,全球化的社会生产力已超出全球范围的平均社会需求,出现全球性的剩余生产力。这一现象表明,发展生产力已经不是人类社会的第一需要,解决市场经济的非均衡发展与两极分化、解决社会不公,上升为社会第一需要。然而,市场经济的利润原则决不同情弱势群体,它会自动地将剩余生产力引向富人消费经济,拉动富人的欲望消费与疯狂消费,以获取最大化的利润回报。在拉动富人消费下,80%以上的全民自然资源、社会公共资源,被少数富人集团所占用。市场经济将剩余生产力引向富人消费经济,引起社会的动荡不安。这表明,在知识经济时代,市场经济也逐渐失去其进步意义。

(3) 知识商品化狂潮下的万恶之源

在知识经济时代,依靠知识平台商品的一夜巨富,导致全民的暴发户心态。市场经济的巨大推动力,衍化成社会图腾,导致市场经济向非经济领域扩展,向上层建筑领域扩展。在最大利润追逐下,市场经济利润原则的原罪,异化成万恶之源。在中国大陆社会主义市场经济探索的初级阶段,政府官员介入市场经济,教育、医疗产业化,媒体为市场经济服务,导致严重的官员腐败,教育、医疗腐败,媒体社会责任缺乏。无限扩大、无社会责任的市场经济,放弃市场经济监督责任的政府行为,是社会动荡的重要因素。

18.4 出路在何方?

批判市场经济

遏制社会生产力的过度发展

科学发展与社会和谐

呼唤世界"集权"管理

我们理解了知识非线性发展的结构性动荡与市场经济原罪的本质性动荡后,就可以开出拯救人类的处方:批判市场经济、遏制社会生产力的过度发展、构建和谐世界与世界集权主义。

在知识经济时代，批判市场经济、遏制社会生产力的过度发展的前提已经具备。这个前提是：出现全球性的剩余生产力。批判市场经济，不是放弃市场经济；遏制社会生产力的过度发展，是要减少生产力发展中的内耗性因素。给市场经济套上社会效益的笼头，是要从根本上解决社会的全面动荡。

▶ 批判市场经济

在知识经济时代，市场经济的利润原则，已从隐性原罪发展成万恶之源。

市场经济非均衡发展，必然导致国家或地区间以及社会内部持续发展的两极分化。据有关部门研究，"到 2006 年 9 月，全球平均消费水平与地球承受能力持平，而全球平均消费水平到达美国的平均消费水平时，需要 5 个地球；全球 500 个人的收入超过全球最贫穷的 4 亿 1 千 6 百万人的总收入。"（联合国开发计划署《2006 年人类发展报告》，《北京晚报》2006 年 11 月 9 日报道）显然，在知识经济时代，人类社会出现空前的两极分化，形成约 20％的富人集团。这 20％的富人集团为市场经济提供了十倍、百倍的利润空间，成为市场经济的追逐对象，这必然导致市场经济的疯狂与丧失理智。

因此，在拯救人类的紧要关头，当务之急，是批判市场经济，因为在知识经济时代，全球化平均的社会生产力水平已经超过全人类的社会需求（即人类的生存需求、改善生活需求），发展生产力已经不是社会第一需要。社会第一需要是建立全民幸福社会；而知识经济时代的市场经济只为富人集团服务，而且在追逐富人经济时，拉动欲望消费与疯狂消费，将人类社会拖入灾难深渊。当前，市场经济拉动富人消费已呈现"世界末日"的疯狂特征。据英国《每日邮报》2007 年 7 月 23 日报道（《参考消息》24 日转载）："一个直径 0.28 米的炖锅以 10 万英镑的售价，在英国哈罗德百货公司亮相，接受顾客预订。""炖锅身上的两个把手由 0.91 公斤的足金锻制而成，并装饰有200 颗钻石。华丽的外观并不影响它的正常使用。'百货公司负责人表示：我们并不担心销路，因为自己有特定的顾客群，很高兴能够满足他们的需求。'目前，公司正在为这款炖锅申报吉尼斯世界纪录。"吉尼斯世界纪录也异化成疯狂的市场经济的奴仆。

▶ 遏制社会生产力的过度发展

知识经济时代的一个重要特征，是出现全球化平均剩余生产力后，仍以空前的速度增长，形成社会生产力发展的异化，即从不断满足社会需求到不断超出社会需求。另一方面，社会生产力的发展正遭遇地球（资源、环境）承受能力的障碍。因此，必须遏制社会生产力的发展,遏制市场经济造成的两极分化,使社会消费回归理性,使知识经济时代进入理性发展年代。

下面用图 18.1 来描述如何在知识经济时代,使人类走上理性的发展道路。图中的社会生产力、社会需求,都是全球的平均概念。

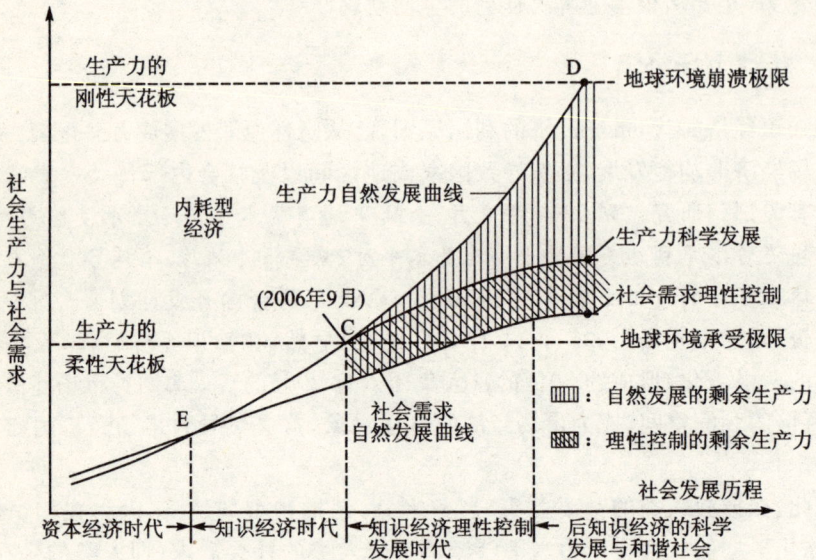

图 18.1　知识经济时代的理性发展道路

（1）人类社会发展的两个极限

图 18.1 中 E 点,是非线性生产力曲线与线性社会需求曲线的交汇点。E 点之后,社会生产力超出社会需求,出现全球化的剩余生产力,这成为知识经济时代的一个重要特征。

在知识经济时代,社会生产力的非线性发展必然会遭遇两个发展极限:地球环境承受极限(图中 C 点)与地球环境崩溃极限(图中 D 点),分别为生产力发展的柔性天花板与刚性天花板。

地球环境承受极限 C,是指人类对地球环境的改造已超出其可持续发展的范围,此后,人类开始吞食这个地球。我们可以将 2006 年 9 月定为地球环境承受极限的柔性天花板,人类可以超越这个极限;但超越这个极限后的代价,是社会生产力出现全球性内耗,自然生态环境已无能力自我修复。

地球环境崩溃极限 D,是指人类对地球环境的破坏已超出人类可以修复的范围,人类将遭遇毁灭。因此,地球环境崩溃极限 D,是人类社会发展的刚性天花板。人类社会要永续生存与发展，就不能超越刚性天花板。

（2）人类社会自然发展遭遇天花板

ECD 曲线是人类社会生产力的自然发展曲线，是市场经济驱动下生产力的自然增长曲线。知识经济时代已经处于知识发展的高级阶段，社会生产力有极高的增长速率，如果对社会生产力的过度发展不加以遏制，它将会很快地从柔性天花板到达刚性天花板，使人类社会进入崩溃阶段。人类必须找到一种免除人类灾难的社会发展模式，即知识经济时代的理性发展模式。从图 18.1 中生产力自然发展曲线的大斜率阶段特点可以看出，留给人类挽救自身命运的时间不多了。

（3）知识经济时代的理性发展

为了避免遭遇刚性天花板，在社会生产力到达 C 点时，就应当采取措施努力遏制生产力的盲目发展，将社会生产力控制在科学发展曲线上，保持一个固定的剩余生产力水平，使社会生产力与社会需求同步增长；并逐步控制人类的社会需求，最后到达零增长状态，以保证人类社会永续发展，不会遭遇刚性天花板。

（4）零增长状态下的社会优化

当社会生产力遭遇柔性天花板时，如果能遏制生产力的盲目发展，便有可能走上理性发展的道路。如果在遭遇刚性天花板之前，到达零增长或负增长状态，人类便进入后知识经济时代的理性社会。在这样的社会中，社会生产力保持在零增长状态，社会需求总量也维持在一个零增长状态。

在零增长状态下，要不断减少生产力中的内耗性因素，以优化社会生产力；同时，要不断剔除社会需求中的非理性需求与疯狂需求，以优化社会生活品质。这是现实可行的方案。在知识经济时代，人类已处于一个高水平的社会需求时代，在遏制社会非理性的欲望需求、疯狂需求后，会在不提高社会生产力水平下，增加社会剩余生产力，用以提高理性的社会需求；第一世界的人口自然增长与第三世界的人口控制，会导致人口增长速度趋缓，从而减轻社会需求增长的压力。因此，当社会生产力与社会需求进入不断优化的零增长状态时，人类便进入后知识经济时代的理性社会——一个优化社会生活的时代。

▶ 科学发展与社会和谐

批判市场经济、遏制疯狂发展的社会生产力，是知识经济时代拯救人类的根本出路。如果取得成功，人类则有望进入一个健康、理性的后知识经济时代。

在后知识经济时代的理性社会里，保持生产力零增长的科学发展，并不意味着人类知识与科学技术发展的停滞，而是进入一个理性的调控时代。即要求科学技术的发展,服务于人类自然生态环境与人文生态环境的保护与优化;保证人类健康与理性的生活方式,反对将科学技术用于满足一切非理性的欲望需求与疯狂需求。

构建和谐社会的基本物质条件,是满足全体人民的社会需求,同时反对平均主义。因此,在后知识经济时代的理性社会中,保持一定的社会剩余生产力是十分重要的,这可以保证在满足全民社会需求的条件下,继续实现理性的市场经济。社会剩余生产力将用于保持理性市场经济的活力,实现按劳分配原则。

当前,在国家、地区的分割状态下,很难实现全球化的科学发展与和谐社会构建。在这种情况下,可以从一个国家或地区做起,即在一个国家或地区里构建一个经济和谐、政治和谐、人文和谐、环境和谐的和谐社会。

经济和谐,是要在批判市场经济的基础上,实现科学发展、共同富裕。科学发展要求遵循经济的可持续发展模式,降低国民经济中的内耗型经济因素,以保证有效生产力的实际增长;在无法根除两极分化的状况下,应采取"劫富济贫"政策,实现全民福利;要严格控制社会的非理性消费与疯狂消费,使富人消费经济向百姓消费经济转变。

政治和谐,是要剔除民主政治中的政治内耗、政党内耗与集权政治中的监督缺失。当前的两种政治制度都不是完善的政治制度。民主政治中,政党间相互争斗,党派利益至上,选战政治频繁,具有短期施政行为;集权政治中,一党执政,政党权力缺少监督,容易产生行政腐败。

人文和谐,是要构建良好的人文生态环境。要批判市场经济的拜金主义,给市场经济带上社会效益责任的紧箍咒,并且将市场经济严格限制在商品经济领域,严格防止市场经济对上层建筑的体制性腐蚀。要保持与继承优秀的传统文化,反对市场经济对文化、教育的腐蚀。网络世界、虚拟世界要承担起社会效益责任。当前,网络世界、虚拟世界的隐秘性,成为滋生罪恶的土壤,是建设和谐人文生态环境的大敌。

环境和谐,是要创造可持续的人类发展模式。环境和谐的大敌,是人类的过度消费与市场经济的盲目性。如今,人类平均消费水平已超出地球的极限承受能力。然而,以满足非理性欲望消费、疯狂消费为中心,追逐消费、拉动消费的社会生产力依然迅猛增长。

目前,第三世界的经济改革大潮,形成向经济发达国家 N 个地球消费看齐的趋势,使构建和谐环境成为当今人类社会的严峻课题。自然环境的影响是超国界的,需要全球综合治理;而全球化市场经济的非均衡发展,导致生态环境的非均衡分布。一些经济发达国家从狭隘的国家利益出发,实行生态殖民政策,延误了构建全球和谐环境的时机。

▶ 呼唤世界"集权"管理

知识经济时代,是一个全面的全球化时代。以知识平台商品为核心的扇形产业结构,形成全球化的市场经济体系;互联网与现代信息技术的发展,消除了国家间的信息障碍,使人类社会进入信息全球化时代。人类面临相同的人文生态环境与自然生态环境的恶化,任何一个国家都不能独善其身。所有的政治动荡、社会动荡、环境动荡都是超国界的,任何解决这些动荡的措施都会带来国家间的利益冲突。因此,要在不到 100 年的时间里,从根本上解决全球化的政治动荡、社会动荡、环境动荡,必须有凌驾于国家权力之上的世界"集权"统治力量,将人类的长远利益置于国家利益之上,实施全球范围内拯救人类的伟大工程。人们期待在联合国建立超国家的世界"集权"统治,领导全人类走出人类毁灭的困境。

18.5　如何走出困境?

动员最广泛的力量

研究最广泛的问题

解决最棘手的问题

作为一个伟大的宇宙学家,霍金教授竟然从知识象牙塔中走出,呼吁人类关心自己周围的世界,关心人类的生存环境。这表明,在人类社会动荡不安的状况下,已经没有一块宁静的空间,人类社会面临的问题,已经不是传统社会学家可以求解的,必须动员全社会的力量,从各个角度来揭示人类面临的窘境,提出拯救人类的良方。

要动员最广泛的力量来研究最广泛的问题,解决最棘手的政治生态、自然生态与人文生态问题,这是当前人类社会的中心任务。

▶ 动员最广泛的力量

要广泛动员一切社会力量,呼吁所有的科学家,都要走出象牙塔,认真审视霍金教授给人类提出的警示,以霍金教授为榜样,从各个学科角度关注社会生产力的理性发展,关心科学研究中的社会效益;所有的政治家、政府官员,都要将民生问题放在第一位,认真研究知识经济时代人类面临的政治动荡、社会动荡、环境动荡,并采取有效的政策、法律手段;文化、艺术、教育部门,要认真研究人类社会面临的人文生态灾难;所有的百姓,都要反思人类现代化的生活方式,在市场经济中实现最广泛的社会效益责任监督。各阶层的人士,都要投入拯救人类、拯救地球的行列中来。

▶ 研究最广泛的问题

要从各个角度研究如何改善人类生存的政治生态环境、自然生态环境与人文生态环境。

良好的政治生态环境,是指全球范围内的所有国家或地区,按照自主选择的政治制度、意识形态和宗教信仰,和睦相处、友好往来、相互尊重、相互交流、取长补短的发展环境。当前,霸权主义是政治生态环境恶化的根源。第二次世界大战以后,人类企盼迎来一个长久的和平年代;然而迎来的却是美苏争夺霸权的冷战时代。美苏两国,为了争夺霸权,将大量可用于改善百姓生活的民生经济转为军备经济;为了扩大霸权主义的实力范围,使许多国家或地区动荡不安。苏联解体后,人类世界处于单极霸权主义的为所欲为之中。霸权主义将巨大的战争机器投入反恐战争,挑起局部战争,输出意识形态。持续的、以武力相威胁的现代化战争机器,不对称的恐怖主义与反恐战争,必然带来全球持续的政治动荡。用非武力方式解决恐怖主义,解决国家或地区间的冲突,是解决政治动荡的根本出路。

由于人类的过度消费,影响人类生存的自然生态环境极度恶化。当前人类改善自然生态环境的思想方法,是以不断提高地球的承受能力为主,而不是想办法控制人类的社会生产力的过度发展与消费水平。在市场经济拉动消费的状况下,超级资源消费国不会放弃超越地球承受能力 5 倍的消费需求,第三世界还会猛追超级消费国家。在这样的情况下,任何环境治理、节能措施,都不可能从根本上遏制自然生态环境的恶化趋势。任其发展下去,人类社会很快就会超越刚性天花板而遭遇毁灭。因此,要认真研究欲望消费、疯狂消费、非理性消费对地球资源和生态环境的影响。也许人类要进入一个新的"禁欲主义"时代才能拯救自己。

影响人类生存的人文生态环境,是指现代生活方式下人类生理健康与心理健康的成长环境。物质极大丰富的人工生态环境与精细的人工呵护,导致长寿命掩盖下,现代化生活方式所引起的各种疾病,如肥胖病、心血管疾病、糖尿病、免疫系统能力低下、过敏性疾病等。现代科技发展所提供的通信技术、视频技术、网络虚拟世界、智能化工具,以最广泛的人机交互方式替代传统的人际交互,以虚拟情感替代真实情感,以虚拟世界生活替代真实世界生活,大大地恶化了人类心理健康成长的环境。如今,广泛流行的忧郁症、自闭症、强迫症、孤独症,严重地侵袭人类的心理健康。因此,人类除了拯救自然生态环境、政治生态环境外,必须研究人文生态环境对人类生理健康与心理健康的影响。

▶ 解决最棘手的问题

当今,解决人类生存问题最棘手的,是人类的狂妄、国家分割的利益冲突与百姓的无奈。

人类的狂妄在于人类的过分自信、自以为是,过分相信人类的智慧,过分依靠人类对自然的干预力量。人类总是按照自己的认识水平来处理人与自然的关系。大量事例证明:对于自然生态环境的治理,退出人类活动和放弃人类干预比任何人工治理都更为有效。人类必须将崇尚"认识世界、改造世界"的观念,转变到"认识世界、顺应世界"上来。国家的分割是人类的悲剧,特别是人类已进入地球村时代,国家间利益的冲突变成人类生死存亡的问题。在国家分割的状态下,若国家利益高于全球利益的局面继续下去,必然会延误拯救人类的时机。

在解决人类生存的紧要关头,最无奈的是普通百姓。他们是一个庞大的弱势群体,对政治动荡、社会动荡、环境动荡的感受最深,但却无力改变现状。例如,面对沉溺于虚拟世界、电子游戏、网吧、色情声讯的青少年,家长们欲哭无泪,而政府却作为不力,市场经济还在推波助澜。在最大化利润的追逐下,黑色产业借助于高科技手段不断发展。黑色产业变异的速度远远超出法制建设的速度,形成"龟兔赛跑"之势。而令百姓悲愤的是,黑色产业的"兔子"不会中途停歇。

18.6 难题求解展望

人类面临的危机有其必然的发展根源,这就是人类知识发展的缺陷和客观规律,以及市场经济的原罪。由于人类正处于社会发展历程的顶峰,留给拯救人类的时间有限,解决问题的难度愈来愈大。在霍金教授难题的字里行间,也透出无奈的悲观主义情绪。

对于霍金教授难题中提出的问题,不少社会精英与普通百姓皆有同感;然而他们人微言轻,也没有一个能像大科学家霍金教授那样,以极其精辟的语言表达出对人类前途的担心与关怀。

人们会普遍地感受到霍金难题中提到的政治动荡、社会动荡、环境动荡现象,但很多人不会有为人类生存100年而担忧的心境,这是霍金教授的过人之处。

霍金教授是宇宙学家,不可能揭示当今政治动荡、社会动荡、环境动荡的本质根源。而目前在所有自然科学、社会科学、哲学领域中,人们很少考虑人类的未来,只考虑科技的未来。人们崇尚科技,崇尚人类的无所不能,却忽视对自身发展规律的研究。

对于人类未来的前途,霍金教授迈出了关键一步:提出切中要害、警示人类的难题求解。霍金教授的难题举证易,求本质解不易,真正解决问题更不易。人类只有到达"类似毁灭"的状态,才有可能动员起全球的力量,摒弃国家或地区间的利益冲突,全力应对人类社会的灾难。

18.7　本章小结

霍金教授的难题称得上是世纪难题,许多思想家都有同感。

知识经济时代全面动荡的根本原因,是人类知识指数式发展的结构性动荡与现代市场经济的本质性动荡。人类知识指数式的极致化发展,使全球的资源、能源过度消耗,导致环境动荡;现代市场经济不断加剧的非均衡发展与两极分化,导致政治动荡与社会动荡。从社会形态更迭速度的指数式增长态势来看,留给知识经济时代的时间不到百年。

在这不到百年的时间里,为了挽救人类,必须遏制疯狂发展的社会生产力,批判市场经济,使市场经济回归理性。当全球性社会生产力已超出全球性社会需求时,发展社会生产力已不再是社会第一需要;解决非均衡发展、两极分化,构建和谐社会,建设全民小康生活,上升为人类社会第一需要。

当前,要解决这些难题,人类面临众多的困境,其中最大的困境是全球化危机与国家分割的利益冲突,以及人们对困境的认识与理解。

参 考 文 献

[1] （美）阿尔文·托夫勒.第三次浪潮.黄明坚译.北京:中信出版社,2006.

[2] （美）托马斯·弗里德曼.世界是平的(第二版).何帆,肖莹莹,郝正非译.长沙:湖南科学技术出版社,2006.

[3] （美）阿尔文·托夫勒.财富的革命.吴文忠,刘微译.北京:中信出版社,2006.

[4] 何立民.MCS-51单片机应用系统设计.北京:北京航空航天大学出版社,1990.

[5] 何立民.从器件、平台到云计算的山寨化革命.单片机与嵌入式系统应用.2009(11).

[6] 何立民.从知识平台角度重新认识集成电路.单片机与嵌入式系统应用.2009(3).

[7] 何立民.集成电路知识平台与山寨产业现象.单片机与嵌入式系统应用.2009(1).

[8] 何立民.微处理器智力内核使一切成为可能.电子产品世界.2009(1).

[9] 何立民.嵌入式系统支柱学科的交叉与融合.单片机与嵌入式系统应用.2008(5).

[10] 何立民.从嵌入式系统看现代计算机产业革命.单片机与嵌入式系统应用.2008(1).

[11] 何立民.嵌入式系统的产业模式.单片机与嵌入式系统应用.2006(1).

[12] 何立民.嵌入式系统的定义与发展历史.单片机与嵌入式系统应用.2004(1).

[13] 何立民.以 SoC 为中心的多学科融合与渗透.单片机与嵌入式系统应用.2001(5).

[14] 何立民.广义平台与平台模式.单片机与嵌入式系统应用.2001(1).

[15] 何立民.建设单片机应用平台,实施平台开发战略.今日电子.2000(2).

[16] 何立民.从 IC 产业发展看知识经济与知识产业.电子产品世界.2001(1).